LAÏCITÉ
ET RÉPUBLIQUE SOCIALE

1905-2005 : Centenaire de la loi sur la séparation des Églises et de l'État

Jean Jaurès

Laïcité et République sociale

1905-2005 : Centenaire de la loi sur la séparation des Églises et de l'État

Textes choisis et présentés
par Gilles Candar

Avant-propos de
Patrick Le Hyaric

Introduction d'Antoine Casanova

Collection
La bibliothèque de L'Humanité

le
cherche
midi

23, rue du Cherche-Midi, 75006 Paris.
Vous pouvez consulter notre catalogue général et l'annonce
de nos prochaines parutions sur notre site Internet : cherche-midi.com

AVANT-PROPOS

par Patrick Le Hyaric, directeur de L'Humanité

C'est à la suite de plusieurs années de débats et d'évolutions successives des rapports entre les Églises et l'État que la loi de séparation est promulguée, le 11 décembre 1905. Jean Jaurès en est l'un des grands acteurs, avec, notamment, Aristide Briand.

Avec son journal *L'Humanité*, Jean Jaurès donne un élan nouveau au débat de l'époque sur la laïcité. Il l'a fait d'une manière magistrale. Il a utilisé son journal pour révéler les pressions du Vatican sur les gouvernements. Fin avril 1904, le président Loubet se rend à Rome pour un voyage diplomatique. Pie X fait savoir qu'il considère cette visite comme une offense au Vatican, du fait de l'anticléricalisme qui se déploie en France depuis l'affaire Dreyfus. Le voyage est un succès pour la France. Il donne lieu à de grandes manifestations anticléricales du peuple italien.

La foule qui l'accueille dans différentes villes d'Italie scande à chaque rencontre : « *Viva la Francia* anticléricale. » Cela entraîne une telle colère de la part des autorités pontificales du Vatican qu'elles émettent une violente protestation écrite, transmise à tous les gouvernements étrangers. Cette protestation devait rester confinée dans les hautes sphères des différentes chancelleries du monde. Mais Jean Jaurès réussit à s'en procurer le texte et le publie dans *L'Humanité* avec, à l'appui, un article intitulé « La provocation ». Nous sommes le 17 mai 1904, soit un mois seulement après la création du journal. Cette missive ainsi publiée provoque une crise diplomatique entre le Vatican et les autorités françaises. Les relations sont rompues durant plus de six mois. Jean Jaurès déclenche alors dans le pays, dans la presse et au Parlement un large débat qui débouchera, quelques mois plus tard, sur la loi de séparation des Églises et de l'État.

La République n'ignore pas la diversité des cultes, mais elle s'engage désormais à n'en privilégier aucun. « La République assure la liberté de conscience, elle garantit le libre exercice des cultes », stipule la loi de 1905.

Dans un monde miné par une profonde crise aux visages multiples, touchant tous les aspects de la vie, il est très utile de revenir à la pensée de Jean Jaurès. Elle reste d'une brûlante modernité et actualité. Sa profondeur et sa force politique sont de montrer à quel point il n'y a d'authentique République que laïque et démocratique.

Dans un important discours prononcé à Castres le 30 juillet 1904, Jean Jaurès montrait combien démocratie et laïcité sont deux termes identiques.

« Mais, déclarait-il, si laïcité et démocratie sont indivisibles et si la démocratie ne peut réaliser son office qui est d'assurer l'égalité des droits que dans la laïcité, par quelle contradiction mortelle, par quel abandon de son droit et de tout droit la démocratie renoncerait-elle à faire pénétrer la laïcité dans l'éducation, c'est-à-dire dans l'institution la plus essentielle, dans celle qui domine toutes les autres et en qui les autres prennent conscience d'elles-mêmes et de leurs principes ? »

Jean Jaurès considère que l'idéal d'émancipation laïque et la justice sociale sont absolument indissociables. Pour lui, la République n'a pas vocation à arbitrer les débats entre les différentes croyances, mais simplement à permettre leur libre expression. En revanche, elle promeut la connaissance, la recherche de la vérité, sans lesquelles il ne peut y avoir de justice. Elle impulse une volonté politique en faveur du bien commun. En ce sens, le retrait de l'État républicain revient à laisser le champ libre à la loi du plus fort.

Au moment où se construisent des empires économiques et financiers, ainsi que des forteresses médiatiques, ces réflexions méritent d'être méditées, partagées, débattues.

Pour Jean Jaurès, la loi commune se préoccupe du seul intérêt général, elle exclut tout privilège et toute discrimination. C'est évidemment à l'opposé du communautarisme, source de tensions et de conflits, mais aussi à l'opposé de la défense d'intérêts particularistes.

C'est à l'aune de cet idéal fondateur, qui conjugue l'ouverture aux autres, le partage des connaissances, le dialogue et une certaine idée de l'homme libre dans un État social de droit, que nous lirons ou relirons ces beaux textes de Jean Jaurès.

Les textes et les discours rassemblés dans ce livre, éclairés par les connaissances de Gilles Candar et introduits par Antoine Casanova, font découvrir une part importante de l'action de Jean Jaurès dans son journal et au Parlement. Ils témoignent des convictions profondément humaniste de Jean Jaurès. Leur lecture, cent ans après, permet d'éclairer les débats d'aujourd'hui.

P. L. H.

INTRODUCTION

Égalité des droits, laïcité. De Jaurès aux enjeux d'aujourd'hui

par Antoine Casanova, historien, directeur de La Pensée

Il y a un siècle, la Chambre des députés et le Sénat instauraient en France la séparation de l'État et des religions. Cette séparation concerne tout particulièrement le catholicisme, avec les caractéristiques qui sont les siennes en ce temps-là et que l'on a peine à se représenter aujourd'hui. Le contexte où s'enracinent l'élaboration, la discussion, le vote de la loi est inséparable du mouvement d'intensification des contradictions sociales, idéologiques et politiques dans les années de la fin du XIXe siècle[1]. Avec aussi dans ce cadre, des tensions aiguisées, en liaison avec les dimensions prises par l'affaire Dreyfus, entre les républicains et les forces les plus conservatrices de la bourgeoisie, de l'épiscopat et de l'armature institutionnelle du catholicisme[2]. Cette tension se trouva considérablement accrue au printemps 1904, lorsque Pie X (pape depuis août 1903) et son secrétaire d'État, Merry del Val, manifestèrent par une série d'initiatives leur volonté de pratiquer une politique de pression sur les

1. Pour une approche d'ensemble des processus économiques sociaux, politiques, religieux des années 1898-1914, cf. notamment l'éclairante synthèse de Madeleine Rebérioux, *La République radicale 1898-1914 ?*, Paris, Éditions du Seuil, 1975, chapitres 1 et 2. Sur les élaborations et positions au fil des péripéties de ces années-là et, plus largement, sur les étapes de l'émergence et du développement de l'idée de séparation depuis 1789, cf. Jacqueline Lalouette, *La Séparation des Églises et de l'État*, Paris, Éditions du Seuil, 2005.

2. Mon objet n'est pas ici de présenter ces réalités et leur mouvement. Le lecteur pourra notamment se reporter aux livres de Madeleine Rebérioux et de Jacqueline Lalouette.

affaires intérieures et sur la politiques internationale de la France. La lettre de protestation adressée par voie diplomatique par Merry del Val aux gouvernements (et que le prince de Monaco communique à Jaurès) apparaît comme « une double et insolente provocation » à l'égard de la souveraineté nationale de la France et de l'Italie. C'est là ce qu'écrit dans le numéro du 17 mai 1904, le directeur de la toute jeune *Humanité*, en publiant et en commentant la lettre du Vatican[3].

Ce qui, dans ce climat de tensions, est pourtant énoncé puis (non sans mal), au fil des années, mis en acte avec la loi de 1905, c'est la *séparation* de l'État républicain. La séparation et non pas seulement la *distinction*, laquelle (sous divers modes ethno-historiques) était connue sous l'Ancien Régime. La séparation et non point, dans les actes et dans la perspective qui anime des républicains comme Aristide Briand et Jean Jaurès, le combat, la provocation, la volonté d'étouffer la liberté religieuse et le libre exercice du culte des croyants et notamment des croyants catholiques. Les textes publiés dans le présent ouvrage et présentés par Gilles Candar le montrent. J'y reviendrai plus loin.

S'il en est ainsi, cela tient à des égards essentiels à ce que la séparation des religions et de l'État (et ce que depuis le dernier tiers du XIXe siècle on appelle en France « la laïcité ») s'enracine et s'origine dans une rupture historique, « une césure dont on ne saurait sous estimer l'importance » (Michel Vovelle[4]) qui émerge et commence à s'affirmer avec la Révolution française. Cette rupture est celle de l'émergence, puis de l'affirmation dans les principes *politiques*, de l'égalité des droits entre tous les êtres humains et citoyens. C'est là une donnée récente et radicalement neuve par rapport aux siècles et aux millénaires antérieurs de l'histoire de l'humanité. Il y a un peu plus de deux cents ans, la Révolution française, pour

3. Le lecteur trouvera le texte de la note pontificale et le commentaire de Jaurès dans *L'Humanité* du mardi 17 mai 1904 dans le présent ouvrage qui réunit quelques textes clefs de Jean Jaurès des années 1904 à 1910.

4. Michelle Vovelle, « La Révolution française aux origines du modèle français de laïcité », *La Pensée,* avril-juin 2005, n° 342, numéro spécial « Laïcité ».

reprendre les termes du discours prononcé le 18 novembre 2003 à Paris par le président de la République d'Afrique du Sud devant l'Assemblée nationale, « a fait date et placé dans notre firmament une étoile qui ne peut s'éteindre, la Déclaration des droits de l'homme et du citoyen ». La séparation des religions et de l'État s'enracine dans cette conception de l'égalité des droits inséparable de la liberté. De 1789 aux années 1900, l'égalité des droits et les rapports entre les religions et l'État seront caractérisés par des interprétations et des stratégies politiques mouvantes et profondément différentes selon les étapes et à chaque étape selon les forces sociales et politiques. Ces processus connaîtront des prolongements et des enjeux amplifiés, inédits et de dimensions internationales dans le contexte des transformations, des contradictions et des conflits du XXe siècle [5].

Dans les années 1900, et pendant les débats et les combats liés à la loi de séparation de l'État républicain et des religions, Jean Jaurès est sans doute celui qui cerne et explicite avec le plus d'ampleur et de profondeur les relations qui existent entre l'égalité des droits et la laïcité (qui pour lui sont inséparables), la Révolution française et le mouvement historique (celui des transformations des forces productives, des rapports sociaux et des contradictions qui s'y rattachent, celui des luttes sociales, scolaires et culturelles, politiques) de 1789 à 1815 aux années 1900. Jean Jaurès perçoit avec acuité combien ces rapports sont porteurs de combats, et sont liés à une évolution historique, socialement contradictoire et où rien n'a été [6], n'est et ne sera [7] linéaire.

---

5. Sur les traits de ce mouvement d'ensemble, cf. notamment Eric J. Hobsbawm, *L'Âge des extrêmes, Histoire du court XXe siècle,* Bruxelles, Éditions Complexe, 1999.

6. « Il a fallu, écrit Jaurès, un siècle à la France de la Révolution, d'innombrables épreuves, des rechutes de monarchie, des réveils de république, des invasions, des démembrements, des coups d'État, des guerres civiles pour arriver enfin à l'organisation de la République, à l'établissement de la liberté égale par le suffrage universel », *Histoire socialiste de la Révolution française,* tome VI *(Le Gouvernement révolutionnaire)*, édition revue et annotée par Albert Soboul, Paris, Messidor, 1986, p. 452.

7. La flamme apparue avec la Révolution est une « flamme tourmentée, mais immortelle, que despotisme et contre-révolution s'acharneront à éteindre et qui, toujours ranimée, s'élargira en une ardente espérance socialiste », *ibid.*, p. 454.

L'aide de Gilles Candar a permis de rassembler et de présenter dans le présent volume quelques-unes des plus éclairantes des interventions faites par Jean Jaurès entre 1904 et 1910. J'essaierai dans la première partie de l'introduction de ce livre de dégager quelques-uns des caractères originaux de la démarche de Jaurès. Nous verrons dans la deuxième partie que cette démarche, à des égards essentiels, annonce les données et les réflexions que les recherches historiques et l'expérience ultérieure du mouvement historique permettent de faire. J'évoquerai dans les deux dernières parties, quelques traits du contexte (en France, en Europe, en Méditerranée, dans le monde) puis des défis, des potentialités neuves, des risques et de la place dans les stratégies, de l'égalité des droits et de la séparation des religions et des États, en 2005.

*

* *

Pour Jaurès, égalité des droits, laïcité, démocratie sont indivisibles et inséparables du mouvement historique

Le principe de la laïcité et de l'égalité des droits, l'idée même de droit, le droit lui-même, ne sauraient pour Jean Jaurès être invoqués « sous la forme abstraite, le droit ne peut être séparé du mouvement social ». Il le dira notamment le 3 mars dans le débat parlementaire sur la loi visant à abolir l'enseignement congréganiste et à restituer la plénitude des droits de l'État laïque et l'égalité des droits dans l'ordre de l'enseignement.

Raisonner et agir ne peut se faire pour Jaurès que dans le cadre du développement large et rigoureux de la connaissance historique. Cela implique à ses yeux le rejet comme vaines et fallacieuses des approches du passé menées en termes de vitupérations ou de laudations, et marquées les unes comme les autres, par l'anachronisme dans leur rapport aux sociétés, à la civilisation, aux hommes des époques antérieures : « Chaque époque doit être jugée en elle-même dans ses moyens d'action et dans son enchaînement naturel », dira Jaurès dans son célèbre discours « Pour la laïque », prononcé en janvier 1910 à la Chambre des députés. Pour le XIXe siècle, le développement de la connaissance des dimensions complexes (scientifiques, technologiques, économiques et sociales au niveau des fluctuations des prix, de l'élargissement des marchés, des concentrations des entreprises, du prix des marchandises, du prix du travail) de l'évolution historique et, particulièrement, celle des couches populaires et de la classe ouvrière « suppose l'effort concerté de plusieurs générations de chercheurs », écrit-il dans la conclusion de *L'Histoire socialiste*, publiée en 1908 [8].

Pendant plusieurs années, la vie et la réflexion de Jaurès se sont développées en associant réflexions sur la Révolution française, observations des processus économiques, sociaux et politiques du XIXe siècle (avec aussi les offensives conservatrices et réactionnaires de 1815 à 1848, au Second Empire, à l'écrasement de la Commune). Ces deux terrains sont inséparables de l'expérience de la participation personnelle aux luttes sociales et politiques, aux activités et combats du mouvement populaire, de la classe ouvrière, et aux évolutions des socialistes.

Dans les années 1900, les démarches croisées de Jaurès prennent une ampleur et une densité accrues sur trois chantiers. 1) Celui des combats pour défendre et développer les principes et les valeurs de la République, dans le contexte de l'affaire Dreyfus, puis, dans le cadre des enjeux qui se cristallisent autour de la séparation des religions et de l'État, ainsi que sur la nature des voies et orientations de l'application de cette loi ; 2) le chantier de l'intensification, dans la même période, des luttes sociales et populaires, notamment celles de la classe ouvrière qui, dans les entreprises, se heurte au patronat et par là même à une large partie de la bourgeoisie républicaine ; 3) le chantier enfin du développement des recherches que conduit Jean Jaurès sur la Révolution française (avec *L'Histoire socialiste de la Révolution française*). Dans le dernier volume de *L'Histoire socialiste de la Révolution française*, Jaurès a souligné l'apport de l'entrelacement de ses activités sur ces trois terrains et son impact sur le développement

8. Cf. dans le présent volume le texte « Bilan social du XIXe siècle » (1908).

des différentes dimensions (historiques, théoriques et politiques) de sa réflexion et de ses convictions dans cette période : « C'est en pleine lutte que j'ai écrit cette longue histoire de la Révolution jusqu'au 9 Thermidor : lutte contre les ennemis du socialisme, de la République et de la démocratie ; lutte entre les socialistes eux-mêmes sur la meilleure méthode d'action et de combat. Et plus j'avançais dans mon travail sous les feux croisés de cette bataille, plus s'animait ma conviction que la démocratie est, pour le prolétariat, une grande conquête[9] ».

C'est dans ce contexte et dans le cadre de l'enrichissement de ses analyses et de sa réflexion d'ensemble que Jaurès, dans les années 1900, intervient dans les débats et combats politiques. Et cela tout particulièrement dans ceux qui concernent la séparation des religions et de l'État dans ses rapports avec l'égalité des droits entre toutes les personnes humaines, principe politique nouveau, « droit nouveau », énoncé dans la Déclaration des droits de l'homme, apparu avec la Révolution française. Un principe qui, « malgré la réaction et les éclipses a pris définitivement possession de l'histoire », comme l'écrit Jaurès à la fin de *L'Histoire socialiste de la Révolution.*

Ce « droit nouveau », c'est celui selon lequel toutes les personnes humaines ont, dans toutes les dimensions de l'existence, des droits égaux, une égale dignité, en tant qu'ils sont êtres humains. Cette dignité de l'individu ne se fonde pas sur des titres historiques ou sur des titres surnaturels mais « sur la dignité enfin retrouvée de la personne humaine[10] ». Ce « droit nouveau, le socialisme le revendique et s'y appuie. il est au plus haut degré un parti de démocratie puisqu'il veut organiser la souveraineté de tous dans l'ordre économique comme dans l'ordre politique » et « puisqu'il veut donner à toute personne les moyens concrets de développement qui seuls lui permettront de se réaliser toute entière[11] ».

9. *Histoire socialiste de la Révolution française*, *op. cit.*, tome VI, p. 453.

10. Discours à la Chambre des députés du 3 mars 1904 à l'occasion du débat sur la loi sur l'enseignement congréganiste.

11. *Histoire socialiste de la Révolution française*, *op. cit.*, tome VI, p. 453.

Égalité des droits, démocratie, laïcité et droits de l'enfant

Ces principes du « droit nouveau » concernent tous les aspects fondamentaux de la vie des sociétés démocratiques, modernes depuis la Révolution surtout et particulièrement en France : « L'idée, le principe de vie, dira Jaurès, en janvier 1910 à la Chambre des députés, qui est dans les sociétés modernes manifeste dans toutes leurs institutions, c'est l'acte de foi dans l'efficacité morale et sociale de la raison, dans la valeur de la personne humaine raisonnable et éducable. C'est le principe qui se confond avec la laïcité elle-même, c'est le principe qui se manifeste, qui se traduit dans toutes les institutions du monde moderne. C'est ce principe qui commande la souveraineté politique elle-même. » Et, ajoute Jaurès, « la preuve c'est que la société moderne lorsqu'elle met sa souveraineté propre en action, en mouvement, quand elle confère, quand elle reconnaît à tous les citoyens le droit de participer à l'exercice du pouvoir, à l'élaboration de la loi, à la conduite de la société, l'État ne demande ni au citoyen qui vote, ni au législateur qui traduit la pensée des citoyens : Quelle est votre doctrine religieuse ? Quelle est votre pensée philosophique ? ».

Pour Jaurès (et il le montre avec force dans son discours du printemps 1904 à la Chambre, puis dans celui de Castres en août de la même année), « si la démocratie fonde en dehors de tout système religieux toutes ses institutions, tout son droit politique et social, famille, patrie, propriété, souveraineté, si elle ne s'appuie que sur l'égale dignité des personnes appelées aux mêmes droits » et si son essence et son office est d'assurer l'égalité des droits, alors démocratie et laïcité sont « identiques » et « indivisibles [12] ».

Aux yeux de Jaurès, cela n'exclut en rien « que les citoyens complètent, individuellement, par telle ou telle croyance, tel acte rituel, les fonctions laïques, l'état civil, le mariage, les contrats : c'est leur droit » et « qu'ils complètent de même par un enseignement religieux et des pratiques religieuses, l'éducation laïque et sociale

12. Discours aux écoles laïques de Castres, publié dans *L'Humanité* du mardi 2 août 1904.

c'est leur droit, c'est le droit de la liberté. Mais, de même qu'elle a constitué sur des bases laïque l'état civil, le mariage, la souveraineté politique, c'est sur des bases laïques que la démocratie doit constituer l'éducation[13] ».

Il y va pour Jaurès de l'égalité des droits et, tout particulièrement, des droits de l'enfant. Jaurès y reviendra à diverses reprises. Dans le discours de l'été 1904 (et dans le contexte spécifique d'alors) à Castres, il déclare : « La démocratie a le devoir d'éduquer l'enfance : et l'enfance a le droit d'être éduquée selon les mêmes principes qui assureront plus tard la liberté de l'homme. Il n'appartient à personne, ou particulier, ou famille, ou congrégation, de s'interposer, entre ce devoir de la nation et ce droit de l'enfant. »

« La République n'est pas un dogme »

L'égalité des droits, de la démocratie et de la laïcité, telles que les conçoit Jean Jaurès au début du XXe siècle, sont d'une hauteur et d'une originalité alors peu communes. Elles se manifestent sur des questions qui tout en constituant des terrains essentiels sont au cœur de combats rudes et tumultueux.

Il en va ainsi en regard des difficultés accrues et des risques d'impasse qui apparaissent en mars 1906. Ils concernent l'application des dispositions prévues (particulièrement en ce qui concerne la formation d'associations cultuelles) afin de réaliser une mise en acte de la loi de séparation de 1905, qui assure aux religions (et notamment au catholicisme) le libre exercice du culte dans le respect de leurs organisations religieuses respectives. Le refus, après un long silence, du pape Pie X d'avaliser la constitution des associations cultuelles pouvait, si les républicains du Bloc des gauches se laissaient aller à des réactions politiques de colère, conduire au piège du développement d'un conflit aigu avec la masse des catholiques de France.

Jaurès va raisonner, en quelque sorte, par les hauteurs de la réflexion politique et sans s'enfermer dans un niveau juridique ou

---

13. *Ibid.*

étroitement électoraliste et politicien. Il regarde en face l'hypothèse ouverte le 11 février 1906 par l'encyclique *« Vehementer Nos »* de Pie X, celle où les catholiques ne veulent plus « pratiquer le culte sous la forme de la loi de 1905 et renoncent bon gré, mal gré, à ce que M. Briand appelle le droit commun privilégié » (prévu pour eux avec les associations cultuelles) [14].

Dans ce contexte, Jaurès estime qu'il convient de réaliser *l'égalité des droits dans la République* : en mettant en œuvre la nécessaire loi de séparation, et, à la fois, en en réalisant l'application sur un mode qui assure aux catholiques la possibilité de constituer des associations pour la pratique du culte dans le cadre de la liberté d'association de droit commun « qui appartient à tous les citoyens » par la loi de 1901. Ainsi, « non seulement la loi de séparation sera appliquée, non seulement toutes les vaines agitations que l'on essaie de susciter contre elles tomberont, mais nous pourrons espérer entre les diverses croyances religieuses, à la fois contenues et respectées dans leur domaine propre et une République de pleine laïcité et de tolérance absolue, un régime de paix définitive où les diverses conceptions se heurteront par la force de l'idée mais ne se considéreront, ni les unes ni les autres, comme un péril qu'il faut prévenir par la force. Messieurs, poursuit Jaurès, cet idéal nous sommes prêts nous républicains à le réaliser. Et cette paix, elle peut se faire par la puissance des idées. Il n'y a de notre part, rien qui y répugne. La République n'est pas un dogme... Elle est avant tout une méthode. Elle est une méthode pour obtenir la plus haute efficacité possible de toutes les énergies humaines par la plénitude de la liberté ; et la victoire suprême de la liberté, ce sera précisément que les hommes mêmes qui invoquent la méthode d'autorité puissent évoluer dans le milieu créé par nous, librement, et sans danger, pour la liberté des autres [15] ».

---

14. Discours à la Chambre des députés du 13 novembre 1906.
15. *Ibid.*

Catholiques, pourquoi ne saisissez-vous pas l'occasion incomparable de la séparation pour vous délier des puissances du passé ?

Dans ces années de combat contre la droite nationaliste, conservatisme social et politique et conservatisme religieux et théologique sont le plus souvent en profond cousinage. Ils ne rencontrent maintes fois, en face d'eux, qu'un anticléricalisme assez étroit. Les interventions de Jean Jaurès développent par contre une démarche qui lui est propre depuis longtemps et dont il cerne l'originalité en cette même décennie 1900 de combat pour la laïcité, pour la République et en même temps pour les revendications et les droits des travailleurs. J'en soulignerai brièvement deux dimensions.

La première est constituée par une attitude anticipatrice (et assez rare) tant par rapport aux catholiques et à l'Église romaine de ce temps-là qu'en regard des attitudes dominantes et explicables dans le contexte d'alors de la fin du XIXe siècle et du début du XXe siècle. Jean Jaurès, dans cette même séance de la Chambre des députés de novembre 1906, se tourne vers les catholiques et lance à la fois un défi et un appel : « Pourquoi donc n'avez-vous pas saisi, pourquoi ne saisissez-vous pas l'occasion incomparable que la loi de séparation vous offrait de vous délier des puissances politiques et sociales du passé, et de rentrer en communication avec les deux grandes forces du monde moderne, la science et la démocratie [16] ». Cela non pas en renonçant à la foi en Dieu, mais, au contraire, en l'approfondissant de façon neuve et avec une portée de pleine amplitude. C'est-à-dire en s'inscrivant dans la perspective de révolution sociale tout en la dépassant (du dedans en quelque sorte). Soit en dépassant par la foi en Dieu toutes les finitudes de sens « y compris celles de la mort... qui règle le compte de tous, mais qui le règle avec chacun d'eux et qui, sur l'angle dur des tombes, brise les solidarités sociales humaines ». Et Jaurès continue son discours en faisant parler cette Église (évoquée dans son appel) : elle annonce aux prolétaires au sein « d'un monde renouvelé une sublime reconstitution des solidarités humaines » ; elle leur « apporte une promesse de vie que les

16. *Ibid.*

révolutionnaires de la pensée et de l'action n'ont jamais égalée», «une lueur d'espérance surhumaine à la cime de toutes les vagues soulevées [17] ».

Il y a, je crois, ici, comme un souhait et une espérance, et, en un sens, comme une lointaine anticipation de ce qui n'existe alors guère en Europe et en France et qui, au travers de considérables différences de contexte et de traits, fait songer au christianisme et à la théologie de la libération qui ont émergé et, qui malgré attaques et persécutions, ont pris consistance (notamment en Amérique latine) dans les trois dernières décennies du XXe siècle.

Dans la vision du monde de Jaurès, cette perspective c'est aussi celle «d'une loi d'évolution montante» (selon ses termes du discours de novembre 1906) de l'univers et qu'il explicite dans son intervention de janvier 1910 à l'Assemblée nationale : il existe selon lui un mouvement évolutif de l'univers qui «s'élève de forme en forme sollicité par une idée qui est une force transcendante». Entendons la force de Dieu [18], telle que la voit depuis longtemps Jaurès : «Je ne suis pas de ceux que le mot Dieu effraie. J'ai, il y a vingt ans, écrit sur la nature et Dieu et sur leurs rapports, et sur le sens religieux du monde et de la vie un livre dont je ne désavoue pas une ligne et qui est resté la substance de ma pensée [19] ». Dans son intervention sur l'école laïque de janvier 1910, Jaurès évoque l'unité et la convergence dans le tissu et dans le mouvement d'évolution du réel, des forces diverses (électricité, lumière, chaleur) qui sont «les équivalents d'une même force». Une force «qui parce qu'elle domine toutes ces manifestations diverses échappe à nos prises immédiates et recule vers les profondeurs l'esprit de l'homme qui découvre toujours une chose à expliquer sous la chose expliquée. Comme l'onde sous l'onde en une mer sans fond». Cela avec aussi «la leçon de la vie qui monte des espèces, qui degré par degré semble gravir une cime» et «c'est dans cette montée l'élargissement de l'esprit, la croyance, la confiance croissante de l'esprit en lui-même».

---

17. *Ibid.*

18. «Pour la laïque», janvier 1910.

19. *Ibid.* Le livre dont il est question est la thèse principale de Jaurès, *De la réalité du monde sensible,* publiée à Toulouse en 1892, et soutenue à la Sorbonne le 5 février 1892.

Cette perspective présente sans doute, dans la profonde différence des époques, des biographies, des rapports à la connaissance scientifique (celle des personnes et des évolutions géologiques et paléontologiques chez l'un ; celle de la connaissance du mouvement des rapports sociaux chez l'autre), des parentés avec celle que développera, trente ans plus tard, Pierre Teilhard de Chardin dans *Le Phénomène humain*, livre écrit entre 1938 et 1940, remanié en 1947-1948 et publié en 1955[20].

L'autre dimension de la mise en acte élargie par la République de l'égalité des droits est essentielle aux yeux de Jaurès en ces mêmes années 1900. C'est celle des mesures et des réformes sociales qu'appelle la situation de la classe ouvrière et que les travailleurs expriment, exigent et portent dans leurs luttes, rudes, longues, multiples entre 1904 et 1907, dans la classe ouvrière, chez les vignerons du Midi, les fonctionnaires. Jaurès ne l'oublie pas. Il ne veut pas que les (nécessaires) combats contre les forces conservatrices nationalistes et cléricales, ennemies de la République, et les débats sur ces questions entre républicains et socialistes s'étirent sans cesse et deviennent, en fait, moyen pour contourner et différer d'autres et fondamentales dimensions de la démocratie et de l'égalité des droits, des dimensions pressantes et urgentes en regard de l'attitude du patronat et, à bien des égards, de l'État républicain.

Jaurès revient à maintes reprises sur ces questions. Il le fait ainsi le 13 novembre 1906 lors de la discussion sur les manières d'appliquer la loi de séparation et des discussions entre républicains, entre socialistes, sur la façon de faire face aux difficultés nées de l'attitude du pape Pie X : « Mais il est un point sur lequel nous sommes tous d'accord : c'est qu'il importe au plus haut degré au socialisme comme à la République, au socialisme plus encore qu'à la République, que la question religieuse enfin réglée selon la liberté cède la

20. *Le Phénomène humain*, Paris, Éditions du Seuil, 1955. Le problème du rapport entre les deux énergies (physique et psychique) « répandues respectivement sur les deux feuillets externe et interne du monde » (cf. p. 60-64), y occupe une place centrale. En liaison avec le thème « d'une concentration (dans l'évolution de l'Univers) de la conscience » qui serait « d'autant plus achevée qu'elle double un édifice matériel plus riche et mieux organisé » (cf. p. 54-58). Ce livre fit l'objet en juin 1962 d'un « *monitum* » (admonestation) du Saint-Office romain.

place dans l'ordre du jour au Parlement et du pays, et à l'immense urgente besogne de réformes sociales. »

L'égalité des droits ne se divise pas

Dans la perspective de Jaurès, les différentes dimensions de l'égalité des droits (et dont la loi de 1905 et la laïcité sont partie prenante) sont liées et elles ne se séparent pas du mouvement des rapports sociaux. Pour Jaurès, dans ces années qui précèdent la guerre, les droits des êtres humains n'ont pas de frontières. Contre les dominations coloniales (dont il perçoit de façon devenue nette les brutalités, le caractère oppressif, les liens avec les conflits des impérialismes des puissances capitalistes), il soutient avec une scrupuleuse attention les droits des êtres humains des pays colonisés[21]. Jaurès appelle aussi à reconnaître et à défendre les richesses culturelles de l'histoire de la Chine, de l'Inde et des pays de civilisations arabo-islamiques en leurs vivantes évolutions.

Dans ces années, Jaurès en liaison avec le mouvement social, va prendre parti sur une dimension fondamentale de l'égalité des droits qui concerne également la laïcité et le combat contre les croissants risques de guerre. Il s'agit de celle « du droit politique et social des femmes ». Elle est devenue pour Jaurès urgente et incontournable. Elle est désormais posée devant l'opinion « beaucoup plus sérieusement que ne l'imaginent beaucoup de nos collaborateurs » écrit-il dans son article (« Les suffragettes ») de *La Dépêche* du 10 janvier 1907.

Longtemps, souligne-t-il, les femmes ont travaillé « mais elles travaillaient à domicile », elles « restaient en même temps des ménagères », « tout près du foyer et sans accès au forum » de l'activité publique et politique. L'évolution économique a transformé la condition des femmes. Le développement du capitalisme marchand et industriel, les concentrations accélérées des entreprises « les ont

21. Son comportement dans l'affaire Couiteas, un colon spoliateur de terres des Marocains, le montre. Ce personnage avait obtenu le soutien de la Ligue des droits de l'homme. Jaurès, invité au comité central de la Ligue, fera la clarté. La position de la Ligue changera alors. Le 27 mars 1908, Jaurès intervient à la Chambre des députés sur cette affaire.

jetées en pleine vie sociale». Celle de la production et de l'exploitation, tout comme des millions de travailleurs de sexe masculin.

Les femmes entrent ainsi de plus en plus « dans les vicissitudes et les douleurs de la lutte sociale», les combats et, comme les hommes, «les réunions publiques de la vie sociale, syndicale, politique». Et dans ce mouvement social elles en sont venues à «revendiquer les droits politiques».

Jaurès, qui soutient cette exigence, médite aussi sur les luttes des femmes dans les pays comme l'Angleterre et sur l'interaction «plus rapide des idées et des mouvements, entre les peuples[22]». Pour lui, «l'ordre social nouveau, l'ordre humain de justice et de paix doit garantir les droits de tous les être humains».

À ses yeux, les attitudes de bien des républicains bourgeois, voire de socialistes, qui disent que les femmes vont «livrer la République à l'Église» ne sont pas fondées. «Même catholiques, les femmes n'accepteraient pas la domination politique du prêtre sur le scrutin, sur la famille, sur le travail[23]». Par ailleurs, si les femmes dans leur masse «étaient fanatiques, la séparation des Églises et de l'État ne s'accomplirait pas dans le calme où elle s'établit aujourd'hui».

Jaurès situe enfin la question des droits politiques des femmes sur un horizon plus vaste. Celui des combats pour la paix, face aux menaces de la guerre. «Les femmes auraient l'horreur des guerres inutiles et injustes et elles prêteraient à la politique de paix et d'arbitrage international le concours passionné de leur tendresse aussi bien que de leur conscience.»

Égalité des droits, expérience historique, recherches et approche de Jaurès

Les analyses élaborées par Jaurès au long des combats et en interaction avec ses recherches des années 1900 éclairent avec hauteur et ampleur les relations entre égalité des droits, laïcité et

22. «Le droit des femmes», *Revue de l'Enseignement primaire et primaire supérieur,* 30 décembre 1908.

23. «Les suffragettes», *La Dépêche,* 10 janvier 1907.

mouvement historique des rapports sociaux depuis la Révolution française. Les expériences historiques faites en France, en Europe et dans le monde au XXe siècle, le développement et le renouvellement (un renouvellement qui doit beaucoup à la perspective neuve ouverte par Jaurès dans *L'Histoire socialiste de la Révolution française* confirment cette lumière pionnière des analyses de Jaurès. Ces différents aspects de l'expérience historique et du mouvement de la recherche les ont en même temps enrichis et complétés de données, de connaissance de processus et de dimensions qu'il ne pouvait en son temps percevoir. Évoquons un moment quelques aspects.

Nous percevons, avec Jaurès, mais sans doute mieux et plus nettement aujourd'hui le caractère profondément inédit d'une réalité qui émerge avec la Révolution française : celle d'une conception politique (au sens profond) des droits de chaque être humain radicalement neuve par rapport aux siècles et millénaires antérieurs et qui entre alors dans le cheminement de l'humanité.

L'émergence de cette exigence et de ce principe d'égalité des droits s'enracine en des cheminements ethno-historiques (sociaux et culturels notamment) de longue durée, de voies à la fois différentes et en complexe interaction. L'étude, tout à la fois précise, comparative, raisonnée et sans anachronismes de ces complexes enracinements dans l'expérience historique (sociale, culturelle, religieuse, politique) des différents peuples est encore, pour l'essentiel, à faire. En même temps et par ailleurs (insistons-y, pour éviter toutes les confusions anachroniques), les processus d'émergence de cette exigence commencent à venir en place centrale dans le cadre des transformations profondes des capacités et savoirs, des forces productives, des rapports sociaux, des exigences et des conceptions nouvelles (et par là des tensions et crises) des sociétés dominées par l'aristocratie seigneuriale laïque et religieuse. Ces transformations et ces crises s'intensifient de la seconde moitié du XVIIe siècle à la fin du XVIIIe et (notamment en Méditerranée du nord et en Europe centrale et orientale) au milieu du XIXe siècle.

Ces processus ont une voie de cheminement spécifique, dense et radicale avec la Révolution française au cours des complexes luttes qui parcourent la France, l'Europe, la Méditerranée de 1789 à

1815. C'est alors que la proclamation et la mise en acte de *l'égalité des droits* ont commencé à s'affirmer avec une force et un impact de portée tout à la fois universalisées et inséparables de limites et de contradictions propres à l'époque.

Pour la première fois dans l'histoire de l'humanité il y a, avec la Révolution française, affirmation et début de mise en acte conjointe de la *liberté* et de *l'égalité* (c'est là une nette différence, dans le contexte des structures sociales au nord et au sud des États-Unis, avec la Révolution américaine des années 1770) des droits. Cette affirmation se fait aussi alors dans les principes, les lois et les institutions politiques de l'État et *non plus seulement* en des textes et élaborations littéraires, théologiques ou philosophiques.

Il ne s'agit plus avec la Révolution française d'affirmations fondées sur le principe de tolérance [24]. Les constituants (et au premier chef le député et pasteur protestant Rabaut Saint-Étienne) connaissaient, d'expérience, les limites de la « tolérance ». C'est sur un tout autre fondement anthropologique et politique qu'ils vont s'appuyer : celui (affirmé par l'article 1 de la Déclaration des droits de l'homme et du citoyen de 1789) de *l'égalité des droits*. Une égalité des droits et une liberté des droits pour tout être humain, inaliénables, imprescriptibles, universelles. Des droits qui ne tiennent pas *d'abord et fondamentalement* au « sang », à la caste, à la classe, à la race, au sexe, ou à la religion ou aux règles ethniques de chacun. L'inaliénabilité et l'universalité des droits tiennent d'abord et avant tout à ce que chaque être humain est membre de l'espèce humaine, et est « adscrit » (pour reprendre une profonde formulation de Lucien Sève [25]) dans l'humanité comme membre de l'espèce humaine. C'est là ce qui (avec l'article 1 de la Déclaration de 1789) fonde la liberté et l'égalité des droits en tous les domaines de l'existence de chacun dans la vie sociale. C'est là aussi ce qui fait des vingt-cinq années qui vont de 1789 à 1815, « un quart de siècle équivalent à

---

24. Cf. les éclairantes analyses de Michel Vovelle, « La Révolution aux origines du modèle français de laïcité », *La Pensée, avril-juin 2005.*

25. Cf. Lucien Sève, *Pour une critique de la raison bioéthique*, Paris, Odile Jacob, 1994 ; cf. aussi la préface de Lucien Sève au livre d'Axel Kahn, *Et l'homme dans tout ça ? Plaidoyer pour un humanisme moderne,* Paris, Nil Éditions, 2001.

plusieurs siècles » pour reprendre les mots de Chateaubriand dans les *Mémoires d'outre-tombe*.

Richesse des différences dans l'égalité des droits ou différences politiques des droits ?

C'est ainsi le principe de l'égalité des droits (et non plus seulement la tolérance) qui fonde la liberté de conscience, de pensée, « même religieuse », comme le dit l'article 7 de la Déclaration des droits de 1789. L'égalité des droits (à l'encontre des principes des États théocratiques et/ou intégristes d'hier ou d'aujourd'hui) peut seule réellement garantir et asseoir la liberté de croire en telle ou telle religion, de changer de religion, ou de ne croire en aucune religion.

Le principe politique et anthropologique de l'égalité des droits devient et demeure le fondement de la séparation de l'État, de ses structures et de ses services publics, des religions ; comme d'ailleurs du refus pour l'État républicain de toute philosophie officielle quelle qu'elle soit. Étant entendu que l'État et les services publics ne sont pas à confondre, ni à l'endroit ni à l'envers, avec l'espace public de la rue, ou d'autre façon, avec l'espace des débats publics.

Le fondement de la laïcité républicaine ne réside pas, prioritairement et essentiellement, dans la coexistence au sein de la République de communautés humaines ayant et attribuant chacune aux personnes, jusque dans *les institutions publiques, des droits politiques différents* et inégaux, à partir des conceptions que ces communautés se font des statuts des citoyen(ne)s à partir de leur sexe, de leur « sang » ou de leurs interprétations de tel ou tel courant de pensée, religieux ou athée. L'objet et la vocation de la laïcité de la République et de ses institutions et services publics c'est d'être de manière égalitaire et démocratique au service des besoins sociaux et culturels de tous, en tant que chacun, à travers ses singularités culturelles, religieuses, biographiques, est porteur de droits égaux, universels, inaliénables qui sont ceux de tout être humain citoyen.

L'égalité des droits entre tous les êtres humains peut se vivre dans le cadre de réalités et de références (ethno-historiques, spirituelles, culturelles, religieuses) très diversifiées. Ces différences, lorsqu'elles sont vécues, comprises, assumées, dans le maintien et le développement de l'égalité des droits entre chaque être humain quels que soient son sexe, ses origines, culturelles, religieuses, etc., représentent un enrichissement pour toute l'humanité. Cela à l'opposé de la *différence politique des droits* (en fonction du sexe, du sang, de l'origine ethnique, etc.), laquelle est, tout à la fois, effet et cause des dominations et exploitations. Il en va ainsi des conceptions et attitudes idéologiques et politiques (massivement hégémoniques, rappelons-le, pendant des siècles sur la planète ; et qui, tout en reculant, connaissent aussi aujourd'hui des renouveaux inquiétants et diversifiés) qui veulent fonder le statut des êtres humains sur l'inégalité (dissimulée ou affichée) des droits, inégalité renvoyant aux différences de classe, de « race », de peau et/ou de sexe, ou aussi de religion ou d'origines ethno-historiques.

Mises en cause de l'égalité, combats, « droits-créances »

L'affirmation et les premières mises en acte *politiques* de ces principes de liberté et d'égalité ont lieu pendant l'Assemblée constituante et plus largement pendant les années 1789 à 1815. Elles sont alors marquées de contradictions et de limites historiquement spécifiques. On y reviendra un bref moment. Ces actes et ces principes d'alors sont en même temps « radicalement incompatibles » (Michel Vovelle) avec les structures sociales, l'esprit des lois, les principes politiques, idéologiques et idéothéologiques dominants (avec leurs invariances et leurs adaptations) dans les sociétés depuis quelques millénaires : égalité des droits ; liberté des opinions « même religieuses » fondée sur la Déclaration des droits et non plus sur la tolérance, « notion récusée – Jaurès le dira avec force – comme une étape dépassée [26] » ; souveraineté du peuple substituée à la monarchie d'institution divine (avec au début de la Révolution constituante, passage du « roi de France par la grâce de Dieu » au « roi des Français par la volonté générale [27] »). Cet ensemble d'actes

---

26. Michel Vovelle, « La Révolution aux origines du modèle français de laïcité », article cité.

27. *Ibid.*

et de valeurs constitue une « césure dont on ne saurait sous-estimer l'importance[28] ». Ainsi émerge et commence à s'affirmer une rupture historique qui est de portée profondément anticipatrice. C'est en ce sens que les débats, les combats, les idées issues des Lumières, des années révolutionnaires et notamment les discussions sur l'éducation nationale, la laïcité de 1792 et 1793 « dépassent de beaucoup les intérêts qu'elles prennent [alors] en charge. Prélude aux débats d'un autre âge[29] ».

Ces processus s'enracinent ainsi, à des égards essentiels et de dimensions anthropologiques profondes et contradictoires, dans les mutations des forces productives, des capacités et des savoirs, des exigences démocratiques, des évolutions et révolutions des rapports sociaux qui accompagnent le développement du mode de production capitaliste. En même temps et par ailleurs la mise en acte politique des exigences et des principes d'égalité des droits ont été et sont (plus que jamais) marqués par les pesées, les limites, les contraintes du capitalisme et, plus tard, de ses différentes formes d'impérialisme. Cela est vrai, dans les pays (les grands, notamment) dominés et conduits par la bourgeoisie.

Il en va ainsi selon un cheminement spécifique en France dès les années de la Révolution. C'est ainsi (pour ne prendre d'un exemple éclatant) que l'Assemblée constituante (avec sa majorité de députés de la noblesse ou de la bourgeoisie aisée) divisera, avec la Constitution de 1791, les citoyens en « citoyens passifs » (les plus pauvres) dépourvus du droit de vote et « citoyens actifs ». Le suffrage universel ne sera instauré qu'après le rebondissement de la Révolution en août 1792.

Par ailleurs, même en l'an II, les femmes n'accéderont pas à la plénitude de citoyenneté politique. On peut aussi rappeler que pendant la période thermidorienne, un homme comme Sieyès

---

28. *Ibid.*

29. Roger Barny, « La querelle Rousseau/Encyclopédie et la discussion sur l'éducation nationale à la Convention (1792-1793) » in *Penser Jean-Jacques Rousseau*, Le Temps des Cerises, Pantin, 2005, p. 25-45.

estimera, qu'à l'expérience, l'article 1 de la Déclaration de 1789 s'avère lourd de danger pour l'ordre social de la bourgeoisie. Depuis dans notre pays, et dans le monde, le principe et la mise en acte politiques de l'égalité des droits entre tous les êtres humains ont été lieux et enjeux historiquement mouvants de multiples, diverses et graves (à l'Ouest, à l'Est, du Nord au Sud) attaques et mises en cause.

Ils ont été aussi et contradictoirement objets et enjeux de débats et combats sociaux et politiques, et de luttes libératrices et transformatrices. Ces réalités et ces processus cruciaux ne peuvent être examinés ici. Ils ont enrichi et élargi l'égalité des droits, une égalité qui est celle de *droits* (sociaux, culturels, politiques) qui concernent toutes les dimensions de l'existence de chacun. Des droits que l'État et ses services publics ont *l'obligation* fondamentale, incontournable, de respecter et de mettre en acte. Issues de l'expérience de longs combats séculaires, le préambule de la Constitution française de 1946, la Déclaration universelle des droits de 1948, la Convention européenne de sauvegarde des droits de 1950 préciseront de manière enrichie et développée les terrains majeurs (tels notamment ceux de l'emploi, la formation, la santé, la protection sociale contre le chômage, la précarité...) de ces droits fondamentaux. Des droits dont le respect et la mise en acte constituent des obligations pour l'État. Des droits qui pour chaque être humain citoyen sont par là même des « droits-créances » sur l'État[30].

Nouvelle étape de l'hominisation, conflit des stratégies et égalité des droits

Plus de deux siècles se sont écoulés depuis la Déclaration de 1789, cinquante-sept ans depuis celle de 1948. Nous sommes aussi au moment du centenaire des débats et combats sociaux et politiques qui ont constitué le contexte historique de la séparation des

30. Serge Regourd, « Constitution européenne et "modèle européen" », *La Pensée,* n° 41, janvier-mars 2005, p. 125-141.

Églises et de l'État en France en 1905. Nous tous, citoyen(ne)s et êtres humains, nous avons, je crois, à défendre et à développer aujourd'hui ces conceptions des droits de l'homme et de la laïcité où les différences (religieuses, culturelles...) sont un enrichissement pour toute l'humanité parce qu'elles sont vécues et mises en acte dans le cadre du respect de l'égalité des droits inaliénables et universels, entre hommes et femmes, entre chaque personne humaine, d'abord et avant tout parce qu'elle est membre à part entière de l'humanité.

Nous avons à le faire dans le contexte des potentialités, des risques, des enjeux, des défis d'ampleur et de profondeur radicalement inédites (et dont nous sommes tous acteurs et spectateurs) et qui sont ceux de la France, de la Méditerranée, de l'Europe, du monde dans la croisée des chemins où, pour le meilleur ou pour le pire, l'humanité est entrée depuis plus de trois décennies.

Évoquons, même brièvement, une première dimension majeure de ce tournant historique et anthropologique.

L'humanité actuelle, en France, en Europe, dans le monde, est contemporaine et actrice d'un tournant des capacités intellectuelles et des forces productives (avec en son cœur la révolution informationnelle) qui, loin de se réduire à des aspects techniques et économiques, constitue une nouvelle étape de l'hominisation. André Leroi-Gourhan l'avait perçu dès les années 1960[31]. Ce tournant s'est depuis, selon des voies complexes, fortement accentué et développé de la fin du XXe siècle aux années 2000. Il place, dès maintenant et pour les décennies à venir, les personnes et les peuples, devant des possibilités neuves. Il les confronte aussi à des voies et stratégies qui ont des orientations et des contenus contrastés et même opposés en ce qui concerne le présent et l'avenir de la civilisation.

Cette nouvelle étape de l'hominisation rend possible, légitime, réaliste une transformation complète des conditions de travail, de

31. Cf. André Leroi-Gourhan, *Le Geste et la Parole. La mémoire et les rythmes*, Paris, Albin Michel, 1965, p. 63-76.

la vie sociale, économique, politique fondant son efficacité à la fois sur le développement (par un nouveau type de formation initiale et permanente) des capacités en leurs diverses composantes culturelles de chaque citoyen(ne) et sur celui d'une démocratie autogestionnaire : une démocratie associant, à tous les niveaux, interventions et constants contrôles participatifs des citoyen(ne)s eux-mêmes, et démocratie représentative rénovée.

Ce qui, sur ces bases anthropologico-historiques neuves devient possible, légitime, indispensable, c'est aussi un ordre de rapports (zonaux, mondiaux) entre les peuples fondés sur les partages et coopérations mutuellement avantageux, sur le droit international (et les combats contre la « guerre économique » et le droit du plus fort) dans les relations entre les humains et les pays de la planète.

Cette voie devient également (et plus fortement qu'hier) possible en raison du développement diversifié, mais d'ampleur et de qualité historiques inédits, des exigences d'égalité des droits et de la démocratie participative dans la dernière décennie. Les cheminements en sont diversifiés. Ils s'accompagnent de la prise de conscience, encore en complexe mais croissante émergence, que c'est l'ordre économique et politique du capital financier (et non pas, pour évoquer un thème rebattu de la vulgate dominante, « la modernité » technique et scientifique ou « la science », « la raison », considérées en elles-mêmes et pour elles-mêmes et hors des rapports sociaux) qui nie les droits égaux, universels, inaliénables et en mouvement inédit, des personnes, des travailleurs et des peuples.

Le cours (complexe, inégal mais de plus en plus affirmé) des combats pour la paix et le respect du droit international, les résistances et les recherches pour ouvrir une perspective tout autre que celle du libéralisme ont notamment marqué la Méditerranée, l'Afrique, l'Amérique latine. Ils ont marqué aussi, de 1995 au printemps 2005, la France et l'Europe. La volonté générale des peuples, lorsqu'ils sont directement consultés, est nette. Aux Pays-Bas et en France ils viennent de mettre en échec un projet de traité pour une Constitution de l'Union européenne qui érige (fait totalement inédit dans l'histoire de l'humanité) les exigences, le pouvoir, et l'« esprit des lois » des firmes financières (notamment « la concurrence libre et non faussée ») en règles et principes d'autorité contraignante (tout à la fois globalement et minutieusement) et de statut constitutionnel. Les travailleurs et les citoyens, lorsqu'ils ont directement la parole, veulent une tout autre perspective. Ces données, un mouvement comme le Forum social mondial né au Brésil[32], cristallisent largement les processus de recherche (par les actes, les réflexions, les partages) dans les années 2000 d'une alternative de libération humaine.

Dans ce contexte historique transformé, la question de la défense, du développement de l'égalité politique des droits, celle du maintien (et non d'une érosion destructrice) et de l'enrichissement des « droits-créances » se sont chargées et se chargent d'enjeux aiguisés et élargis. Au XXIe siècle la laïcité, plus encore qu'hier, en est inséparable.

« Libre échange mondialiste », destruction des emplois, droits-créances

Il en va d'autant plus ainsi qu'il existe un deuxième (et tout différent) aspect majeur du monde contemporain.

Dans l'actuelle croisée des chemins, une autre voie existe. Elle est même hégémonique. Elle chemine de manière(s) à la fois continentalement, nationalement diversifiée(s) et, aussi, « mondialisée(s) ». Cette voie s'inscrit dans le processus historique de développement du capitalisme. Elle présente en même temps des caractéristiques et des orientations idéologiques, économiques et politiques nouvelles. Celles-ci se sont puissamment manifestées et intensifiées à partir du milieu des années 1970. Un chercheur comme Maurice Allais, prix Nobel d'économie, en a analysé les racines et les traits. La stratégie qui devient alors hégémonique (notamment dans les milieux

32. Sur les processus et leurs caractéristiques dans les années 2000 cf. notamment les articles de Patrick Coulon (« Sur le Forum social européen de Paris, Saint-Denis, Bobigny, Ivry »), Frei Betto et Michael Löwy (« Les valeurs d'une nouvelle civilisation ») et Michel Rogalski (« Internationalistes et nouveaux mondialistes à l'assaut de la planète »), *La Pensée*, n° 335, juillet-août-septembre 2003.

dirigeants dans les grands États européens et dans la Commission de Bruxelles de l'Union européenne) est celle du « libre échange mondialiste ». Elle se caractérise (et cela est le cas pour la France) « au travers de fluctuations conjoncturelles, pour une tendance de fond : la destruction des emplois, la destruction de l'industrie, la destruction de la croissance [33] ».

1. – Cette voie est celle de l'utilisation des capacités nouvelles de l'humanité, des immenses ressources financières dégagées par le travail humain sur la planète dans un cadre contraignant et spécifique : celui de la stratégie des maîtres des firmes industrielles et financières, eux-mêmes en osmose avec les milieux sociaux et politiques qui dirigeant les États (notamment les grands) et des institutions internationales comme le Fonds monétaire international, la Banque mondiale ou l'Organisation mondiale du commerce. Ces gens sont différents culturellement, religieusement, spatialement. Mais tous d'Orient ou d'Occident, athées, chrétiens, bouddhistes, juifs, ou musulmans, etc., se retrouvent et se reconnaissent (prioritairement et stratégiquement) dans une *communauté* unique, la « communauté financière internationale », pour reprendre les termes que l'on trouve dans le *Figaro économie* et dans les journaux comme *Les Échos* ou *La Tribune*.

2. – Pareille stratégie chemine avec des différences, des nuances, des contradictions. Elle a en même temps pour « esprit des lois » (pour reprendre un dense concept de Montesquieu), en toutes les dimensions de l'existence humaine (travail, santé, vie, mort, vieillesse, formation, culture, relations entre les sexes et les générations), les exigences des maîtres des firmes multinationales, des marchés financiers et des institutions internationales comme l'Organisation mondiale du commerce ou le Fonds monétaire international.

Cette stratégie se développe à travers la mise en place de traités, d'accords, à la fois économiques et politiques. Les formes et les

33. Cf. Maurice Allais, *La Mondialisation économique. La destruction des emplois et de la croissance. L'évidence empirique*, Paris, Éd. Clément Juglar, 1999, p. 305.

traits de ces accords et traités sont très variés (selon leur époque de conclusion ; selon les continents, les pays, les secteurs). Ils s'efforcent en même temps d'imposer aux peuples des réseaux convergents de contraintes : endettements, travail à bas coût s'entrelacent avec les exonérations fiscales et sociales, la flexibilité, les déréglementations, les privatisations (pour les firmes). Enfin avec l'immense élan donné partout ces dernières années à la précarité, laquelle amplifie à son tour toutes les autres contraintes. Il en résultera sans cesse davantage (si les peuples, les travailleurs laissent faire) l'absence de « loi indépendante des maîtres » et l'extension, selon des voies différentes, partout dans le monde, y compris en France et en Europe, de formes d'exploitation devenant « extrême » pour reprendre les termes de chercheurs du Bureau international du travail [34].

Ces efforts et cette orientation pour aller sans cesse plus loin dans le sens de « réformes » économiques, sociales, politiques de dimensions anthropologiques à la fois innovantes et régressives, caractérisent, en France et en Europe, les milieux dirigeants partisans du maintien et de l'aggravation du cours actuellement dominant de l'Union européenne. Il en va ainsi, on l'a dit, avec le récent projet (refusé dans leurs référendums par les peuples de France et des Pays-Bas le 29 mai et le 2 juin 2005) d'érection à la dignité et à l'autorité constitutionnelles de l'hégémonie économique, sociale, politique des milieux de la communauté financière (seuls « maîtres de la Banque centrale », « indépendante » des peuples et des États, des institutions politiques de l'Union elle-même) [35]. Cette autorité constitutionnelle étant également conférée à la « concurrence libre et non faussée [36] » et à l'instauration d'un libre-échange total au

34. Sur les traits et les racines, et la signification historique et anthropologique, de l'exploitation devenant extrême, cf. dans *La Pensée*, n° 336, octobre-décembre 2003, Yann Gaillaud, « L'esclavage moderne et le "travail forcé" à l'épreuve de la précarité : le cas de la France ». Et pour un aperçu mondial, Patrick Belser, « Le travail forcé aujourd'hui », dans ce même numéro.

35. Cf. les articles III 185, 186, 187, 188.

36. L'article III 177 du projet de traité constitutionnel instaure dans l'Union « une politique économique fondée sur l'étroite coordination des politiques économiques des États membres, sur le marché intérieur et conduite conformément au principe d'une économie de marché ouverte où la concurrence est libre ». Les articles I 213 et III 314.

plan mondial[37]. L'égalité des droits et le contenu des droits sociaux et politiques ont un caractère de droits-créances obligatoires pour l'État dans le préambule de la Constitution française de 1946, dans la Déclaration universelle de 1948. Ils sont transformés en formules vagues et vides dans le projet de Constitution européenne[38]. La séparation des religions et des structures politiques est significativement absente des règles et des objectifs au niveau d'ensemble de l'Union, on y reviendra.

Ce sont des visées de substance voisine et périlleuse (pour les peuples et l'égalité des droits) qui caractérisent les différents accords de libre-échange négociés par les gouvernements des États-Unis depuis dix ans et destinés à construire (en 2005 ou 2006) une « zone de libre-échange des Amériques ». Les textes des évêques d'Amérique latine (eux-mêmes inséparables des inquiétudes, des souffrances, des luttes et exigences des travailleurs d'Amérique du Sud et centrale) soulignent[39] combien ces traités ont des dimensions qui ne sont pas seulement « commerciales » ou « économiques » mais qui concernent tous les aspects de l'existence humaine des peuples (y compris le patrimoine botanique menacé par la mainmise par les firmes sur les plantes médicinales).

La moindre n'est pas celle qui résulte du déni multilatéral de démocratie politique. Les évêques se font les porteurs des exigences populaires d'égalité des droits de démocratie et de participation citoyenne[40], de libre, large et transparent débat public. La question posée par les évêques latino-américains (« À qui profite le libre-échange ? ») est tout à la fois cruciale pour l'égalité des droits et également pertinente, sous d'autres modes, en France et en Europe en 2005. Le développement de ces processus contemporains menace, met en cause, réduit les droits et l'égalité des droits entre tous les êtres humains. Cela est encore plus vrai pour les droits des

37. Cf. l'article III 314.

38. Pour une précise analyse juridique et politique, cf. Serge Regourd, « Constitution européenne... », article cité.

39. Cf. le dossier « À qui profite le libre-échange ? », *Documentation catholique,* n° 2327, 2 janvier 2005 , p. 20-32.

40. *Ibid.*, p. 23-24.

femmes[41]. Entendons les femmes comme porteuses en tous les aspects de la vie, de droits sexuels sociaux, politiques totalement égaux à ceux des êtres masculins. Ces mises en cause vont de pair avec des efforts et des mesures pour les maintenir (y compris par des mots et signes symboliques) en des statuts officieux et/ou officiels de dépendance et d'infériorité dans l'entreprise, le travail domestique, les rapports entre les sexes, dans la famille, le couple, l'espace public.

Dans le cadre des deux aspects majeurs (ici trop cursivement évoqués) de la croisée des chemins de l'humanité contemporaine, la question de *l'égalité des droits* est devenue, considérablement plus qu'auparavant, *centrale* et *cruciale*. Cela sous deux modes opposés : celui des mises en cause, des risques, des menaces (déjà en partie réalisées) de réduction, d'amoindrissement et/ou de destruction des droits fondamentaux conçus et mis politiquement en acte comme « droits-créances ». Celui aussi, et contradictoirement, du développement des possibilités, des exigences, des luttes pour approfondir et enrichir ces droits, des luttes qui prennent des dimensions planétaires.

Mouvement de libération humaine, courants communautaristes, enjeux de la laïcité et de l'égalité des droits

Dans ce contexte, et en liaison avec les enjeux qui se cristallisent sur la question de l'égalité des droits entre tous les êtres humains, la séparation des religions et des appareils et institutions politiques des États ou des structures politiques d'ensembles zonaux (comme l'Union européenne) prend une portée puissamment renouvelée. C'est là un troisième aspect majeur des réalités de ce début du XXIe siècle.

41. Cf. Maryse Jaspart *et al.*, *Les Violences envers les femmes en France. Une enquête nationale*, Paris, La Documentation française, 2003 ; Michel Bozon, « Les violences envers les femmes », *Travail, genre, sociétés*, n° 11, avril 2004, p. 199-208. Cf. aussi Clarisse Fabre et Éric Fassin, *Liberté, égalité, sexualité. Actualité politique des questions sexuelles*, Paris, Belfond, 2004.

Il s'enracine à des égards variés mais essentiels dans les conséquences, les effets, les impacts profondément contradictoires qu'ont sur les attitudes des peuples, des travailleurs, les souffrances, le mal vivre, les humiliations générés par le *cours dominant du monde*. Nous en avons précédemment rappelé les traits.

Dans les deux dernières décennies, les attitudes des peuples, en regard de ce cours dominant, ont nourri et développé deux grands pôles d'ensembles d'élaboration de pensée et d'orientation d'action. Il en va notamment ainsi dans le champ des processus de mise en travail et de réinterprétation des références des grands courants religieux à la longue histoire. L'existence de ces deux pôles majeurs s'accompagne de grande complexité des processus. Ces deux pôles, tout en présentant chacun des cheminements diversifiés, sont très différents et même opposés. Ces cheminements, en fonction de l'évolution des expériences historiques contemporaines, peuvent être mouvants. Des transformations qualitatives peuvent se construire au long de ces herméneutiques d'aujourd'hui. La relecture et la répétition (d'apparences immobiles) des fragments de textes sacrés (chrétiens ou musulmans) s'y accompagnent en fait (comme dans les évolutions idéologiques et théologiques du passé) de glissements par où se construisent des émergences de significations nouvelles [42]. Ces processus, jusqu'ici encore trop peu étudiés, sont particulièrement mouvants et complexes dans les parcours biographiques, notamment chez les jeunes.

Libération humaine, christianisme, islam

L'un de ces deux grands ensemble est parcouru de disparités, de contradictions, de recherches. Il est par ailleurs de réalité nettement affirmée. Nous en avons précédemment évoqué quelques racines et quelques traits majeurs. Revenons-y un instant.

Depuis une vingtaine d'années mais surtout à partir du milieu des années 1990, on a vu émerger puis commencer à s'élargir et à

---

42. Sur ces processus dans le catholicisme médiéval, cf. notamment Georges Duby, *Les Trois Ordres et l'imaginaire du féodalisme*, Paris, Gallimard, 1978. J'ai essayé d'examiner ces processus in *Le Concile 20 ans après*, Paris, Messidor, 1985, p. 21-60.

s'intensifier (du niveau des lieux de proximité à celui des nations, des continents et de la planète) des actions, réflexions, initiatives qui donnent consistance spécifique à ce type de mouvements. De manières profondément libres et diverses en leurs références spirituelles, idéologiques, culturelles ces mouvements recherchent selon des voies neuves une alternative de libération humaine à l'ordre dominant de la planète. C'est en ce sens qu'ils sont de visée « altermondialiste [43] ».

Le Forum social mondial né (avec des rapports complexes mais forts avec le christianisme de libération) à Porto Alegre, et ses forums continentaux, en sont des composantes significatives. Ces mouvements sont marqués par la prise de conscience, elle aussi en complexe mais forte émergence, qu'un autre type de rapports économiques, sociaux, culturels, politiques (fondé sur la mise en acte de l'égalité des droits entre les êtres humains et les peuples) est aujourd'hui possible et indispensable : en France, en Europe, en Méditerranée, du Nord au Sud, de l'Est à l'Ouest. Un type fondé sur les besoins des citoyens, sur le contrôle populaire par la démocratie autogestionnaire, sur les possibilités constitutives de la nouvelle étape de l'hominisation ainsi que sur les immenses ressources financières disponibles, et actuellement stérilisées par les gâchis spéculatifs et par les processus dévastateurs comme celui de la dette. Un type aussi de rapports fondés sur les coopérations, les partages (et non « la guerre économique »), la paix, le droit international (et non le droit du plus fort).

Dans ces mouvements, les militances personnelles, les associations de travailleurs, de citoyen(ne)s croyants en Dieu occupent une place importante. Il en va ainsi de ceux qui, en Amérique (notamment en Amérique latine), en Méditerranée, en Afrique, en Europe, vivent leur foi en Dieu comme inséparable des luttes et partages pour assurer le respect et la mise en acte dans toutes leurs dimensions (économiques, sociales, culturelles, religieuses, politiques,

---

43. Cf. notamment le petit ouvrage d'Eddy Fougier, *Altermondialisme, le nouveau mouvement d'émancipation ?*, Paris, Éditions Lignes de repères, 2004.

rapports entre hommes et femmes...) des droits égaux, universels, inaliénables qui sont ceux de tout être humain. Les combats, les élaborations, les prises de position que l'on voit dans différentes branches du christianisme (notamment dans les diversités et les évolutions des christianismes de libération d'Amérique latine[44] mais aussi dans le cadre de l'islam (en Algérie, en Tunisie, au Maroc, en Iran, d'autre façon en France) le montrent.

Ces croyants vivent ces démarches comme inséparables de leur foi en Dieu. Il en est ainsi des levées devenues planétaires de nombreuses associations contre le droit du plus fort et contre une guerre comme celle menée par G. W. Bush et ses alliés en Irak. Ou encore des luttes populaires (y compris en des pays comme l'Iran, le Maroc et tout particulièrement l'Algérie) contre l'oppression et le refus des droits démocratiques en matière de liberté de pensée ; ou pour l'égalité des droits en toutes les dimensions (sexuelles et familiales comprises) de l'existence entre hommes et femmes ; ou encore du combat contre la dette et pour le contrôle par les peuples des investissements, un combat qui s'est cristallisé dans l'immense pétition planétaire « Jubilé 2000 ».

Ces processus traversent et mettent en tensions et en renouvellements contradictoires les courants de pensée. Cela est vrai des diverses religions et, par exemple, des diverses branches du christianisme. Ces tensions tout à la fois neuves et complexes, ces recherches de renouvellements de pensée et d'action cheminent aussi, avec des contenus contradictoires et selon des rythmes et des voies originaux et spécifiques, dans le cadre des différents courants qui s'inscrivent dans le champ historique de l'islam.

44. Sur les traits et les évolutions dans les années 2000 des théologies de la libération chrétiennes, mais aussi musulmanes, cf. « Théologies de la libération », *Alternatives Sud*, vol. VII, Centre tricontinental Louvain-la-Neuve, Paris, L'Harmattan, 2000 ; cf. aussi José Comblin, *Où en est la théologie de la libération ? Église catholique et les mirages du néo-libéralisme*, Paris, L'Harmattan, 2003. Cf. aussi (en liaison avec le premier forum mondial de théologie de la libération, tenu à Porto Alegre du 21 au 25 janvier 2005) Ignacio Madera Vargas, « Théologie de la libération en Amérique latine et dans les Caraïbes », *DIAL* (Diffusion de l'information sur l'Amérique latine) n° D 2794, 1615, avril 2005 ; cf. aussi Joao Libario, « La théologie de la libération – Nouvelles figures », *Études*, mai 2005, p. 645-657.

De nos jours, la présence et les activités des diverses variantes idéo-théologiques du courant politique de l'islamisme n'annulent et ne résument en rien l'inépuisable complexité historique et culturelle de l'islam dans le monde. Ce serait le signe d'une profonde méconnaissance que d'ignorer (et cela est souvent le cas en France) l'existence et la richesse des élaborations de pensée de dimensions théologiques, historiques, éthiques et politiques musulmanes qui sont caractérisées par un profond attachement à la liberté de chaque être humain, à l'égalité des droits entre tous les humains, hommes et femmes ; par l'attachement aussi au refus de toute hégémonie politique dans l'État de quelque religion que ce soit ; par l'attachement enfin aux combats rassembleurs (dans la diversité des références culturelles, religieuses, philosophiques) contre l'exploitation, la domination, l'injustice sociale, le terrorisme, la politique de guerre et de « droit » du plus fort sur la planète. Ces élaborations n'ont certes pas encore pris une consistance de même densité sociale que les christianismes de libération, par exemple en Amérique latine, avec lesquels elles sont, à des égards essentiels, comparables.

Leur vivante réalité n'en est pas moins incontestable. Au sein de l'immense monde musulman, de multiples évolutions ne cessent de se produire [45]. « Diverses, riches, contradictoires, s'opposant parfois violemment, elles viennent rappeler que l'islam constitue bien, malgré certaines apparences et les réductions volontaires, un phénomène pluriel et toujours en devenir [46] ». Parmi ces évolutions, il y a en de nombreux pays de nouvelles catégories d'intellectuels, hommes mais aussi parfois des femmes. Ils ne se satisfont pas de fortifier ou d'adapter le monde musulman en face des données du

45. Sur ces évolutions, cf. notamment Mohamed T. Bensaada, « Approche socio-historique des théologies islamiques de la libération », *Alternatives Sud*, vol. VII, numéro sur les « théologies de la libération », *op. cit.*, p. 163-207 ; cf. aussi Rachid Benzine, *Les Nouveaux Penseurs de l'islam,* Paris, Albin Michel, 2004. L'introduction de Rachid Benzine, « L'islam et les défis de la modernité », est suivie de la présentation d'études d'Abdal Karim Soroush, de Mohamed Arkoum, de Faglure Rahman, d'Amin al Khali et Muhammad Khalfallaäh, de Nasr Hamid Abu Zayd, d'Abdelmagid Charfi, de Farid Esact. Cf. aussi l'éclairant et récent ouvrage de Ghaleb Bencheikh, *La laïcité au regard du Coran,* Paris, Presses de la Renaissance, 2005.

46. Rachid Benzine, *op. cit.*, p. 12.

monde contemporain. Ils ressentent la nécessité de repenser l'islam lui-même et ils s'attellent courageusement à cette tâche. « Ils se définissent comme croyants. Le Coran est bien pour eux Parole de Dieu quand bien même, ils peuvent s'interroger sur ce que recouvrent nos notions de Parole de Dieu et de Révélation. Mais leur intention est de réexaminer les manières dont l'islam a pu se construire historiquement. De "revisiter" les interprétations successives et les utilisations qui ont été faites du message coranique et des autres textes fondateurs... Ils désirent exposer aux méthodes de la recherche scientifique et au questionnement des sciences humaines cette réalité vivante qu'est l'islam [47] » ! Cela pour que chaque musulman, chaque honnête homme, croyant d'autres religions, ou incroyant en Dieu, puisse mieux « approcher en vérité le message musulman, loin des manipulations idéologiques, et puisse vraiment se l'approprier en connaissance de cause [48] ». Rien n'est ici aisé, rien n'est sans péril. Plusieurs de ces penseurs et théologiens menacés de mort ont dû se résoudre à l'exil. Le précurseur des recherches de ces penseurs actuels, l'intellectuel soudanais Mahmoud Mohamed Taha a été pendu à Karthoum à l'âge de 70 ans par le régime politique des Frères musulmans.

Courants communautaristes, droits des femmes, égalité des droits

L'autre ensemble de mouvements est de nature profondément différente. Le mal vivre, les humiliations, les exploitations et dominations et/ou les effets des politiques de guerre et de droit de la force développés ces dernières décennies en ont constitué non la cause unique mais le terreau essentiel dans le monde [49]. Entendons le terreau de protestations, de recherches « d'explications » et d'issues

47. *Ibid.*, p. 13.

48. *Ibid.*

49. Ces processus (avec des traits historiquement différents) ont existé en d'autres temps de profondes crises économiques sociales, culturelles, politiques et idéologiques. Telles les années 1870 et 1880 en France. Telles aussi (et avec une grande acuité et ampleur dans les pays d'Europe) celles de la décennie 1930.

de types communautaristes, populistes et/ou intégristes et qui ont pris aujourd'hui dans le monde une résonance diversifiée mais renouvelée.

Ces attitudes n'avaient certes pas disparu dans la deuxième moitié du XXe siècle. Elles ont cependant cheminé de manières élargies et intensifiées depuis les années 1980 et 1990. Cela est par exemple le cas dans des pays comme la France et (sur des modes plus amples et différents) au Maghreb, notamment en Algérie.

Il n'y a en tous ces processus rien d'uniforme. Les référents sur lesquels peuvent se cristalliser ces expressions dans le noir des protestations sont très diversifiés mais aussi, maintes fois, entrelacés. Il peut s'agir de référents, de symboles d'identité(s) culturels et politiques, nationaux et/ou régionaux. Ces référents sont l'objet de « bricolages » (au sens que Claude Lévi-Strauss donne à ce terme dans *La Pensée sauvage*) anachroniques qui les transforment en porteurs de contenus qui sont en distorsion forte ou même totale avec leurs significations originelles dans leur contexte historique propre. C'est le cas par exemple du bricolage des références et symboles liés au drapeau tricolore développé par le Front national de Le Pen ; ou encore de ceux qui sont opérés sur l'histoire sociale, politique, culturelle de la Corse [50] et qui sont produits par les groupes « nationalistes » en Corse. Il peut s'agir aussi, et à un niveau différent et de plus vaste ampleur, de bricolages de symboles, de textes (ceux de l'Ancien et du Nouveau Testament, ceux du Coran et des hadith) et d'aspects de l'histoire des grands courants religieux. Il existe en même temps un immense écart entre ces bricolages et la richesse, la consistance de ces symboles, de ces textes, de ces grands courants religieux dans leur réalité et leur mouvement historiques propres. Cette richesse et cette complexité contradictoire ne sauraient se réduire à ce qu'en font et en disent (dans l'ignorance et le mépris des outillages, des règles, des méthodes rationnelles de la

50. Sur ces processus, cf. les rigoureuses et éclairantes analyses ethno-historiques de Jean-Paul Pellegrinetti et Ange Rovere, *La Corse et la République. La vie politique de la fin du Second Empire au début du XXe siècle*, Paris, Éd. du Seuil, 2004 ; cf. notamment pour les décennies 1960 à 2003 la quatrième partie.

connaissance et de la déontologie historiques[51]) les diverses idéologies et théologies communautaristes et/ou intégristes.

La gamme de ces mouvements et attitudes est grande. On y compte, je l'ai dit, des groupes nationalistes, à la fois attachés au capitalisme et conservateurs dont certains sont peu religieux ou même professent des thèmes proches de l'athéisme sociobiologique[52]. Il peut s'agir aussi et avec une bien plus considérable résonance de mouvements religieux. Certains se réfèrent (pour en réinterpréter et capter les significations) à l'une ou l'autre des différentes branches du christianisme : c'est le cas des sectes « protestantes » d'Amérique latine ; ou de manières différentes des groupes « évangéliques » liés au Parti républicain et à G. W. Bush aux États-Unis[53]. Ou encore et sur d'autres modes, des groupes (eux-mêmes divers dans leurs rapports avec Rome et les épiscopats) de la bordure droite très conservatrice du catholicisme. Ou encore des différentes mouvances des organisations islamistes.

Des différences, des contradictions, de fortes oppositions existent entre ces mouvements où la protestation contre le cours dominant et la recherche de sens et d'issue se font dans les modes communautaristes et/ou religieux. Ils présentent en même temps, au travers même de leurs oppositions, de nettes convergences. Il en va ainsi de leur hostilité à l'égalité des droits égaux, universels et imprescriptibles entre tous les êtres humains, et notamment entre hommes et femmes. Cette hostilité est le plus souvent inséparable de l'hostilité envers la séparation entre les structures et les orientations politiques de l'État et les religions.

---

51. Spinoza dans le *Traité théologico-politique* (et notamment en son chapitre VII), en son temps, l'un des premiers, a caractérisé les exigences et les démarches de l'approche rationnelle et « vraie méthode d'interprétation de l'Écriture. Seules, elles permettent de combattre ceux qui cherchent à faire passer leurs inventions pour parole de Dieu et s'appliquer uniquement, sous prétexte de religion, à contraindre les autres à penser comme eux ». Cf. Spinoza, *Œuvres III. Traité théologico-politique* (avec traduction et notes de Jacqueline Logrée et de Pierre-François Moreau), Paris, PUF, 1999 ; on trouvera dans le numéro d'avril-juin 2005 de *La Pensée* des extraits de ce *Traité* présentés par Pierre-François Moreau.

52. Il en va à beaucoup d'égards ainsi par exemple dans *La Politique du vivant* (dû à Henry de Lesquen et au Club de l'Horloge), Paris, Albin Michel, 1979.

53. Sur les rapports entre religion, société et politique aux États-Unis, cf. notamment Isabelle Richet, *La Religion aux États-Unis*, Paris, PUF, 2001.

Ces courants populistes attribuent les raisons des souffrances, malheurs, humiliations de leurs peuples avant tout à l'existence et aux actes d'êtres humains appartenant à des réalités « culturelles », religieuses et/ou spatiales conçues comme des isolats d'essence fixe, a-historique et par ailleurs en conflits. Cette vision se retrouve sur un mode élargi et banalisé dans l'opposition entre « l'Orient », « l'Occident » ; thème pseudo-spatial et idéologiquement mystificateur ; thème commun, avec des accentuations et des contenus différents, aux personnages de l'ordre dominant comme G. W. Bush et son entourage et à ceux des idéo-théologiens qui bricolent l'islam avec des sens intégristes.

Les thèmes, les « explications » et actions de ces groupes [54] nourrissent divisions et oppositions entre les êtres humains, les hommes, les femmes, les travailleurs et les peuples. Ils contrecarrent ainsi le dialogue, les partages d'idées et d'actions, les rassemblements pour assurer et assumer à travers les diversités et différences de sexes, de nations, de cultures, de références religieuses, le développement, la défense et la mise en acte des droits égaux, universels, inaliénables qui sont ceux de chaque être humain dans les contenus, les dimensions et enjeux qu'ils ont au début du XXIe siècle.

Stratégies de forces dominantes, mouvements religieux conservateurs et séparation des religions et des États

Au début du XXIe siècle l'égalité des droits a désormais ainsi des enjeux de portée élargie. Ils sont inséparables du problème axial aujourd'hui posé en France, en Europe, en Méditerranée, sur la planète : celui du type d'orientation fondamentale (tout à la fois économique, sociale, politique, anthropologique) qui, dans le présent et pour l'avenir, va constituer « l'esprit des lois » de la civilisation et de la vie en société des sujets humains.

Dans cette croisée des chemins, la question de l'élargissement (dans les principes et dans les actes) ou, à l'inverse, de la profonde

54. Sur ces divers groupes en France aujourd'hui, cf. notamment l'étude de Laurent Frölich, *Les Catholiques intransigeants en France,* Paris, L'Harmattan, 2004.

réduction de l'égalité des droits, est posée à chacun. Elle l'est en sa globalité et en son principe. Elle est aussi l'une de ses dimensions majeures : la séparation des religions et des États envisagée dans son contexte d'aujourd'hui ; entendons celui des types de rapports des forces sociales et politiques dominantes avec les courants religieux.

Dans la décennie 2000, les forces économiques, sociales et politiques dirigeantes travaillent, de manières diversifiées et intensifiées, à consolider l'ordre dominant en soutenant et en favorisant l'audience et les activités des courants religieux conservateurs (chrétiens et musulmans notamment) hostiles à l'égalité des droits, aux droits des femmes, et à la séparation des religions et des États. Évoquons brièvement quelques aspects de ces démarches qui ne vont pas par ailleurs sans développements de contradictions et – on l'a vu avec le 11 septembre 2001 – d'effets boomerang.

L'un des objectifs majeurs de ces démarches vise à combattre, à annihiler ou au moins à réduire et vider de substance les mouvements démocratiques de luttes, de résistance et de recherche d'alternative(s) de libération humaine.

Dans le cadre de cette perspective géostratégique, les firmes, l'appareil politique et militaire des États-Unis ont entretenu depuis longtemps et sous des formes adaptées à la conjoncture (et encore mal connues dans les années 2000) de complexes et forts rapports avec diverses organisations de mouvance islamiste. Ces alliances, au cours sinueux sinon évolutif et destinées à contenir et refouler les mouvements de résistance et de transformations révolutionnaires, se sont nouées dès les années 1950 entre les gouvernements des États-Unis, les Frères musulmans et d'autres groupes islamistes [55] en Asie centrale et au Proche-Orient. Au Maghreb, et tout particulièrement en Algérie, c'est dans cette visée de lutte contre les perspectives et les luttes démocratiques que les États-Unis dans les années 1990 soutiennent (notamment) le Front islamique du salut. Ils espèrent alors voir l'Algérie devenir le « prochain État isla-

---

55. Cf. notamment John K. Cooley, *CIA et Djihad, 1950-2002. Contre l'URSS ? Une désastreuse alliance,* Paris, Éd. Autrement, 2002.

miste » pour reprendre l'expression et le titre du livre[56] de Graham E. Fuller. Les analyses de ce spécialiste du fondamentalisme islamique (et longtemps en poste au Moyen-Orient pour la CIA) se situent alors dans le cadre du programme de stratégie et de doctrine du Rand's Arroyo Center, centre fédéral de recherche parrainé par l'armée.

Ces démarches de lutte contre les mouvements de libération humaine visent, prioritairement lorsque le contexte géopolitique l'exige, les associations et les personnalités de référence religieuse qui luttent contre l'emprise du libre-échange mondialisé, pour les droits des travailleurs, et l'égalité des droits hommes et femmes. Cela dans le refus de toute forme de prééminence politique des religions dans l'État.

À la fin des années 1980, les cercles dirigeants des États-Unis, les conseillers du président d'alors, George Bush, ont élaboré et rédigé un document exposant leur « stratégie pour l'Amérique latine dans les années 1990[57] ». Le combat contre les chrétiens de libération y est présentée comme un objectif majeur. Des moyens multiformes l'ont mis en œuvre : répression, violences ; mais aussi considérables efforts pour réduire les structures et associations de base, notamment au Brésil, et capter et enclore les souffrances populaires dans le cadre des organisations pentecôtistes et « évangélistes » socialement et politiquement très conservatrices. Les coups portés dans les années 1980 par le Vatican (avec un rôle notoire du cardinal Ratzinger) aux théologiens et au christianisme de libération, ont favorisé cette entreprise. Ces groupes « évangéliques » n'ont certes pu déraciner ou radicalement réduire le catholicisme de libération, avec ses transformations, ses ressourcements[58] et sa participation aux combats démocratiques contre les politiques

56. Graham E. Fuller, *Algeria : The Next Fundamentaliste State ?*, Santa Monica, CA, Rand's Arrayo Center, 1996. Sur le contexte, les significations de ce livre, cf. Jacques Couland, « Algérie : un plaidoyer américain en faveur du FIS », *La Pensée,* n° 314, avril-mai-juin 1998, numéro 314, p. 141-151.

57. L'essentiel de ce document a été publié dans *La Pensée,* cf. « Stratégie des États-Unis pour l'Amérique latine dans les années 1990. Comité de Santa Fe », *La Pensée,* mars-avril 1990, p. 83-103.

58. Cf. I. Madera Vargas, « Théologie de la libération en Amérique latine et dans les Caraïbes », article cité.

économiques et les idéologie néolibérales. Une importante perte de fidèles (et de racines diverses) n'en a pas moins eu lieu ces deux dernières décennies au détriment du catholicisme et au profit de ces Églises évangéliques dans cette région du monde où se situe près de la moitié des 1 milliard 71 millions de catholiques[59].

En Europe, bien des réalités le montrent : les forces économiques, sociales, politiques dominantes cherchent (non sans sinuosités et discours tactiques variables selon les pays) de plus en plus à s'appuyer sur les courants et sur les dirigeants des organisations religieuses qui veulent refuser la séparation des religions et des institutions politiques au niveau de la structure d'ensemble de l'Union européenne, et qui par ailleurs ne sont guère portés à combattre le néolibéralisme et la transformation du libre-échange (sans restriction et mondialisé) en loi des lois des politiques de l'Union européenne et de sa Constitution elle-même. C'est dans ce cadre que des organismes comme la commission des épiscopats européens[60], le conseil des Églises chrétiennes de France, la conférence islamique européenne (par la voix de Mohamed Bechari, son secrétaire général[61]) et par ailleurs l'ensemble des dirigeants des organisations musulmanes françaises[62] ont soutenu le projet de Constitution européenne. Un texte qui, tout à la fois, a comme axe

59. Cf. Diego Cavallos, « Quel avenir pour l'Église catholique en Amérique latine ? », *DIAL*, 16-31 octobre 2004. Cf. aussi Alberto Antoniazzi, « Pourquoi le paysage religieux a-t-il changé au Brésil ? », *Documentation catholique,* n° 2338, 19 juin 2005, p. 600-612.

60. Cf. document de la COMECE, « Traité constitutionnel pour une évaluation », *Documentation catholique,* n° 2336, 15 mai 2005. Cf. dans le même numéro la déclaration du conseil des Églises chrétiennes de France.

61. Cf. la déclaration de M. Bechari, par ailleurs président de la Fédération nationale des musulmans de France et vice-président du Conseil français des cultes musulmans, in *La Croix* du 24 mars 2005. « Au sein de la Conférence islamique européennes, nous appelons les musulmans à voter pour le traité. Celui-ci permet aux religions d'avoir des liens avec des organismes de consultation et de construction de l'Europe. » Rien n'est ici dit sur la logique de libre-échange « sans restriction » qui est l'âme de la Constitution et des politiques économiques et sociales de l'Union. Politiques écrasantes pour les salariés, précaires, chômeurs d'Europe et qui n'épargnent guère les travailleurs de religion musulmane.

62. Les dirigeants des organisations musulmanes françaises penchent « nettement pour le oui, y compris celles d'entre elles qui se situent dans la mouvance fondamentaliste » comme l'UOIF. Cf. interviews in *Le Monde*, 10 mai 2005.

et âme le libéralisme, et qui vide les droits sociaux des travailleurs et l'égalité des droits de toute valeur politique contraignante. Un texte qui en même temps ignore significativement la séparation des religions et des institutions politiques au niveau des structures et des objectifs d'ensemble de l'Union. Cela tout en faisant silence, à ce même niveau d'ensemble, sur les droits démocratiques au divorce et à l'interruption volontaire de grossesse.

Dans cette stratégie des forces sociales, économiques et politiques dominantes, on voit s'entrelacer néolibéralisme, logique (globalisée en esprit des lois) de libre-échange sans restriction, menaces élargies sur l'égalité des droits et des droits-créances, et par ailleurs perspectives de mise en cause du principe démocratique de la séparation des religions et des États. Cette stratégie se retrouve avec des cheminements spécifiques sur le terrain de la France : Nicolas Sarkozy président de l'UMP (et dont le cousinage de pensée avec le MEDEF est notoire) l'a en partie explicitée dans son récent livre [63]. Il veut « faire évoluer », et en fait, éroder la loi de 1905. Cela est le cas lorsqu'il propose, sur un mode à tout le moins ambigu, de faire assumer par l'Éducation nationale la formation des prêtres, pasteurs, rabbins, imams [64]. Il ne s'agit en rien pour lui de soutenir les luttes des croyants pour la justice, la dignité, comme par exemple dans les cas des « sans-papiers », ou de la politique d'asile et d'immigration [65]. L'objectif du président de l'UMP est autre : développer les différents types de lieux de cultes, le nombre de leurs ministres surtout dans les banlieues, les quartiers populaires. À ses yeux, dans le contexte actuel de profonde crise sociale, de mal vivre, « l'espérance d'avenir, après la mort, une perspective d'accomplissement dans l'éternité [66] » sont de portée cruciale, fondamentale. Cette espérance-là, dans les banlieues actuelles « qui

63. Nicolas Sarkozy, *La République, les religions, l'espérance*, entretiens avec Thibaud Collin et Philippe Verdin, Paris, Éd. du Cerf, 2004.

64. Cf. Nicolas Sarkozy, *op. cit.*, p. 127.

65. Il a tancé l'attitude sur ces questions de la Commission sociale de l'épiscopat, cf. *op. cit.*, p. 26-29.

66. *Ibid.*, p. 13-14. Plus loin (p. 23), l'auteur indique aussi qu'aujourd'hui « le besoin spirituel, l'espérance ne sont pas satisfaits par l'idéal républicain ».

concentrent toutes les désespérances », peut être en effet « un facteur d'apaisement », un « élément calmant », un « élément civilisateur [67] ».

*

* *

Dans le contexte de la France, de l'Europe, du monde des années 2000, la profondeur, l'acuité des enjeux qui se rattachent à l'égalité des droits et à la laïcité qui en est inséparable sont ainsi de force et de dimensions inédites et accrues.

Les risques et les menaces ont grandi, mais rien n'est joué. Des forces immenses existent et peuvent croître pour en assurer le respect, le développement novateur et la mise en acte. On le voit parmi les croyants. Cela est le cas, en France : l'exigence d'une autre voie que celle du néolibéralisme vient de s'y manifester avec une ampleur et une puissance sans précédent avec le « non » au référendum constitutionnel, y compris parmi les travailleurs (paysans, salariés), chrétiens et musulmans [68]. Cela est vrai avec d'autres traits en Amérique (notamment en Amérique latine), en Méditerranée, en Afrique, en Europe. Des millions d'êtres humains redisons-le, y vivent leur foi en Dieu comme inséparable des luttes et des partages pour assurer le respect et la mise en acte dans toutes leurs dimensions (économiques, sociales, culturelles, religieuses, politiques, rapports entre hommes et femmes...) des droits égaux, universels, inaliénables qui sont ceux de tout être humain, y compris des femmes.

C'est dans des conditions ainsi profondément transformées que les forces sociales et politiques de libération humaine ont à élargir

---

67. *Ibid.*, p. 18.

68. Une profonde évolution s'est manifestée par rapport au référendum de Maastricht. Les intentions de vote « non » présentées par *La Croix*, le 26 avril 2005, à partir d'un sondage national de l'IFOP, montre ce « net recul » du « oui ». Dans ce sondage d'avril 2005, « dans l'ensemble, 55 % des catholiques ont l'intention de voter non (catholiques pratiquants 47 % seulement pour le non) ». L'article et les données présentées par le journal le 2 juin (sous le titre « Le oui des catholiques à l'Europe a été saisi par le doute ») confirment ces évolutions. Selon le sondage CSA (publié par *La Vie*, début juin), les musulmans auraient voté « non » à 56 %, les catholiques non-pratiquants à 52 %.

et à faire entrer dans la vie des peuples (et notamment en France et en Europe) le « droit nouveau », celui de l'égalité des droits dont parlait Jaurès il y a un siècle.

Pour les forces de libération, il est nécessaire et possible à hauteur des défis et enjeux du XXIe siècle « d'organiser la souveraineté de tous dans l'ordre économique comme dans l'ordre politique ». Cela pour fonder la société nouvelle sur « le droit de la personne humaine » et donner à toute personne les moyens concrets de développement qui lui permettront de réaliser toute entière. Dans ce monde transformé, à la croisée des chemins d'aujourd'hui, infiniment, encore plus qu'il y a cent ans, c'est « en des moules nouveaux que doit être coulé l'ardent métal[69] ».

Dans le contexte des défis et des espérances des années 2000, l'affirmation et la mise en actes rénovées et effectives (par la République, ses institutions, ses services publics, la politique des gouvernements) des droits égaux universels, différenciés et insécables de chaque être humain, des citoyen(ne)s, sont de portée essentielle, et cela notamment en France.

La mise en œuvre d'une telle perspective appelle des initiatives et des combats, des rassemblements sur des fronts différents mais essentiels. Il n'est pas possible d'en traiter ici avec précision. Évoquons particulièrement les luttes contre la destruction des droits sociaux, la dénaturation et/ou la privatisation des services publics d'enseignement et de recherche, de la santé, de l'énergie, les licenciements et la précarité.

Sont également essentiels les combats contre les attitudes et les discriminations racistes et antisémites qu'elles soient ouvertes ou sournoises.

Celui aussi de portée cruciale des luttes et mesures de la République et des prises de responsabilité personnelle des citoyens et citoyennes pour assurer en plénitude et dans « tous les domaines de l'existence » (comme le précise la Constitution de 1946) l'égalité des droits entre femmes et hommes. Pour combattre, sans ambiguïté ni

69. *Histoire socialiste de la Révolution française*, *op. cit.*, tome II, chapitre VI, p. 452-453.

complaisance, toutes les thématiques multiformes, d'où qu'elles viennent (« religieuses », « biologiques », « psychologiques », « psychanalytiques »), qui les justifient ou tentent de les minimiser. Pour combattre également les violences, les harcèlements, les mises en subordination, quels qu'en soient les auteurs et où que cela se produise (travail, quartier, famille, école, relations sexuelles, vie de couple...).

Le chantier aussi des initiatives et des concertations à mettre en œuvre pour assurer, à égalité de droits et devoirs, aux citoyens et citoyennes des différentes organisations religieuses de France (chrétiennes, musulmanes, israélites notamment) les moyens et les dispositions pour assurer leurs activités cultuelles dans le cadre de la séparation des religions et de l'État républicain. Et, aussi, pour participer sur leur mode propre aux débats démocratiques, publics, sur les questions sociales et éthico-politiques (mais non politiciennes) qui traversent le monde et la France.

Arrêtons-nous brièvement sur une autre question. Elle concerne en partie les religions tout en relevant avant tout et essentiellement du développement des connaissances et de l'appropriation lucide par les citoyen(ne)s des différentes dimensions du patrimoine culturel de l'humanité. Cette question est celle du développement de la recherche scientifique et du partage de l'apport des connaissances liées à ces recherches dans l'enseignement public et dans les activités et initiatives culturelles de l'État et des collectivités.

Il s'agit ici du développement et du plus large partage des connaissances des processus historiques qui caractérisent l'évolution riche, multidimensionnelle, complexe et contradictoire des diverses religions, de leurs branches et rameaux, dans les mouvements des rapports sociaux et des différents types de sociétés d'hier et d'aujourd'hui. Un immense effort est à déployer par la République en ce domaine comme par ailleurs en ce qui concerne la connaissance et l'appropriation raisonnée par les citoyens et citoyennes des données qui caractérisent la vie des courants de pensée rationalistes et matérialistes (notamment dans le cas des Lumières), de l'Antiquité à nos jours. Cette démarche ne se confond en rien avec l'enseignement religieux des religions.

Elle est indispensable pour combattre l'oubli, l'amnésie, l'ignorance, si appauvrissants pour tous les êtres humains. Tout particulièrement lorsqu'il s'agit de l'ignorance des différentes composantes (et, parmi elles, des dimensions religieuses) du patrimoine culturel passé et présent de l'humanité dans son mouvement historique planétaire, y compris en ses dimensions nationales. La nécessité et l'importance de ces démarches avaient été étudiées et présentées avec force au colloque de 1996 organisé au Louvre par Dominique Ponnau, alors directeur de l'École du Louvre, sur le thème « Patrimoine cultuel et patrimoine culturel », colloque qui rassemblait élus, chercheurs, enseignants, artistes et conservateurs des musées de la République. Des réalisations scientifiques et pédagogiques, comme celles du Centre régional de documentation pédagogique de Besançon, ont commencé depuis longtemps à répondre à ces besoins et questions. Les rapports officiels de ces dernières années ont confirmé l'urgence qu'il y avait à développer ces démarches.

C'est par ailleurs à partir des réflexions développées sur ce chantier et dans une perspective laïque de connaissance de toutes les dimensions du patrimoine de l'humanité que le Parti communiste français, pour sa part, a voulu contribuer à la méditation de tous les citoyen(ne)s pris en toutes leurs diversités de références culturelles, religieuses, philosophiques sur le bimillénaire du christianisme. Cela en une exposition tenue à l'automne 2000, espace Niemeyer à Paris, et où des artistes, sculpteurs et peintres de cheminements esthétiques et de références spirituelles et philosophiques les plus divers ont présenté les œuvres que leur inspirait le thème « Jésus et l'humanité, 2000 ans après ».

*

* *

C'est dans une perspective de partage des réflexions et des propositions, à partir des expériences du passé comme des enjeux et défis d'ampleur inédite du monde contemporain qu'il me paraît indispensable et libérateur d'examiner la question de la laïcité. Et cela dans ses rapports essentiels avec les droits universels et inaliénables des êtres humains, hommes et femmes, citoyennes et citoyens, dans leurs dimensions françaises, méditerranéennes, européennes et internationales. Au moment du centenaire de la séparation de l'État républicain et des Églises, c'est dans ce sens qu'il est fructueux de travailler avec les citoyennes et les citoyens de France et du monde, humanistes n'ayant pas de croyance en une divinité, croyantes et croyants juifs, chrétiens, musulmans, etc., qui sont tous attachés, en leurs différences, à ouvrir la perspective d'une France et d'un monde régis par la justice sociale, les coopérations, le droit international et la paix, la libération humaine. Cela de manière à infiniment mieux cerner et exprimer les significations vivantes des droits des êtres humains, citoyen(ne)s et de la laïcité. Des significations qui sont inépuisables, qu'aucune idéologie d'un groupe humain ne peut seule percevoir et où l'apport des créations artistiques en leurs diversités et irrépressible liberté sont irremplaçables.

A. C.

Ouvrages d'Antoine Casanova

Atlas ethnohistorique de la Corse (en collaboration), Paris, Édition du Comité des travaux historiques et scientifiques, 2004,

Napoléon et la pensée de son temps. Une histoire intellectuelle singulière, Paris, Édition La Boutique de l'histoire, 2001.

« Libération, rapports entre les sexes et figures de Dieu », in « Christianisme(s) », numéro spécial de *La Pensée*, avril-mai-juin 2000.

Identité corse, outillages et Révolution française, Paris, Édition du Comité des travaux historiques et scientifiques, 1996.

Paysans et machines à la fin du XVIIIe siècle. Essai d'ethnologie historique, Paris, Annales de l'université de Besançon, 1990.

Le Concile, vingt ans après, Paris, Messidor, 1988.

PREMIÈRE PARTIE

LA RÉPUBLIQUE N'EST PAS UN DOGME

La note Merry del Val et le commentaire de Jaurès

L'Humanité, 17 mai 1904

Présentation

La publication de cette note le 17 mai 1904 constitua un magnifique scoop pour L'Humanité *qui devait assurer à celle-ci une audience et une célébrité opportunes un mois à peine après son lancement (18 avril 1904).*

Les origines de l'incident entremêlent affrontements entre religieux et laïques et relations internationales : le pape avait officiellement protesté contre la visite à Rome du président de la République, Émile Loubet (23 au 29 avril 1904). Celui-ci rendait au roi d'Italie sa visite d'octobre 1903. Ce voyage était d'une grande importance pour la France qui s'employait à détacher l'Italie de la Triple Alliance (Allemagne, Autriche-Hongrie, Italie). Delcassé, ministre des Affaires étrangères de Combes comme des gouvernements précédents et suivants, entre 1898 et 1905, était en effet engagé dans une politique d'élargissement des alliances. Si Jaurès et les socialistes étaient favorables à l'Entente cordiale avec la Grande-Bretagne qui sera officialisée en 1904, il n'en allait pas de même pour le renforcement de l'alliance franco-russe. Mais c'est une autre histoire... Il s'agissait ici du rapprochement avec l'Italie, qui connaissait de son côté des relations difficiles avec la papauté en raison de la « question romaine » : depuis 1870, le pape renfermé dans son palais du Vatican refusait d'accepter la perte de son pouvoir temporel.

Or, depuis 1903, le nouveau pape, Pie X et son secrétaire d'État, Mgr Merry del Val, avaient choisi dans tous les domaines une politique de fermeté. L'opposition avec la France, engagée dans une voie nettement anticléricale avec la « défense républicaine » de Waldeck-Rousseau (1899-1902), renforcée par « l'action républicaine » de Combes et du Bloc des gauches (1902-1905), était devenue frontale. En mai 1904, cette protestation en termes plutôt brutaux ajoute un nouvel élément à la discorde : la papauté joue contre les intérêts nationaux de la France. Le document n'était pas public, et Combes pouvait hésiter à le publier, car c'était s'engager dans la voie de la rupture des relations diplomatiques, donc de la rupture du Concordat et de la séparation de l'Église et de l'État devant laquelle il hésitait encore. Le Concordat était bien utile aussi pour contrôler l'Église...

Or, la protestation avait été communiquée à tous les gouvernements représentés au Vatican, donc aussi à la petite principauté de Monaco. Le prince Albert de Monaco (1848-1922), connu pour ses travaux d'océanographe, était un anticlérical et un rationaliste convaincu. Pour aider la cause laïque, il choisit de donner au quotidien de Jaurès le texte de la protestation pontificale afin d'assurer sa publication. Quelques incidents supplémentaires aboutirent vite à la rupture des relations diplomatiques, officialisée le 30 juillet 1904, qui rendait inévitable la séparation...

Texte de la note pontificale

Voici le texte authentique et certain de la lettre de protestation adressée par le pape à tous les gouvernements contre le voyage de M. Loubet à Rome :

« Des Chambres du Vatican, 28 avril 1904.

« La venue à Rome en forme officielle de M. Loubet, président de la République française, pour rendre visite à Victor-Emmanuel III, a été un événement de si exceptionnelle gravité que le Saint-Siège ne peut le laisser passer sans appeler sur lui la plus sérieuse attention du gouvernement que Votre Excellence représente.

« Il est à peine nécessaire de rappeler que les chefs d'État catholiques, liés comme tels par des liens spéciaux au Pasteur suprême de l'Église, ont le devoir d'user vis-à-vis de Lui des plus grands égards, comparativement aux souverains des États non catholiques, en ce qui concerne sa dignité, son indépendance et ses droits imprescriptibles. Ce devoir, reconnu jusqu'ici et observé par tous, nonobstant les plus graves raisons politiques, d'alliance ou de parenté, incombait d'autant plus au premier magistrat de la

République française, qui sans avoir aucun de ces motifs spéciaux préside en revanche une nation qui est unie par les rapports traditionnels les plus étroits avec le pontificat romain, jouit, en vertu d'un pacte bilatéral avec le Saint-Siège [1], de privilèges signalés, a une large représentation dans le Sacré Collège des cardinaux, et par suite dans le gouvernement de l'Église universelle, et possède par singulière faveur le protectorat des intérêts catholiques en Orient [2]. Par suite, si quelque chef de nation catholique infligeait une grave offense au souverain pontife en venant prêter hommage à Rome, c'est-à-dire au lieu même du Siège pontifical et dans le même palais apostolique, à celui qui contre tout droit détient sa souveraineté civile et en entrave la liberté nécessaire et l'indépendance [3], cette offense a été d'autant plus grande de la part de M. Loubet ; et si, malgré cela, le nonce pontifical est resté à Paris, cela est dû uniquement à des très graves motifs d'ordre et de nature en tous points spéciaux [4]. La déclaration faite par M. Delcassé au Parlement français ne peut en changer le caractère ni la portée, – déclaration suivant laquelle le fait de rendre cette visite n'impliquait aucune intention hostile au Saint-Siège ; car l'offense est intrinsèque à l'acte, d'autant plus que le Saint-Siège n'avait pas manqué d'en prévenir ce même gouvernement.

« Et l'opinion publique, tant en France qu'en Italie, n'a pas manqué d'apercevoir le caractère offensif de cette visite, recherchée intentionnellement par le gouvernement italien dans le but d'obtenir par là l'affaiblissement des droits du Saint-Siège et l'offense faite à sa dignité, droits et dignité que celui-ci tient pour son devoir principal de protéger et de défendre dans l'intérêt même des catholiques du monde entier.

1. Le Concordat (1801). Pour une synthèse claire, forte et récente, cf. Denis Pelletier, *Les Catholiques en France depuis 1815*, Paris, La Découverte, « Repères », 1997.

2. L'origine de ce rôle spécifique de la France remonterait à saint Louis. Son souvenir a souvent été utilisé par les gouvernements français pour légitimer leur intervention (Napoléon III en 1852 et 1860 par exemple).

3. La papauté n'a pas admis la perte de ses possessions temporelles (1860-1870) au profit de l'unité nationale italienne réalisée sous la direction de la monarchie piémontaise.

4. Ce morceau de phrase (depuis « cela est dû ») ne figurait pas sur la note envoyée au gouvernement français.

« Afin qu'un fait aussi douloureux ne puisse constituer un précédent quelconque, le Saint-Siège s'est vu obligé d'émettre contre lui les protestations les plus formelles et les plus explicites, et le soussigné cardinal secrétaire d'État, par ordre de Sa Sainteté, en informe par la présente Votre Excellence, en vous priant de vouloir porter le contenu de la présente note à la connaissance du gouvernement de...

« Il saisit en même temps cette occasion de confirmer à Votre Excellence les assurances..., etc.

« Cardinal Merry del Val[5] »

La provocation

Sans doute il était puéril aux diplomaties et aux gouvernements d'imaginer qu'un document de cette gravité resterait longtemps secret. Jusqu'ici la chancellerie française et le gouvernement français ont réussi à le tenir caché. Mais des précautions aussi minutieuses n'ont pas été prises partout, et je me félicite que ce soit un journal français qui donne le premier un document qui, publié au-dehors, serait encore plus offensant pour la France.

C'est, en effet, une double et insolente provocation à la France et à l'Italie. Le pape n'a pas hésité à mettre en accusation, devant les gouvernements, la République française et son président. C'est de haut, et comme s'il dénonçait un coupable aux peuples et aux princes, que le pape juge et condamne M. Loubet.

Nous apprenons en outre par cette lettre que la papauté s'était efforcée d'empêcher le voyage de M. Loubet à Rome. Elle avait osé dire au gouvernement qu'elle y verrait une offense et jamais plus scandaleuse intervention ne s'était produite dans la politique extérieure de notre pays. Le roi d'Italie était venu à Paris ; il y avait été cordialement reçu comme représentant de l'Italie elle-même. Ne pas lui rendre sa visite, dans sa capitale même, ne pas aller à Rome,

5. Cardinal Raphaël Merry del Val (1865-1930), prêtre espagnol, secrétaire d'État (l'équivalent de chef du gouvernement) sous le pontificat de Pie X (1903-1914), moins souple que son prédécesseur Mariano Rampolla (1887-1903).

c'était, pour la République française, rompre avec l'Italie. Et voilà pourtant l'acte insensé et antinational que le pape a demandé au gouvernement français, qu'il a tenté de lui imposer par la menace. C'est parce que la France républicaine n'a pas consenti à ce suicide que le pape la dénonce, elle et son premier magistrat, aux gouvernements et aux nations.

Contre l'Italie, la provocation est plus audacieuse encore, s'il est possible, et plus offensante. Non seulement le pape élève de nouveau sur Rome et l'État romain sa prétention irréductible ; non seulement il méconnaît et bafoue le droit national de l'Italie ; mais il semble avoir choisi systématiquement les termes les plus blessants pour la monarchie de Savoie, jusqu'à revendiquer comme une partie de Rome pontificale la demeure même du roi. Il proclame que le roi d'Italie a invité M. Loubet à Rome dans le dessein d'humilier et d'offenser la papauté. C'est la déclaration de guerre la plus brutale lancée par la papauté à l'Italie moderne et à la Révolution.

Mais le pape a pensé que, sans doute, les gouvernements et les peuples s'étonneraient qu'il n'ait pas rappelé le nonce de Paris. C'était là, en effet, le moyen diplomatique le plus naturel pour protester contre ce qu'il prétend être une offense. Il déclare que seules des raisons toutes spéciales l'ont empêché de rappeler, en effet, le nonce. C'est dire que celui-ci n'est plus dans sa pensée qu'un représentant précaire et provisoire.

Depuis que le pape a envoyé cette note, la rupture diplomatique de la papauté et de la France est virtuellement accomplie. Il ne reste plus au gouvernement de la République française qu'à déduire, sans fièvre mais sans faiblesse, les conséquences nécessaires de la provocation intolérable lancée par Pie X à deux grands peuples, à l'occasion de leur rapprochement. L'entière émancipation de la France, débarrassée enfin de toute ingérence politique de l'Église, n'est pas seulement la condition absolue de son libre développement intérieur ; elle apparaît maintenant comme une nécessité nationale.

L'enseignement laïque

Discours de Castres, 30 juillet 1904, *L'Humanité*, 2 août 1904

Ce discours de distribution des prix prit un caractère particulier en raison des circonstances. Il était fréquent que les hommes politiques non seulement assistent aux cérémonies scolaires, mais, rappelant que c'était une des fiertés du régime républicain, saisissent l'occasion pour faire savoir à leurs électeurs et au pays la politique qu'ils préconisaient.

Jaurès avait déjà prononcé un discours, connu sous le nom de « La bienveillance dans les jugements », le 3 août 1883 au lycée d'Albi, comme benjamin du corps professoral. Vingt ans après, il était revenu dans les mêmes lieux, le 30 juillet 1903, pour son célèbre « Discours à la jeunesse », mais il était devenu entre-temps un personnage officiel : vice-président de la Chambre des députés et un des principaux soutiens du gouvernement Combes de Bloc des gauches qui menait une intense campagne laïque. Le 30 juillet 1904, il est à Castres, son ancien collège, sa ville natale. Il n'est plus vice-président de la Chambre, sa situation politique est d'ailleurs sans doute quelque peu affaiblie, son Parti socialiste français est divisé, entre une aile gauche (Renaudel, Longuet, Révelin...) qui rêve à un rapprochement avec les autres socialistes et à une attitude plus militante et revendicatrice, et une aile droite avec Millerand, très critique envers le gouvernement Combes, mais aussi Briand ou Viviani qui veulent ancrer le socialisme jaurésien dans la commune culture républicaine et faire en somme du PSF un vrai « parti de gouvernement »... Jaurès n'a pas encore choisi. Il prépare les grandes explications : le congrès de l'Internationale aura lieu à Amsterdam en août, alors que le congrès de son parti s'est tenu en février à Saint-Étienne.

En tout état de cause, lui qui avait un jour repris la devise ago quod ago *(je fais ce que je fais) veut parachever la campagne laïque en faisant voter la séparation*[1]. *Ensuite viendra le temps de la question sociale, et aussi, angoisse nouvelle, le problème de la paix et de la guerre. Mais d'abord achever l'œuvre laïque, sans sectarisme et sans faux-semblant non plus. Le jour même de son intervention, les relations diplomatiques sont d'ailleurs rompues entre la France et le Vatican. Jaurès, comme souvent, explique ici les principes de sa politique : il la situe dans le prolongement des batailles républicaines pour l'éducation, mais en l'élargissant et la renouvelant par un approfondissement de la démocratie.*

Mesdames, messieurs, jeunes élèves,

Je remercie votre municipalité, – laissez-moi dire la nôtre[2] – de m'avoir donné, dans cette fête des écoles laïques, l'occasion de dire une fois de plus que l'éducation rationnelle et scientifique du peuple est un besoin essentiel, une nécessité vitale de la République. Cette éducation doit être l'objet d'une sollicitude constante, et la communication doit être incessante entre la vie de la nation et la vie de l'école. L'enseignement national dans une démocratie, n'est pas une forme immobile et figée, ce n'est pas un mécanisme monté une fois pour toutes, et qu'on abandonne ensuite à son fonctionnement. L'éducation est liée à toute l'évolution politique et sociale, et il faut qu'elle se renouvelle et s'élargisse à mesure que s'élargissent et se renouvellent les problèmes.

« Il faut éduquer la France »

Déjà, il y a trente-quatre ans, au lendemain des désastres effroyables que le despotisme avant déchaînés sur la patrie, un grand cri s'éleva de tout le parti républicain : « Il faut refaire la France ; il faut l'éclairer, il faut l'éduquer. » La tyrannie est fille et

1. Parmi les nombreux ouvrages parus en cette année de centenaire, se reporter notamment, pour une histoire intellectuelle, à Jacqueline Lalouette, *La Séparation des Églises et de l'État. Genèse et développement d'une idée, 1789-1905*, Paris, Seuil, 2005 et, pour la chronique politique, à Maurice Larkin, *L'Église et l'État en France. 1905, la crise de la séparation*, Toulouse, Privat, 2004.

2. Municipalité dirigée par le radical-socialiste Louis Vieu, proche de Jaurès. Cf. Jean Faury, « Le Tarn et la loi de séparation », *Cahiers Jaurès*, n° 175-176, janvier-juin 2005.

mère d'ignorance, ou plutôt elle est l'ignorance même ; car, en subordonnant toutes les volontés à une seule, en résumant toute la force active de la patrie dans une dynastie ou dans une caste, elle rend inutile, au moins dans la conduite de la chose publique, l'intelligence de tous, et c'est une loi de la vie qu'un organe inutile languisse et s'atrophie. Il se peut que, dans des sociétés compliquées où les intérêts privés sont si variés et si ardents, l'intelligence subsiste, appliquée au maniement de ces intérêts ; et un observateur superficiel ne constaterait point tout d'abord, dans une nation serve, une diminution de pensée. Mais l'intelligence de tous, exclue du gouvernement de la cité et de l'administration de la vie nationale, a perdu tout ensemble son plus haut objet et son plus vigoureux ressort ; et, dès que survient une crise, elle ne suffit plus à la force des événements.

La liberté républicaine, qui donne à tout citoyen le droit et qui lui crée le devoir d'intervenir dans la conduite des affaires publiques, qui l'oblige sans cesse à avoir une opinion et une volonté, est donc un incessant appel, en tous les hommes, à la force de la pensée, à la force du vouloir. Elle est donc la grande et universelle éducatrice.

Mais cette éducation par la liberté serait insuffisante, elle investirait les citoyens de droits et de devoirs supérieurs à leurs facultés, si la nation ne mettait pas tous les citoyens en état de se reconnaître dans la complication des événements, et de dégager de la contrariété des égoïsmes le droit de chacun et l'intérêt de tous.

C'est pourquoi l'éducation de tous par la liberté républicaine doit être soutenue de l'éducation de tous par l'école, mais par l'école de la nation et de la raison, par l'école civile et laïque. Oui, c'est là ce qu'à peine sortis du gouffre, criaient, il y a trente-quatre ans, les républicains et les patriotes : « Refaire la France par l'éducation de tous, et éduquer tous les citoyens par la République et par l'école, la souveraineté agissante pour tous, la lumière pour tous, la responsabilité pour tous [3]. » C'est là, pour appliquer à ces jours

3. Ce fut un lieu commun après l'année terrible et la défaite de 1871 d'attribuer la victoire allemande « à l'instituteur prussien ». Cf. Ernest Renan, *La Réforme intellectuelle et morale*, 1871.

tourmentés et tragiques la grande image du Dante, le premier appel jeté par les naufragés dès que, roulés par la vague, ils abordaient au rivage, tout haletants encore et presque suffoqués. C'est là ce que, dès 1871 et 1872, sous le double fardeau de l'occupation étrangère et de la réaction versaillaise, Gambetta proposait au pays en ses discours de Bordeaux, du Havre, d'Angers, de Saint-Quentin, de la Ferté-sous-Jouarre, partout où il portait son admirable apostolat républicain [4].

« Gambetta et l'école laïque »

Et pourquoi ne se bornait-il pas à demander l'instruction pour tous, l'éducation pour tous ? Pourquoi voulait-il qu'elle fût civile et laïque, exclusivement civile et laïque ? On ne l'accusera point, j'imagine, d'être un sectaire ; car ceux-là mêmes qui aujourd'hui nous outragent de ce mot, nous tous républicains dévoués à l'œuvre de la laïcité, invoquent volontiers contre nous la largeur de sa pensée et de sa politique. Non, il n'était pas un sectaire. Certes, il savait bien qu'un gouvernement n'est fort, qu'il ne peut être agissant que s'il agit conformément à ses principes, c'est-à-dire avec un parti. Il a dit bien souvent : « On ne gouverne qu'avec son parti. » Il a même tiré de cette formule un jugement historique singulièrement grave. Il a déclaré, en septembre 1871, que si le gouvernement de la Défense nationale à Paris n'avait pas su utiliser pleinement les énergies dont la grande ville abondait, si, au lieu de les susciter et de les organiser, il les avait laissé se perdre à demi en une sorte de flottement mou, c'était faute d'une direction politique assez nette, d'une action politique assez ferme, c'était « parce qu'il n'y avait pas de parti qui régnât à Paris, et que le gouvernement n'était pas un gouvernement de parti ». Il signifiait ainsi d'une façon plus générale que, même pour l'organisation de la défense nationale, même pour

4. L'admiration de Jaurès pour Gambetta (1838-1882), vive et étendue, ne se démentit jamais. Jaurès avait envisagé d'écrire une biographie du héros républicain qu'il allait écouter à la Chambre et ses premiers articles furent publiés dans son journal, *La République française*.

l'effort qui tend au salut de tous, au bien-être et à la grandeur de tous, le centre d'impulsion, le ressort d'action doit être dans un parti, c'est-à-dire dans un système d'idées politiques et sociales très défini et très clair, sans lequel l'apparente conciliation des forces n'est que confusion stagnante et impuissance [5].

Mais ce parti, centre nécessaire et ardent de l'action, même nationale, il ne le concevait pas de façon étroite. Il cherchait à y attirer le plus possible toutes les forces divergentes ou jadis hostiles. L'homme qui disait avoir l'âme assez large pour être dévot tout ensemble à Voltaire et à Jeanne la bonne Lorraine, qui rendait témoignage de la gloire hautaine de la vieille monarchie comme de la noble fierté de la Révolution, qui appelait contre l'envahisseur toutes les forces anciennes et nouvelles, des ouvriers révolutionnaires aux chrétiens de l'Ouest, qui glorifiait Hoche d'avoir vaincu, mais surtout d'avoir pacifié, qui jetait d'ardentes paroles aux paysans de France, à ces fils de la terre, élevés au-dessus du limon par la Révolution libératrice, et qui invitait les survivants des anciennes classes et des anciens partis à entrer dans la République avec leur politesse d'esprit et de mœurs et à devenir une des parures de la France nouvelle, cet homme n'avait point, en effet, l'étroitesse de l'esprit de secte. Et si, au lendemain même de l'orage qui avait bouleversé le sol, il proposait ce programme laïque qui devait soulever nécessairement les controverses les plus violentes et les résistances les plus passionnées, si lui, l'homme de la conciliation nationale, il jetait à la France encore toute meurtrie et déchirée cette formule de laïcité qui allait irriter les divisions anciennes et provoquer des divisions nouvelles, c'est bien que la laïcité de l'éducation était à ses yeux une nécessité nationale, une nécessité utile, la

5. Les partis politiques modernes émergent alors. Ainsi, encore assez vaguement, le Parti républicain radical et radical-socialiste en 1901. Jaurès lui-même, longtemps « indépendant » ou « non-inscrit » est membre du Parti socialiste français constitué en 1902 après l'échec de la première tentative d'unification socialiste (1898-1902). Ces propos éclairent sa stratégie de 1904-1905 qui va déboucher sur l'unification socialiste d'avril 1905. Cf. Raymond Huard, *La Naissance du parti politique en France*, Paris, Presses de Sciences-Po, 1996.

condition même du relèvement de la patrie et de l'institution de la liberté, l'âme, le souffle, la respiration même de la République.

Même une société aristocratique, selon lui, si elle ne veut pas languir dans une routine superstitieuse ou se laisser fasciner par des rêves mystiques, si elle veut vivre d'une vie naturelle, moderne, active, doit faire appel à une éducation de laïcité et justifier le privilège de son autocratie, non par l'investiture du pouvoir clérical, mais par l'activité sociale exceptionnelle de cette aristocratie. Et pour une société démocratique, à moins qu'elle ne se soit laissé envahir et corrompre jusqu'aux moelles, sous prétexte de libéralisme, par les principes de servitude, la question ne se pose même pas.

Qu'est-ce que la démocratie ?

Démocratie et laïcité sont deux termes identiques. Qu'est-ce que la démocratie ? Royer-Collard[6], qui a restreint arbitrairement l'application du principe, mais qui a vu excellemment le principe même, en a donné la définition décisive : « La démocratie n'est autre chose que l'égalité des droits. » Or, il n'y a pas égalité des droits si l'attachement de tel ou tel citoyen à telle ou telle croyance, à telle ou telle religion, est pour lui une cause de privilège ou une cause de disgrâce. Dans aucun des actes de la vie civile, politique ou sociale, la démocratie ne fait intervenir, légalement, la question religieuse. Elle respecte, elle assure l'entière et nécessaire liberté de toutes les consciences, de toutes les croyances, de tous les cultes, mais elle ne fait d'aucun dogme la règle et le fondement de la vie sociale. Elle ne demande pas à l'enfant qui vient de naître, et pour reconnaître son droit à la vie, à quelle confession il appartient, et elle ne l'inscrit d'office dans aucune Église. Elle ne demande pas aux citoyens, quand ils veulent fonder une famille, et pour leur

5. Pierre-Paul Royer-Collard (1763-1845). Avocat révolutionnaire et professeur de philosophie, il anime pendant la Restauration le groupe des « doctrinaires » favorables à la monarchie constitutionnelle et qui représente un « centre » intellectuel et politique entre la gauche libérale et la droite ultra.

reconnaître et leur garantir tous les droits qui se rattachent à la famille, quelle religion ils mettent à la base de leur foyer, ni s'ils y en mettent une. Elle ne demande pas au citoyen, quand il veut faire, pour sa part, acte de souveraineté et déposer son bulletin dans l'urne, quel est son culte et s'il en a un. Elle n'exige pas des justiciables qui viennent demander à ses juges d'arbitrer entre eux, qu'ils reconnaissent, outre le Code civil, un code religieux et confessionnel. Elle n'interdit point d'accès de la propriété, la pratique de tel ou tel métier, à ceux qui refusent de signer tel ou tel formulaire et d'avouer telle ou telle orthodoxie. Elle protège également la dignité de toutes les funérailles, sans rechercher si ceux qui passent ont attesté avant de mourir leur espérance immortelle, ou si, satisfaits de la tâche accomplie, ils ont accepté la mort comme le suprême et légitime repos. Et quand sonne le tocsin de la patrie en danger, la démocratie envoie tous ses fils, tous ses citoyens, affronter sur les mêmes champs de bataille le même péril, sans se demander si, contre l'angoisse de la mort qui plane, ils chercheront au fond de leur cœur un recours dans les promesses d'immortalité chrétienne, ou s'ils ne feront appel qu'à cette magnanimité sociale par où l'individu se subordonne et se sacrifie à un idéal supérieur, et à cette magnanimité naturelle qui méprise la peur de la mort comme la plus dégradante servitude.

La laïcité, condition nécessaire de la démocratie

Mais qu'est-ce à dire ? Et si la démocratie fonde en dehors de tout système religieux toutes ses institutions, tout son droit politique et social, famille, patrie, propriété, souveraineté, si elle ne s'appuie que sur l'égale dignité des personnes humaines appelées aux mêmes droits et invitées à un respect réciproque, si elle se dirige sans aucune intervention dogmatique et surnaturelle, par les seules lumières de la conscience et de la science, si elle n'attend le progrès que du progrès de la conscience et de la science, c'est-à-dire d'une interprétation plus hardie du droit des personnes et d'une plus efficace domination de l'esprit sur la nature, j'ai bien le droit de dire qu'elle est foncièrement laïque, laïque dans son essence comme dans ses formes, dans son principe comme dans ses institutions, et dans sa morale comme dans son économie. Ou plutôt, j'ai le droit de répéter que démocratie et laïcité sont identiques.

La laïcité dans l'éducation

Mais, si laïcité et démocratie sont indivisibles, et si la démocratie ne peut réaliser son essence et remplir son office, qui est d'assurer l'égalité des droits, que dans la laïcité, par quelle contradiction mortelle, par quel abandon de son droit et de tout droit, la démocratie renoncerait-elle à faire pénétrer la laïcité dans l'éducation, c'est-à-dire dans l'institution la plus essentielle, dans celle qui domine toutes les autres, et en qui les autres prennent conscience d'elles-mêmes et de leur principe ? Comment la démocratie, qui fait circuler le principe de laïcité dans tout l'organisme politique et social, permettrait-elle au principe contraire de s'installer dans l'éducation, c'est-à-dire au cœur même de l'organisme ?

Que les citoyens complètent, individuellement, par telle ou telle croyance, par tel ou tel acte rituel, les fonctions laïques, l'état civil, le mariage, les contrats, c'est leur droit, c'est le droit de la liberté. Qu'ils complètent de même, par un enseignement religieux et des pratiques religieuses, l'éducation laïque et sociale, c'est leur droit, c'est le droit de la liberté. Mais, de même qu'elle a constitué sur des bases laïques l'état civil, le mariage, la propriété, la souveraineté politique, c'est sur des bases laïques que la démocratie doit constituer l'éducation.

La démocratie a le devoir d'éduquer l'enfance ; et l'enfance a le droit d'être éduquée selon les principes mêmes qui assureront plus tard la liberté de l'homme. Il n'appartient à personne, ou particulier, ou famille, ou congrégation, de s'interposer entre ce devoir de la nation et ce droit de l'enfant.

Comment l'enfant pourra-t-il être préparé à exercer sans crainte les droits que la démocratie laïque reconnaît à l'homme si lui-même n'a pas été admis à exercer sous forme laïque le droit essentiel que lui reconnaît la loi, le droit à l'éducation ? Comment plus tard prendra-t-il au sérieux la distinction nécessaire entre l'ordre religieux qui ne relève que de la conscience individuelle, et l'ordre social et légal qui est essentiellement laïque, si lui-même, dans l'exercice du premier droit qui lui est reconnu et dans l'accomplissement du premier devoir qui lui est imposé par la loi, il est livré à une entreprise confessionnelle, trompé par la confusion de l'ordre religieux et de l'ordre légal ? Qui dit obligation, qui dit loi, dit nécessairement laïcité. Pas plus que le moine ou le prêtre ne sont admis à se substituer aux officiers de l'état civil dans la tenue des registres, dans la constatation sociale des mariages, pas plus qu'ils ne peuvent se substituer aux magistrats civils dans l'administration de la justice et l'application du Code, ils ne peuvent, dans l'accomplissement du devoir social d'éducation, se substituer aux délégués civils de la nation, représentants de la démocratie laïque.

Voilà pourquoi, dès 1871, le parti républicain demandait indivisiblement la République et la laïcité de l'éducation. Voilà pourquoi, depuis trente-cinq ans, tout recul et toute somnolence de la République a été une diminution ou une langueur de la laïcité ; et tout progrès, tout réveil de la République, un progrès et un réveil de la laïcité.

Je suis convaincu qu'à la longue, après bien des résistances et des anathèmes, cette laïcité complète, loyale, de tout l'enseignement sera acceptée par tous les citoyens comme ont été enfin acceptées par eux, après des résistances et des anathèmes dont le souvenir même s'est presque perdu, les autres institutions de laïcité, la laïcité légale de la naissance, de la famille, de la propriété, de la patrie, de la souveraineté.

La religion dans la société

Mais pourquoi ceux qu'on appelle les croyants, ceux qui proposent à l'homme des fins mystérieuses et transcendantes, une fervente et éternelle vie dans la vérité et la lumière, pourquoi refuseraient-ils d'accepter jusque dans son fond cette civilisation moderne, qui est, par le droit proclamé de la personne humaine et par la foi en la science, l'affirmation souveraine de l'esprit ? Quelque divine que soit pour le croyant la religion qu'il professe ; c'est dans une société naturelle et humaine qu'elle évolue. Cette force mystique ne sera qu'une force abstraite et vaine, sans prise et sans vertu, si elle n'est pas en communication avec la réalité sociale ; et ses espérances les plus hautaines se dessécheront si elles ne plongent point, par leur racine, dans cette réalité, si elles n'appellent point à elles toutes les sèves de la vie.

Quand le christianisme s'est insinué d'abord et installé ensuite dans le monde antique, certes, il s'élevait avec passion contre le polythéisme païen et contre la fureur énorme des appétits débridés. Mais, quelque impérieux que fût son dogme, il ne pouvait pas répudier toute la vie de la pensée antique ; il était obligé de compter avec les philosophies et les systèmes, avec tout l'effort de sagesse et de raison, avec toute l'audace intelligente de l'hellénisme ; et, consciemment ou inconsciemment, il incorporait à sa doctrine la substance même de la libre pensée des Grecs. Il ne recruta point ses adeptes par artifices, en les isolant, en les cloîtrant, sous une discipline confessionnelle. Il les prenait en pleine vie, en pleine pensée, en pleine nature, et il les captait, non par je ne sais quelle éducation automatique et exclusive, mais par une prodigieuse ivresse d'espoir qui transfigurait sans les abolir les énergies de leur âme inquiète.

Et, plus tard, au XVIe siècle, quand des réformateurs chrétiens prétendirent régénérer le christianisme et briser, comme ils disaient, l'idolâtrie de l'Église, qui avait substitué l'adoration d'une hiérarchie humaine à l'adoration du Christ, est-ce qu'ils répudièrent l'esprit de science et de raison, qui se manifestait alors dans la Renaissance ? De la Réforme à la Renaissance, il y a certes bien des antagonismes et des contradictions. Les sévères réformateurs reprochaient aux humanistes, aux libres et flottants esprits de la Renaissance, leur demi scepticisme et une sorte de frivolité. Ils leur faisaient grief, d'abord de ne lutter contre le papisme que par des ironies et des critiques légères, et de n'avoir point le courage de rompre révolutionnairement avec une institution ecclésiastique viciée que n'amenderaient point les railleries les plus aiguës. Ils leur faisaient grief ensuite de si bien se délecter et s'attarder à la beauté retrouvée des lettres antiques qu'ils retournaient presque au naturalisme païen, et qu'ils s'éblouissaient, en curieux et en artistes, d'une lumière qui aurait dû servir surtout, suivant la Réforme, au renouvellement de la vie religieuse et à l'épuration de la croyance chrétienne.

Mais, malgré tout, malgré ces réserves et ces dissentiments, c'est l'esprit de la Renaissance que respiraient les réformateurs. C'étaient des humanistes, c'étaient des hellénistes, qui se passionnaient pour la Réforme ; il leur semblait que pendant les siècles du Moyen Âge, une même barbarie, faite d'ignorance et de superstition, avait obscurci la beauté du génie antique et la vérité de la religion chrétienne. Ils voulaient, en toutes choses divines et humaines, se débarrasser d'intermédiaires ignorants ou sordides, nettoyer de la rouille scolastique et ecclésiastique les effigies du génie humain et de la charité divine, répudier pour tous les livres, pour les livres de l'homme et pour les livres de Dieu, les commentaires frauduleux ou ignorés, retourner tout droit au texte d'Homère, de Platon et de Virgile, comme au texte de la Bible et de l'Évangile, et retrouver le chemin de toutes les sources, les sources sacrées de la beauté ancienne, les sources divines de l'espérance nouvelle, qui confondraient leur double vertu dans l'unité vivante de l'esprit renouvelé.

Qu'est-ce à dire ? C'est que jusqu'ici, ni dans les premiers siècles, ni au seizième, ni dans la crise des origines, ni dans la crise de la Réforme, le christianisme, quelque transcendante que fût son affirmation, quelque puissance d'anathème que recelât sa doctrine contre la nature et la raison, n'a pu couper ses communications avec la vie, ni se refuser au mouvement des sèves, au libre et profond travail de l'esprit.

Conquêtes décisives

Mais maintenant, pour le grand effort qui va de la Réforme à la Révolution, l'homme a fait deux conquêtes décisives : il a reconnu et affirmé le droit de la personne humaine, indépendant de toute croyance, supérieur à toute formule ; et il a organisé la science méthodique, expérimentale et inductive, qui tous les jours étend ses prises sur l'univers.

Oui, le droit de la personne humaine à choisir et à affirmer librement sa croyance, quelle qu'elle soit, l'autonomie inviolable de la conscience et de l'esprit, et en même temps la puissance de la science organisée qui, par l'hypothèse vérifiée et vérifiable, par l'observation, l'expérimentation et le calcul, interroge la nature et nous transmet ses réponses, sans les mutiler ou les déformer à la convenance d'une autorité, d'un dogme ou d'un livre, voilà les deux nouveautés décisives qui résument toute la Révolution ; voilà les deux principes essentiels, voilà les deux forces du monde moderne.

Ces principes sont si bien, aujourd'hui, la condition même, le fond et le ressort de la vie, qu'il n'y a pas une seule croyance qui puisse survivre si elle ne s'y accommode, ou si même elle ne s'en inspire.

Le dogme et l'esprit moderne

Maintenant il s'agit de savoir si les tenants du dogme sont disposés enfin à accepter nettement, et jusqu'en leur fond, ces principes vitaux. Que gagneraient-ils à l'insurger contre eux ? Ils ne le peuvent pas sans s'exposer eux-mêmes à une incessante défaite, à un incessant désaveu.

À quoi leur a servi, au siècle dernier, de lancer l'anathème, en un document retentissant, aux libertés et aux droits modernes, à la liberté de conscience et de pensée, à tout le droit de la Révolution ? Devant le scandale qu'il a provoqué, même dans l'immense majorité des croyants en qui un commencement d'esprit moderne a pénétré, ils ont dû si bien l'expliquer, l'atténuer, le déguiser, que ce fut presque comme une rétractation [7].

À quoi leur a servi de dénoncer si longtemps et de nier comme impie le nouveau système du monde entrevu par Copernic et Galilée ? Longtemps, ils ont prolongé leur résistance, puisque c'est

7. Allusion à l'encyclique *Quanta Cura* et au *Syllabus* (1864), catalogue de propositions condamnables. Dès leur publication commencèrent des querelles d'interprétation. Mgr. Dupanloup notamment soutint qu'il ne fallait pas y voir un refus de principe de la science, du libéralisme et du monde moderne, mais de leur sacralisation antireligieuse.

seulement en 1855 qu'ils ont levé l'index sur les œuvres de Copernic. Mais cette résistance a fini comme elle devait finir, par une capitulation. Et maintenant les proscripteurs se glorifient d'avoir des astronomes revêtus de la robe du moine qui interrogent et calculent le mouvement des astres selon le système qu'ils avaient proscrit. Maintenant ils commentent le *Coeli enarrant gloriam Dei*[8] au moyen de ces grandes découvertes de l'esprit vouées par eux durant des siècles à l'anathème et au bûcher. Ils font servir à la gloire de Dieu ces vérités de la science qu'au nom de ce même Dieu ils tentèrent d'abolir. Et l'on ne sait qu'admirer le plus dans ce long effort contre la science, si c'est son atrocité ou si c'est sa vanité.

Impuissante aussi sera la résistance des tenants du dogme contre l'application scientifique des règles de la critique à l'étude des textes de l'Ancien et du Nouveau Testament. Si les prêtres comme l'abbé Loisy[9], qui reconnaissent la nécessité de cette méthode, sont inquiétés et frappés, on voit cependant dans la main qui frappe un commencement d'hésitation ; et ils peuvent se rassurer à demi et se consoler à la vue du mouvement qui s'est produit dans l'Église même, pour la doctrine du transformisme.

Il y a un peu plus de trente ans, un évêque véhément et illustre[10] refusait de siéger à l'Académie française à côté du noble et sage Littré[11], coupable d'avoir accueilli l'hypothèse de l'évolution vitale et du transformisme des espèces. Le même évêque, à la tribune de l'Assemblée nationale, dans le débat sur la liberté de l'enseignement,

---

8. Les cieux racontent la gloire de Dieu (*Psaumes*, 19 [18 dans les anciennes numérotations]).

9. L'abbé Alfred Loisy (1857-1940), théologien et longtemps professeur d'exégèse à l'Institut catholique, incarne le « modernisme » catholique, tenant de l'évolution historique des dogmes, que condamne le pape Pie X en 1907 (décret *Lamentabili* et encyclique *Pascendi*). Excommunié en 1908, il devient professeur au Collège de France en 1909.

10. Mgr. Félix Dupanloup (1802-1878), évêque d'Orléans (1849) et personnalité éminente du monde catholique, chef de file de son courant « libéral ». Député, puis sénateur inamovible, il donne sa démission de l'Académie française pour protester contre l'élection de Littré.

11. Émile Littré (1801-1881), l'auteur du *Dictionnaire*, philosophe et historien de la littérature positiviste, député et sénateur sous la IIIe République, est élu à l'Académie française en 1871 ce qui entraîne la démission de Mgr. Dupanloup.

s'écriait qu'il y aurait scandale à laisser pénétrer dans l'enseignement, et même dans le haut enseignement, ces doctrines impies et dégradantes. Et ce perpétuel anathème contre l'effort de l'esprit et la vérité croissante suffit à juger l'enseignement confessionnel. Or, quelques années après, des représentants de l'orthodoxie catholique, et qui n'ont pas encore été désavoués, M. de Vogüé [12], M. Brunetière [13], tentaient d'adapter à la tradition religieuse cette conception nouvelle de la science, et ils interprétaient l'évolution comme le symbole visible par où la force créatrice se manifestait.

Mais si les tenants du dogme sont ainsi obligés de céder en détail aux progrès de la conscience et de la science, et de concilier successivement avec leur doctrine des vérités qu'ils dénoncent d'abord comme incompatibles avec leur foi, s'ils sont contraints de se traîner à la suite du droit humain victorieux et de la science humaine victorieuse, s'ils entrent enfin, balbutiants et trébuchants, dans les voies mêmes que longtemps ils ensanglantèrent de leurs persécutions et obstruèrent de leurs anathèmes, pourquoi n'ont-ils pas la sagesse et le courage d'aller d'emblée jusqu'au bout ? Pourquoi n'acceptent-ils pas jusqu'au fond et dans toutes leurs conséquences possibles ces deux grands principes du monde moderne qu'ils ne peuvent plus abolir, qui sont l'élément vital de toute pensée, et avec lesquels il faudra bien qu'ils accordent leur espérance transcendante, s'ils ne veulent pas que comme une flamme que rien ne nourrit plus, elle s'éteigne lamentablement ?

Le dogme hors de l'enseignement

Mais, s'ils acceptent ces deux principes, ils acceptent par là même l'école laïque qui n'en est que l'application à l'enseignement.

---

12. Eugène, vicomte de Vogüé (1848-1910), diplomate et écrivain influent, introducteur en France de la littérature russe (*Le Roman russe*, 1886) et organisateur du mouvement néochrétien, membre de l'Académie française, député de l'Ardèche de 1893 à 1898.

13. Ferdinand Brunetière (1849-1906), directeur de la *Revue des Deux Mondes* de 1893 à sa mort, membre de l'Académie française, personnalité très influente dont la critique de la science et le retour au catholicisme ont marqué leur époque.

Car, d'un côté, en éveillant dans les esprits le besoin de la réflexion et du contrôle, en écartant de l'éducation toute contrainte intellectuelle, en soumettant aux esprits les objets sur lesquels la conscience et la raison s'exercent librement, elle donne à la personne humaine le sentiment de son droit et de sa valeur. Et, d'un autre côté, elle ne limite par aucun dogmatisme, par aucun parti pris confessionnel, la puissance de la science ; elle ne se livre à aucune agression systématique contre aucune croyance, mais elle ne subordonne par aucune complaisance servile les vérités de la science aux intérêts du dogme.

Ainsi se dissiperaient les préjugés ; ainsi s'apaiseraient les fanatismes ; ainsi le jour viendra où tous les citoyens, quelle que soit leur conception du monde, catholiques, protestants, libres-penseurs, reconnaîtront le principe supérieur de laïcité. Et la conscience de tous ratifiera les lois nécessaires et bienfaisantes dont l'effet prochain sera, je l'espère, de rassembler dans les écoles laïques, dans les écoles de la République et de la nation, tous les fils de la République, tous les citoyens de la nation.

Les prolétaires et l'école laïque

Et n'est-ce point pitié de voir les enfants d'un même peuple, de ce peuple ouvrier si souffrant encore et si opprimé et qui aurait besoin, pour sa libération entière, de grouper toutes ses énergies et toues ses lumières, n'est-ce pas pitié de les voir divisés en deux systèmes d'enseignement comme entre deux camps ennemis [14] ?

Et à quel moment se divisent-ils ? À quel moment des prolétaires refusent-ils leurs enfants à l'école laïque, à l'école de lumière et de raison ? C'est lorsque les plus vastes problèmes sollicitent l'effort ouvrier : réconcilier l'Europe avec elle-même, l'humanité avec elle-même, abolir la vieille barbarie des haines, des guerres,

14. Jaurès reprend un argument classique déjà énoncé par Victor Hugo en 1850 lors de la discussion de la loi Falloux contre les dangers des « deux écoles ». Il l'applique plutôt au peuple qu'à la patrie, mais il semble bien qu'en 1904 l'horizon de sa pensée soit la mise en place d'un service unifié de l'enseignement public. Sans l'abandonner entièrement, il nuancera après 1905 sa position.

des grands meurtres collectifs, et, en même temps, préparer la fraternelle justice sociale, émanciper et organiser le travail [15].

Ceux-là vont contre cette grande œuvre, ceux-là sont impies au droit humain et au progrès humain, qui se refusent à l'éducation de laïcité. Ouvriers de cette cité, ouvriers de la France républicaine, vous ne préparerez l'avenir, vous n'affranchirez votre classe que par l'école laïque, par l'école de la République et de la raison.

---

15. Une part des gauches gronde contre le Bloc des gauches accusé de délaisser les questions sociales au profit du seul anticléricalisme. C'est le cas de nombre de socialistes, y compris au sein du Parti socialiste français de Jaurès. Lui-même peut être d'autant plus pressé de conclure « la campagne laïque » par la laïcisation entière de l'enseignement et la séparation des Églises et de l'État que le début de la guerre russo-japonaise en janvier 1904 le convainc du risque aigu de guerre internationale.

Comment la loi de séparation doit être appliquée...

Chambre des députés, séance du 13 novembre 1906

Souvent cité ou évoqué, ce discours n'avait jamais été publié dans son intégralité depuis sa parution au Journal officiel *en novembre 1906. La séparation est votée, mais son application pose d'importants problèmes. Ceux-ci sont d'autant plus complexes que la papauté a refusé tout compromis et notamment la constitution des associations cultuelles chargées de gérer les biens et revenus du clergé.*

Jaurès est favorable à une solution « par le haut » : application de la loi, mais en développant au maximum ses possibilités de liberté. Il envisage même le discours que pourrait un jour tenir l'Église catholique si elle souhaitait réaliser son aggiornamento. *Juridiquement, la question ne sera vraiment réglée qu'après guerre, avec le rétablissement des relations diplomatiques entre la France et le Vatican et les accords de 1921-1924 sur les associations diocésaines. La question des rapports entre l'Église et la modernité démocratique est aujourd'hui toujours ouverte, mais on ne prend pas grand risque à imaginer l'intérêt de Jaurès s'il avait pu prendre connaissance du concile Vatican II (1962-1965) et des différents courants théologiques contemporains (notamment celui du « christianisme de libération »), lorsqu'on lit sa péroraison : « Moi, Église, je vous attends... » Il serait évidemment oiseux de vouloir aller plus loin, mais tout autant, me semble-t-il, de ne pas voir la dimension religieuse du combat laïque et socialiste de Jaurès. Le lecteur jugera...*

Reconnaissons auparavant que le début du discours peut paraître un peu long et renvoyer à des aspects très « techniques » : par choix, nous n'avons voulu donner que des textes intégraux et le lecteur peut ainsi saisir comment se faisait la loi et s'animait la politique sous la IIIe République, comment aussi chez Jaurès se mêlaient inextricablement discussion sur des points d'application et rappels des grands principes ou visions d'avenir. On sent monter, de manière impressionnante, l'éloquence jaurésienne et sa réflexion qui relie la politique quotidienne à une conception large de la vie et de l'humanité...

M. le président[1]. La parole est à M. Jaurès.

M. Jaurès. Messieurs, en mon nom personnel et sans engager d'autre responsabilité que la mienne[2], je voudrais dire très nettement comment la loi de séparation doit être appliquée au mieux, ce qui me paraît juste et sage dans le système si éloquemment exposé par M. le ministre des Cultes[3], ce qui éveille au contraire en moi quelques doutes et quelques appréhensions.

Je n'approuve par toute la thèse du gouvernement, mais j'en approuve pleinement l'essentiel, c'est-à-dire l'esprit de liberté, de sagesse et de paix qui domine le système indiqué par lui. *(Applaudissements à gauche.)*

C'est sans aucune ironie ou de parole ou de pensée que je félicite et remercie M. le président du Conseil[4] de ne point chercher par un détour frauduleux la revanche tardive et oblique contre cet article 4 qu'il a vigoureusement combattu[5], mais qui fait mainte-

1. Il s'agit du radical Henri Brisson (1835-1912), champion de la laïcité et franc-maçon éminent, ancien président du Conseil.

2. Jaurès indique d'emblée que sa position n'engage pas celle de tout le groupe socialiste, fort divisé sur cette question, comme sur d'autres d'ailleurs. La suite du débat va montrer que certains députés socialistes, mais aussi radicaux, souhaiteraient donner un tour plus militant et nettement antireligieux à l'action laïque.

3. Le ministre des Cultes (ainsi que de l'Instruction publique et des Beaux-Arts) est le socialiste Aristide Briand (1862-1932), rapporteur et principal auteur de la loi de séparation. Il s'est éloigné de Jaurès puisqu'il n'a pas voulu finalement entrer dans la SFIO en 1905 et a préféré s'engager dans une carrière ministérielle.

4. Le président du Conseil est Georges Clemenceau (1841-1929) depuis le 25 octobre 1906.

5. L'article 4 prévoit le transfert des biens d'Église à des associations cultuelles dans le délai d'un an. Le refus par le pape de ces associations (encyclique *Gravissimo Officii*, 10 août 1906) pose le problème de leur gestion. L'Église va y perdre financièrement, mais sans doute acquérir ainsi une liberté et une dignité qui ne déplairont pas à tous ses partisans. Pour des raisons parallèles, Clemenceau, radical et anticlérical intransigeant, avait combattu cet article 4 qui reconnaissait implicitement la hiérarchie catholique. Cf. Jean-Paul Scot, *L'État chez lui, l'Église chez elle. Comprendre la loi de 1905*, Paris, Seuil, 2005.

nant partie intégrante de la loi et qui est confié à ce titre, comme tout le reste, à la loyauté républicaine du gouvernement. *(Applaudissements à gauche.)*

Pour moi, je reste pleinement fidèle, comme M. le ministre des Cultes, à la politique de l'article 4.

J'ai pris à mon rang ma part de responsabilité dans la préparation de la loi et je ferai tout ce qui dépend de moi pour qu'elle soit appliquée sans aggravation comme sans faiblesse, sans aucune pensée de chicane ou de représailles, dans l'esprit de large et loyale liberté où elle a été conçue. *(Très bien ! très bien ! à gauche.)*

Messieurs, je m'étais permis, après l'article 4, de dire : la séparation est faite. Après le débat qui vient de se produire, après le discours de M. le ministre des Cultes, qui a démontré si fortement que, malgré tout, l'œuvre de la séparation s'accomplissait, qui a rappelé l'essentiel de cette œuvre à ceux de nos collègues dont l'attention est hypnotisée ou dispersée par des détails secondaires, après les répliques qui lui ont été adressées, j'ose dire que la séparation est maintenant irrévocable. *(Applaudissements à gauche.)*

Qu'a dit l'honorable M. Piou[6] ? Qu'il protestait surtout contre la loi parce qu'elle ne s'était point bornée, à la façon de la loi allemande, à régler l'administration temporelle du culte, qu'elle prétendait intervenir dans le service spirituel lui-même ; et j'ai été étonné d'apprendre qu'une loi dont toutes les dispositions ramènent l'exercice du culte catholique aux sources mêmes de l'autorité ecclésiastique, une loi qui remet ou qui remettait les biens de l'Église, les édifices religieux à des associations investies par vos conseils de fabrique constitués authentiquement, selon les règles d'organisation de votre culte, j'ai été surpris d'apprendre que cette loi faisait violence à votre croyance et à vos principes.

Laissez-moi vous rappeler que cette loi allemande, que vous nous opposez comme un exemple de réserve, décide que les vieux catholiques auront, comme les catholiques de Rome, droit à la

---

6. Jacques Piou (1838-1932), député de la Lozère, préside le groupe de l'Action libérale populaire et il est le principal orateur de la droite catholique et républicaine.

dévolution des biens ; c'est-à-dire que le pape a consacré pour l'Allemagne une législation qui met sur le même pied les catholiques soumis et ceux qui ont refusé de se soumettre au concile du Vatican.

Voilà ce qui a été accepté pour l'Allemagne. S'il y avait, dans une loi française, une disposition de cet ordre, ah ! j'entends d'ici vos protestations [7] ! *(Applaudissements à gauche.)*

Quant à l'honorable M. Denys Cochin [8], il me permettra de lui dire qu'il a surtout apporté ici une parole de tristesse et, quel que soit son respect très sincère de la discipline catholique, jusque sous la pourpre romaine dont il s'enveloppait par devoir, j'ai cru encore reconnaître le cardinal vert [9]. *(Sourires.)*

La difficulté, créée par le refus du pape de permettre aux catholiques l'organisation selon la loi, n'en subsiste pas moins ; nous en pouvons parler sans embarras, parce que si elle nous crée à nous des difficultés sérieuses mais dont notre union aura raison *(Très bien ! très bien ! à l'extrême gauche et à gauche)*, elle crée à la papauté et au catholicisme français des difficultés très profondes et peut-être irrémédiables.

Comment allons-nous résoudre notre embarras ? De même que nos amis socialistes ont eu, dans la préparation et le vote de la loi, des conceptions diverses, ils ont aussi des conceptions diverses sur le meilleur moyen d'en assurer l'application. Chacun d'eux a

---

7. Un des enjeux de la loi de séparation avait précisément été de savoir si elle serait utilisée pour briser l'organisation hiérarchique de l'Église en encourageant les dissidences. Les législateurs s'y étaient finalement refusé, mais cette crainte est une des explications du refus papal des associations cultuelles. Les associations diocésaines de 1924 donneront plus de garanties à l'Église. Jaurès fait allusion à la situation allemande. Le *Kulturkampf* mené par Bismarck dans les années 1870 avait été plus coercitif que le sera l'anticléricalisme français de Ferry et Combes (évêques emprisonnés, serment d'obéissance, obligation de l'enseignement universitaire d'État pour les futurs ecclésiastiques, expulsion des congrégations...). Il avait aussi cherché à jouer les « vieux catholiques » qui refusaient le dogme de l'infaillibilité pontificale (concile du Vatican, 1870) contre ceux fidèles à Rome. Le conflit s'était terminé par un compromis plutôt favorable aux catholiques tandis que la dissidence des « vieux catholiques » finissait par échouer (années 1880).

8. Denys Cochin (1851-1922), député du 8e arrondissement de Paris, orateur et écrivain, représentant de la droite catholique.

9. Cardinal vert : surnom donné aux académiciens et personnalités catholiques qui avaient plaidé – en vain – pour que le pape accepte l'application de la loi (mars 1906).

soutenu, chacun d'eux soutiendra sa conception propre, parce que, quel que soit notre désir d'aboutir fraternellement entre nous à l'unité de vote, dans ces questions de voies et moyens, où les principes mêmes de notre parti ne sont pas engagés, nous ne pouvons l'obtenir au prix d'une contrainte qui fausserait les ressorts de l'action et de la pensée.

Mais il est un point sur lequel nous sommes tous d'accord : c'est qu'il importe au plus haut degré au socialisme comme à la République, au socialisme plus encore qu'à la République, que la question religieuse, enfin réglée selon la liberté, cède la place, dans l'ordre du jour du Parlement et du pays, à l'immense et urgente besogne de réformes sociales. *(Vifs applaudissements à l'extrême gauche, à gauche et sur divers autres bancs.)*

C'est dans cet esprit, c'est dans ce dessein que mon ami M. Allard [10] a proposé la suppression des délais prévus par le gouvernement.

Et moi, messieurs, je pense que le meilleur moyen, le plus sûr, d'aboutir vite, c'est de décourager à fond la résistance des adversaires de la loi, et le meilleur moyen de décourager à fond la résistance des adversaires de la loi, c'est de mettre au service de la loi, même si nous n'acceptons pas toute l'interprétation qu'en donnent le gouvernement et la majorité, la force accablante de l'unanimité républicaine. *(Applaudissements à l'extrême gauche et à gauche.)*

M. le ministre des Cultes nous a dit qu'il n'acceptait pas un vote de demi-confiance, mêlé de réserves, d'objections, de restrictions ; il demande une confiance absolue, émanée du fond même de l'être et qui le remplisse tout entier.

Pour moi, je ne suis pas insensible à ces exigences sentimentales et j'apprécie comme il convient cette décision d'attitude à laquelle les vicissitudes récentes de certaines marches et contre-marches parlementaires donnent encore, je crois, plus de lustre que de péril. *(Sourires.)*

10. Maurice Allard (1860-1942), député socialiste de Draguignan (1898-1910), anticlérical intransigeant comme nombre d'anciens « blanquistes », souhaitait une séparation « de combat » qui assume sa dimension antireligieuse et utilise les biens de l'Église pour soutenir des mesures sociales.

Mais c'est une question politique qui est posée devant nous, ce n'est pas une question de psychologie.

Le sens d'un vote ne dépend pas seulement du ministre qui le reçoit, il dépend aussi du député qui le donne et, autant que j'en puisse préjuger avant d'avoir entendu les explications complémentaires que j'aurai l'honneur de solliciter tout à l'heure, voici quelle sera le sens du mien.

Il signifie que je suis convaincu que c'est l'union de tous les républicains qui ont voté la loi qui doit la faire aboutir *(Très bien ! très bien ! à l'extrême gauche et à gauche)* ; il signifie que j'ai confiance dans la loyauté républicaine du gouvernement pour appliquer la loi selon son esprit, que je rends justice à l'immense service que le ministre des Cultes a rendu à la cause de la séparation *(Très bien ! très bien !)*, et que je le considère comme mieux en état que beaucoup d'autres de la mener à bien, parce qu'il offre aux républicains de gauche la garantie qu'il appliquera la loi sans félonie, et aux catholiques la garantie qu'il l'appliquera sans violences et sans traîtrise. *(Applaudissements à gauche et à l'extrême gauche.)*

Voilà quel sera le sens de mon vote. Il ne signifie pas que j'abandonne les objectifs et les réserves que j'ai à vous soumettre, et je ne renonce pas à les reproduire, au fur et à mesure que des événements prochains démontreront à tous qu'il convient adopter une solution plus nette, plus prompte et plus large que celle qu'apporte le gouvernement. *(Applaudissements à l'extrême gauche et sur divers bancs à gauche.)* Et je ne désespère pas, par quelques observations précises et, s'il me permet le mot, amicales, d'amener M. le ministre des Cultes, aujourd'hui même, à mieux examiner avec nous quelques-unes des difficultés qu'il a couvertes d'un optimiste un peu artificiel et à les regarder mieux en face pour les mieux résoudre.

Messieurs, d'où vient votre embarras et d'où vient la difficulté ? Elle vient de ceci. La loi a été faite dans la pensée que les associations cultuelles formées par les catholiques en assureraient le fonctionnement normal. Or, un des organes essentiels de votre loi, la constitution des associations cultuelles, a été évidemment frappé de paralysie. Mais, d'autre part, il y a eu une sorte de conspiration de tous les républicains à proclamer, pour des raisons diverses, que cette loi, quoique frappée en un point vital, devait continuer à fonctionner sous sa forme et avec son organisme.

Les modérés ont demandé qu'on ne touchât pas à la loi par la peur très raisonnable que, si on y touchait, ce fût pour l'aggraver. *(Très bien ! très bien ! à gauche.)* Et les radicaux, les radicaux-socialistes ont demandé également qu'on n'y touchât pas, par la peur non moins raisonnable que si on la remettait en question, on ne parût, au moins un moment, et avant les conclusions nouvelles, s'incliner devant la sommation du Vatican. *(Très bien ! très bien ! à gauche et à l'extrême gauche.)*

Ainsi, nous sommes en face de cette situation un peu paradoxale que la loi a été atteinte malgré tout dans une de ses œuvres vives, et que tous les passagers, ceux de droite et ceux de gauche, sont unanimes à proclamer que le navire, malgré tout, doit continuer sa marche sans réparations. *(Rires à gauche.)*

À droite. Mais non !

M. Jaurès. Quand je dis « ceux de droite », je veux parler de la droite de la gauche de la Chambre !

M. Lasies [11]. Nous autres, nous sommes à fond de cale. Nous ne comptons pas ! *(On rit.)*

M. Jaurès. Il est résulté de là, non pas l'impossibilité de faire fonctionner la loi, mais l'obligation pour le gouvernement de faire appel, en vue de ce fonctionnement, à des ressorts, à des organes qui avaient bien été institués pour des besognes secondaires, pour une œuvre minuscule, mais qui sont maintenant chargés d'un effort beaucoup plus considérable. De là des malaises, des malentendus, des difficultés, et ces difficultés, il est tout à fait injuste d'en triompher contre le ministre : elles ne sont pas à lui, elles sont à nous.

Il ne faut donc ni les envenimer ni les dissimuler. J'ai entendu hier la discussion très intéressante et très pénétrante de notre collègue M. Puech [12], et j'en ai retenu plusieurs observations très justes qu'il a formulées en revendiquant bien haut et avec beaucoup

11. Joseph Lasies (1862-1927), député nationaliste et antisémite du Gers (1898-1910) puis de la Seine (1914-1919), interrupteur fréquent.

12. Louis Puech (1851-1947), avocat à la cour d'appel, président de la commission de réforme judiciaire, député modéré du 3e arrondissement de Paris.

de raison le droit pour les républicains d'appliquer leur libre critique à toute l'œuvre de législation.

Mais il est un point sur lequel M. Puech me semble avoir cédé à l'esprit de polémique. Il vous a dit : Prenez garde ! Si vous accordez le délai d'un an demandé par le gouvernement, vous allez vous trouver dans une situation étrange à propos des 2 000 églises possédées à l'heure présente par les fabriques ou par les menses épiscopales[13].

Ces 2 000 églises, nous a dit M. Puech, vont être par l'État mises sous séquestre, en attendant l'heure lointaine, éloignée d'un an au moins, où elles seront attribuées à des établissements communaux de bienfaisance ou à tout autre ayant droit. Et alors, ajoutait-il, que fera le séquestre ? Ou bien, au nom de l'État, il fermera les églises, ou, s'il ne les ferme pas, c'est l'État qui, par le séquestre, devient responsable de la continuation du culte, responsable notamment du culte célébré à Montmartre et des miracles accomplis à Notre-Dame de Lourdes *(Rires à l'extrême gauche)*, dont l'État, après la séparation, se ferait ainsi en quelque sorte le garant. *(Mouvements divers.)*

Messieurs, M. Puech se trompe ; le séquestre est nommé par l'État, mais il n'est pas l'État ; il est le substitut provisoire des ayants droit.

M. Aristide Briand, *ministre de l'Instruction publique et des Cultes.* C'est cela.

M. Jaurès. Il gère les biens, qui lui sont remis, dans l'intérêt présumé et selon la pensée présumée des ayants droit.

M. le ministre de l'Instruction publique et des Cultes. Parfaitement.

M. Jaurès. S'il laisse se continuer le culte à Montmartre, les miracles à Lourdes, ce ne sera pas au compte de l'État, c'est parce qu'il aura prévu que les établissements de bienfaisance, l'assistance publique, les bureaux de bienfaisance estimeront peut-être que leur intérêt pécuniaire sera, non de fermer ces églises, mais d'associer

13. Fabriques : biens et revenus d'Église ou les personnes chargées de leur administration. Mense : revenu ecclésiastique.

les pauvres aux bénéfices mêmes du culte ainsi organisé. *(Exclamations à l'extrême gauche et à gauche. – Mouvements divers.)*

M. François Fournier[14]. Le spectacle n'en sera pas moins étrange !

M. Jaurès. Dans tous les cas, que M. Puech me permette de le lui dire, si péril il y a, il n'échappe pas à ce péril dans sa thèse, car il aura beau décider que l'attribution des biens sera faite à partir du 11 décembre 1906, la loi prévoit que lorsque l'attribution des biens n'a pas été faite par l'établissement public au profit d'une association cultuelle, les biens sont mis sous séquestre en attendant qu'en soit faite l'attribution. Quelle que soit la date de cette attribution, serait-elle tout à fait prochaine, il y aura toujours une période, même dans le système de M. Puech, où il y aura séquestre, et Dieu jouerait peut-être à M. Puech le méchant tour d'accumuler les miracles précisément dans cette période de séquestre prévue dans le système de notre honorable collègue. *(Applaudissements à l'extrême gauche est à gauche. – On rit.)*

M. Eugène Réveillaud[15].

De par le séquestre ordre à Dieu
De faire miracle en ce lieu.

(Mouvements divers.)

M. Jaurès. Ainsi, messieurs, l'objection de M. Puech ne vaut pas ; mais, d'autre part, je ne parviens pas à comprendre comment M. le ministre des Cultes peut nous dire que si le délai d'un an n'est pas accordé, n'est pas pratiqué, il sera obligé de fermer immédiatement ces 2 000 églises. Pas le moins du monde ! Dans tous les systèmes il y aura séquestre, et le séquestre administrera en toute liberté, dans l'intérêt présumé des ayants droit. N'essayez donc pas, monsieur le ministre, de nous contraindre par cet argument...

M. le ministre de l'Instruction publique et des Cultes. Ce n'est pas mon argument principal !

14. François Fournier (1866-1941), député socialiste du Gard (SFIO, puis indépendant).

15. Eugène Reveillaud (1851-1935), avocat, protestant anticlérical, député radical-socialiste de la Charente-Inférieure.

M. Jaurès. ...à accepter d'avance le délai d'un an. Ce sera bien assez s'il s'impose à nous comme une nécessité ; ne cherchez pas à en faire un bienfait, une nécessité bienfaisante.

Ce qui me préoccupe, ce n'est pas non plus, permettez-moi de le dire, l'attribution immédiate des biens ; je me mets en face de la thèse du gouvernement et il faut bien la comprendre, parce qu'il m'a paru hier, au langage de M. Buisson [16], qu'il y avait là-dessus une équivoque subsistante, et nous ne devons pas, nous ne pouvons pas nous prononcer sur une équivoque.

M. Ferdinand Buisson. Dissipez-la !

M. Jaurès. M. le ministre a dit que les établissements de bienfaisance avaient dès maintenant vocation certaine et absolue, c'est-à-dire que dès le 12 décembre ils seraient appelés à recevoir les biens. Mais il n'a pas dit que cette vocation excluait le droit pour une nouvelle association cultuelle formée postérieurement de revendiquer les biens. *(Très bien ! très bien ! à gauche.)* Là, entre M. Buisson et M. le ministre des Cultes, est tout le malentendu.

Je crois traduire exactement la pensée du gouvernement en disant que, selon lui, si les établissements communaux ont vocation, cette vocation n'empêchera pas des associations cultuelles nouvelles formées après le 12 décembre 1906 d'élever leurs revendications.

M. le ministre de l'Instruction publique et des Cultes. Parfaitement.

M. Ferdinand Buisson. Pas une revendication. M. le ministre a dit : Celles-là ont une vocation éventuelle.

M. Jaurès. C'est entendu, M. Buisson...

M. Ferdinand Buisson. Ce sont des postulants, et non des ayants droit.

M. Jaurès. ...mais plusieurs de nos collègues avaient pu croire qu'il ne serait tenu compte que des droits établis, que des droits constatés le 11 décembre 1906, et que si, postérieurement à cette

16. Ferdinand Buisson (1841-1932), agrégé de philosophie, ancien directeur de l'enseignement primaire et collaborateur de Jules Ferry, député radical-socialiste du 13e arrondissement de Paris, futur président de la Ligue des droits de l'homme et prix Nobel de la paix.

date, une association cultuelle, même formée selon les règles de l'article 4, se fondait, cette association serait forclose *a priori*.

M. Ferdinand Buisson. Non.

M. Jaurès. Eh bien ! vous êtes d'accord ; le malentendu est dissipé. M. Buisson accepte que la thèse soit posée comme l'a posée M. le ministre des Cultes, et c'est cette thèse, en présence de laquelle je me place, que j'ai à discuter.

M. Maurice Allard. Voulez-vous me permettre un mot, M. Jaurès ?

M. Jaurès. Volontiers.

M. Maurice Allard. Je voudrais que la question fût posée d'une façon plus catégorique encore à M. le ministre des Cultes, sous la forme suivante : si, entre le 11 décembre 1906 et le 11 décembre 1907, il se forme des associations cultuelles catholiques, M. le ministre des Cultes ne se reconnaît-il pas, dès maintenant, obligé légalement et moralement de les investir des biens ? Alors, que devient la vocation des communes ?

M. le ministre de l'Instruction publique et des Cultes. Je trouve que c'est une mauvaise méthode d'intervenir dans une discussion, alors qu'un orateur est à la tribune, pour poser des questions au ministre qui, vendredi dernier, s'est expliqué, du reste, de la manière la plus nette et la plus catégorique.

Mais en répondant tout à l'heure aux orateurs qui se sont succédé à la tribune depuis vendredi dernier, je me propose d'apporter des explications plus nettes encore, si possible, sur le point qui préoccupe l'honorable M. Allard. *(Très bien ! très bien !)*

M. Jaurès. Du reste, messieurs, au risque d'aller au-delà même de la pensée du gouvernement, en poussant sa thèse jusqu'au bout, en reconnaissant que des associations cultuelles nouvelles peuvent se former, revendiquer les biens, et même en proclamant que si elles sont constituées selon les termes de l'article 4, c'est-à-dire en conformité avec les règles générales d'organisation du culte, elles ont un droit, même en allant jusque-là...

M. Ferdinand Buisson. C'est ce que nous n'admettons pas.

M. Jaurès. ...je dis que, même en allant jusque-là, la question n'a pas l'intérêt que vous y attachez.

D'abord, pour dire toute ma pensée, si la question qui nous préoccupe devait être réglée en effet dans un délai très court par la constitution générale d'associations de culte, si la politique romaine cédait à ce point à la loi républicaine, ce serait une victoire que, pour ma part, je ne croirais pas payer trop cher en maintenant encore le fonctionnement de l'article 4. Mais il y a infiniment peu de chances pour que dans ce délai d'un an Rome laisse se constituer selon les termes de l'article 4 les associations cultuelles qu'elle vient de condamner solennellement. Et comme, en vertu de l'article 4, attribution des biens ne pourra être faite qu'aux organisations, aux associations constituées selon ce type, c'est-à-dire avec l'approbation de l'Église elle-même, c'est l'article 4 qui devient ici une garantie pour ceux d'entre vous qui veulent transférer les biens aux communes. Rassurez-vous : ils ne peuvent pas vous échapper [17].

J'avais été inquiet un moment en entendant M. le ministre des Cultes nous dire avec son outrance habituelle : Ah ! messieurs, ce que nous allons vous apporter, quand nous vous l'apporterons, ce ne seront pas des rentes de tout repos, ce seront des procès, un nid de procès, un nid de vipères. Et j'étais épouvanté à la pensée que, même dans un an, toutes ces vipères iraient empoisonner tous les prés et tous les bois des communes de France. *(Rires et applaudissements.)* Mais M. le ministre m'a rassuré en me disant que pendant cette année le séquestre liquidateur débrouillerait tout cela, transformerait tout cela, et qu'au bout d'un an le nid de vipères serait un nid d'oiseaux du paradis. *(On rit.)* Rassurez-vous donc, messieurs ; sous le double filet du séquestre et de l'article 4 ces oiseaux du paradis ne vous échapperont pas. *(Nouveaux rires.)*

Ce n'est donc pas dans ces détails, ce n'est donc pas là que gît la difficulté. Elle est plus générale. Elle consiste, comme je l'ai dit, dans l'application à un fait nouveau d'une loi qui a été calculée pour une autre hypothèse. Ce n'est pas la question particulière des biens, c'est tout le délai d'une année appliqué à la totalité de la loi

---

17. De fait, la question de la liquidation des biens d'Église n'alla pas sans nombreux procès, scandales et accusations de détournement de fonds.

et qui risque de modifier tous les plans et toutes les perspectives de la loi ; c'est cela qui est grave et qu'il faut examiner de près.

Ce délai d'un an est-il légal, est-il politique ?

Messieurs, si je n'avais eu de doute sur le sens du mot « légal », la discussion présente me les aurait suggérés. Le mot « légal » a évidemment deux sens ; il signifie, ou la lettre de la loi, ou l'esprit de la loi, c'est-à-dire la volonté certaine et déclarée du législateur.

Eh bien ! lorsque j'examine les articles du projet de loi, j'avoue que je n'arrive pas à savoir avec certitude si la lettre de la loi justifie la décision du conseil d'État.

Je vois bien que l'article 4 décide d'une part que l'attribution générale des biens devra être faite le 11 septembre 1906 ; je vois d'autre part que l'article 13 accorde pour la revendication des églises par les associations du culte un délai de deux ans ; et M. le ministre des Cultes nous a dit que comme la propriété des biens et l'usage de l'église étaient, par la loi, concentrés dans les mains d'une même association, le conseil d'État avait été amené naturellement à harmoniser ces deux dispositions en apparence contraires.

Messieurs, si c'était là votre argument, je ne le jugerais pas irrésistible, car à mon avis l'article 13 n'a pas ce sens ; il ne signifie pas qu'après le 11 décembre 1906 des associations cultuelles nouvelles peuvent se former pour revendiquer les églises ; il signifie que si, à l'origine, quelques édifices religieux ont été refusés par des associations cultuelles, qui ne sont pas obligées de les prendre tous en charge, soit qu'elles les jugent inutiles, soit qu'elles les jugent ruineux, avant qu'ait couru, par la vacance du culte, le délai de deux ans qui ouvre la procédure de désaffectation, une association déjà constituée, au besoin dans une paroisse voisine...

M. le ministre de l'Instruction publique et des Cultes. Mais il y a l'article 9...

M. Jaurès. Vous me répondrez, M. le ministre ; vous venez de dire il y a un instant à M. Allard qu'il valait mieux ne pas interrompre. *(Sourires.)*

Je ne crois pas que l'article 13 donne raison à votre thèse.

D'autre part – vous voyez la bonne foi absolue, l'absolu désintéressement d'esprit que je mets dans ce débat – j'estime que l'article 8 paraît vous donner raison au-delà même de ce que vous avez dit, lorsque cet article précise en ces termes : « Dans le cas où les biens attribués en vertu de l'article 4 et du paragraphe 1er du présent article seront, soit dès l'origine, soit dans la suite, réclamés par plusieurs associations formées pour l'exercice du même culte, l'attribution qui en aura été faite par les représentants de l'établissement ou par décret pourra être contestée devant le conseil d'État statuant au contentieux, lequel prononcera en tenant compte de toutes les circonstances de fait.

« La demande sera introduite avant le conseil d'État, dans le délai d'un an à partir de la date du décret ou à partir de la notification, à l'autorité préfectorale, par les représentants légaux des établissements publics du culte, de l'attribution effectuée par eux. »

L'article ne dit pas avec précision si les associations diverses qui entrent en compétition doivent ou non être constituées avant le 11 décembre 1906, et même il laisse entendre, en disant « soit dès l'origine, soit dans la suite », que l'association du culte peut être constituée ultérieurement.

Or si une association du culte peut se constituer après le 11 décembre 1906 pour revendiquer les biens attribués par le conseil de fabrique à une autre association, *a fortiori*, semble-t-il, peut-elle se constituer pour revendiquer ces biens vacants s'ils n'ont été attribués à aucune association. Et c'est le cas maintenant dans toutes les paroisses.

Donc, messieurs, quand je ne regarde qu'à la lettre des articles, il me semble que la possibilité du délai peut être littéralement soutenue ; mais la loi ne s'applique pas dans son esprit ; ce n'est pas à quoi a pensé le législateur. S'il n'a pas mis dans les textes plus de précision, s'il a laissé ces contradictions évidentes qui nous permettent de soutenir avec une égale vraisemblance les thèses les plus opposées, c'est parce que ces dispositions ne s'appliquaient, dans l'hypothèse fondamentale du législateur, qu'à un nombre infime de cas exceptionnels. *(Applaudissements à l'extrême gauche.)* Que dans dix, quinze, trente, cent paroisses, il puisse y avoir des difficultés pour l'attribution des biens, des édifices religieux, eh bien ! c'est une question qui sera réglée par une procédure, et que cette procédure s'accomplisse immédiatement après le 11 décembre ou que des droits nouveaux soient constitués pendant une année encore, c'est chose indifférente, en tout cas tout à fait secondaire. Mais cela devient tout à fait grave, quand les associations cultuelles étant partout abolies ou ayant été partout interdites, il s'agit non plus de régler quelques cas exceptionnels, mais toute la vie de la loi, tout le fonctionnement de la loi. *(Très bien ! très bien ! sur un grand nombre de bancs.)* Et alors j'ai le droit de dire que la volonté du législateur n'avait pas prévu cette hypothèse.

À l'extrême gauche. C'est évident !

M. Jaurès. La vraie loi, c'est la volonté connue, certaine, évidente du législateur. Nous sommes en face d'une fiction légale ; c'est bien la loi, si vous voulez, mais c'est une autre loi.

Ce que je vous demande, ce n'est pas de prononcer entre telle ou telle interprétation juridique, c'est de ne pas attacher aussi solennellement que vous le faites la pensée du gouvernement à une de ces interprétations *(Applaudissements à l'extrême gauche)*, c'est de ne pas dire si haut : telle est la loi, voilà l'obligation que j'ai contractée, afin que si un jour prochain il apparaît dans l'intérêt de tous, dans l'intérêt des catholiques comme dans l'intérêt de l'État et de la République, qu'il est bon, qu'il est sage d'abréger ce délai d'une année, vous ne vous donniez pas gratuitement l'apparence d'avoir après coup, dans une pensée étroite et sectaire, bouleversé la loi. Voilà ce que je vous demande. *(Très bien ! très bien ! sur divers bancs.)* Je vous demande de ne pas donner, de ne pas garantir une solidité systématique à ce qui ne peut être pour vous qu'une sorte d'expédient. *(Applaudissements à l'extrême gauche et sur divers bancs à gauche.)*

Messieurs, voilà ma thèse.

Je vous dis : Est-il sage, non plus légalement, non plus juridiquement, mais politiquement et en conscience, de prévoir un délai forcé et systématique d'une année ?

Ah ! c'est entendu, le culte, au lendemain du 11 décembre, va continuer ; il va s'exercer dans toutes les églises, sous la garantie de la loi de droit commun sur les réunions publiques et je suis, en ce point, pleinement d'accord avec vous.

Ici aussi, messieurs, il se peut que cette loi sur les réunions publiques soit appelée à jouer dans l'exercice du culte un rôle auquel le législateur de 1881 ne l'avait pas prédestinée. Mais c'est l'honneur, c'est la récompense des régimes de liberté qu'ayant multiplié pour la liberté les formes d'expression et les organes d'action, si une de ses formes vient à défaillir par l'opposition même de nos adversaires et si la liberté ne peut se faire jour par la voie qui lui avait été tracée et qui est un moment obstruée, une autre voie s'ouvre à elle, qui laisse passer le flot. *(Applaudissements à gauche.)*

La loi sur les réunions publiques va donc fonctionner. Comment ? Faisons les choses largement. C'est ne rien donner ou c'est donner fort peu aux catholiques que leur donner la réunion publique, si nous l'entourons de tant de formalités quotidiennes et tracassières qu'en fait l'exercice de ce droit soit supprimé. Nous pouvons le pratiquer très largement sans fausser, je ne dis pas l'esprit, mais le texte de la loi. La loi dit bien, en effet, que toute réunion publique doit être déclarée au moins vingt-quatre heures d'avance ; mais elle ne dit point que cette réunion ne peut pas être annoncée très longtemps à l'avance.

Quand il s'agit de réunions qui se reproduiront dans un même local connu, à des heures certaines, avec une périodicité réglée, il est possible de faire une fois pour toutes une déclaration s'appliquant, au moins pour une large période, à la totalité des exercices du culte. *(Très bien ! très bien ! sur divers bancs.)* C'est ainsi, je crois, que vous devez l'interpréter si vous voulez que la loi sur les réunions publiques puisse servir de support à la liberté des cultes que vous avez garantie. Mais que M. le ministre des Cultes me permette de le lui faire remarquer, toutes les libertés sont solidaires ; qui donne l'une est conduit presque invinciblement à donner l'autre ; qui élargit une liberté s'approche d'une autre.

Je dirai comment, à mon sens, en matière d'association, le droit commun peut être appliqué aux catholiques, selon le type de la loi de 1901 ; mais, dès maintenant, prenez garde : lorsque vous aurez autorisé un bureau, toujours le même formé du curé et de deux assistants en lesquels il aura pleine confiance, à faire une fois pour toutes une déclaration s'appliquant à tous les exercices du culte, lorsque c'est ce bureau qui convoquera toujours, lorsque c'est lui qui aura toujours la police des assemblées, lorsque celui qui présidera aux quêtes faites dans cette série de réunions publiques toujours pour le même objet, lorsqu'il aura la responsabilité permanente de l'ordre dans ces réunions, ce sera en réalité une véritable association du culte qui aura été instituée. *(Mouvements divers.)*

M. Groussau[18]. Ce que vous prévoyez peut devenir un piège.

M. Jaurès. Je ne dis pas que ce soit un type précis d'association, je dis que c'est un acheminement à l'association. Donc, sous cette forme le culte fonctionnera. Mais qui donc aura intérêt à ce que l'état de fait ainsi créé, qui ne sera pour personne un état de droit défini, se continue encore pendant une année ? Ce ne seront pas les catholiques. Ah ! si vous espérez, M. le ministre, que le Vatican reviendra sur la condamnation qu'il a portée contre les associations cultuelles, alors, oui, l'Église peut avoir un bénéfice à ce délai.

Il est vrai que vous ne faites plus appel au pape ; vous faites appel aux laïques, aux fidèles. Vous nous avez dit : comment vous auriez donné, pour faire les attributions de biens, un an aux conseils de fabrique, représentants directs de l'autorité catholique et, le lendemain, lorsque les fidèles eux-mêmes seront appelés à revendiquer, à former des associations pour réclamer les biens, c'est vous, républicains, qui refuseriez aux catholiques, aux laïques, aux fidèles, ce délai et cette possibilité ? Mais vous imaginez-vous, M. le ministre, que les catholiques de France ne soient pas avertis, et par tout leur enseignement, et par leurs chefs, et par nos discussions mêmes ? Et peuvent-ils former l'espérance de forcer la main au chef de l'Église ou de se passer de lui ?

Même les Églises protestantes, même les Églises réformées, par une sorte d'instinct de conservation, de contraction, qui a saisi tous les organismes religieux au lendemain de la séparation, même ces Églises ont cru prudent de fortifier l'autorité disciplinaire, l'autorité ecclésiastique.

---

18. Henri Groussau (1851-1936), député du Nord, directeur de la *Revue administrative du culte catholique*, membre de l'Action libérale populaire de Jacques Piou.

Le synode d'Orléans, le synode de Montpellier ont pris, à cet égard, des décisions qui ont inquiété beaucoup de réformés, qui viennent de protester par une contre-organisation dans le synode de Jarnac. Au moment où les Églises réformées elles-mêmes se préoccupent de réduire au minimum la liberté des fidèles et de concentrer toute ou presque toute l'autorité dans les organismes ecclésiastiques, alors que les fidèles des Églises réformées sont impuissants, au moins pour l'heure présente, à réagir contre cette tendance d'autorité ecclésiastique, croyez-vous que les fidèles de l'Église catholique pourront y songer eux-mêmes ?

Donc la possibilité de la constitution d'associations cultuelles catholiques est presque entièrement exclue ; et alors à quoi pourra servir ce délai ? Ne pouvant plus servir à la formation d'associations canoniques catholiques soumises à la discipline de l'Église, il ne pourra servir qu'à la formation, qu'au pullulement d'associations à tendances plus ou moins schismatiques, d'associations disposées à revendiquer les biens en se passant de l'autorisation de la hiérarchie catholique.

Lorsque, dans un an – j'appelle l'attention de tous sur ce danger – lorsque, dans un an, les communes rentrées en possession ou ayant retrouvé la disposition des édifices religieux auront à en déterminer l'usage, elles n'auront plus à traiter seulement avec l'Église catholique, elles n'auront plus seulement devant elles des organisations catholiques : elles auront devant elles d'innombrables groupements, comme ceux que M. des Houx[19] veut constituer et au nom desquels dans un journal d'hier il vous menace ; les communes seront dans un embarras qu'elles ne connaîtraient pas aujourd'hui.

Aujourd'hui, pour elles, la tâche serait simple ; si elles rentraient en possession des édifices religieux, si elles en reprenaient la disposition, aucune d'elles ne songerait à se servir de cette faculté pour exercer une contrainte ou une vexation. Messieurs, je n'ai pas

19. Henri des Houx (Durand-Morimbau, dit) (1848-1911), normalien, journaliste catholique favorable aux associations cultuelles.

qualité pour parler au nom de personne, pas plus au nom des municipalités socialistes que des autres, mais la propagande m'amène dans bien des régions. J'étais il y a peu de jours en Touraine, en Auvergne, en Normandie ; partout les socialistes m'ont dit qu'ils considéreraient comme la pire maladresse et la pire faute, à l'heure où le peuple a besoin que, la question religieuse étant réglée, les municipalités comme l'État puissent s'appliquer à toutes les œuvres sociales, de susciter inutilement, sans profit pour la pensée libre, un trouble et des protestations par la fermeture des églises.

C'est une disposition d'esprit qui est presque universelle et qui s'exercera beaucoup moins aisément lorsqu'après une année de délai, après le pullulement d'associations, de revendications, de prétentions de tous ordres, la question sera obscurcie.

Vous voyez dès maintenant dans quelle situation les communes seront placées par ce délai prolongé. Il y aura partout équivoque, parce qu'il y aura partout coexistence, opposition de deux droits : le droit de la municipalité et le droit invoqué par les catholiques à raison même du délai. Il y aura partout la prétention du maire et la prétention du prêtre.

Qu'allez-vous faire des presbytères ? La loi dit que tous les biens qui doivent être dévolus sont et restent la propriété de l'État, des départements et des communes. Eh bien ! dès le 11 décembre, le presbytère devient, est la propriété de la commune. Comment le maire va-t-il, pendant cette période d'un an, exercer son droit ? Est-ce que pendant ce délai le prêtre, comme tel, indépendamment de toute organisation légale, demeurera en maître dans le presbytère ? Si oui, ce n'est plus la commune qui est propriétaire. Si, au contraire, vous permettez à la commune d'affirmer son droit de propriété, comment l'affirmera-t-elle ?

De même pour l'église. Il se posera une question bien simple, bien vulgaire, mais qui mettra aux prises dans les communes les amours-propres, les prétentions, les conflits. Qui aura les clés de l'église ? À qui seront-elles remises ? L'église sera, dites-vous, ouverte au culte, mais au culte inorganisé, ouverte donc à tous, ouverte au prêtre, mais à quel prêtre ? Le prêtre ne sera-t-il qu'un des fidèles, qu'un des croyants ? S'il a une autorité particulière, ce sera alors au nom de l'Église, non plus au nom d'une association cultuelle, d'une association légale ; et s'il y a conflit entre le curé et son vicaire ou entre deux prêtres, qui statuera ?

Je le sais bien, M. le ministre, vous objecterez qu'il est facile, trop facile, dans ces périodes de transition, de multiplier les hypothèses de détail ; j'en conviens. Mais je vous avertis de ce danger ; il sera beaucoup plus multiplié que vous ne le pensez ; il y aura des occasions permanentes de querelle, d'aigreur et de conflits. Ces conflits, vous ne les préviendriez, vous ne les trancheriez qu'en définissant dès maintenant avec clarté les droits des uns et des autres.

S'il n'y a aucun avantage pour les catholiques, pour les communes, et s'il y a danger, au contraire, ne voyez-vous pas le péril ou l'embarras pour la République ?

Quelle est la tactique constante de nos adversaires ? C'est de dire : « Oui, il n'y a pas eu danger aujourd'hui, il n'y a pas eu oppression aujourd'hui ; mais il y aura oppression demain. » La persécution est un fantôme que les partis du passé projettent toujours en avant sur le chemin ; ils reçoivent des démentis successifs, mais ils ne se découragent pas. Ce sera pour demain, ce sera pour après-demain. Hier, à les en croire, la loi de séparation devait fermer les églises ; maintenant ils diront : on a accordé un sursis d'un an, un délai d'un an, c'est au bout de ce délai que viendra l'exécution définitive.

Et alors, messieurs, songez-y, non pas dans un intérêt politique, non pas dans un intérêt électoral qui n'est pas sérieusement menacé, mais dans l'intérêt même de la bonne, loyale et tolérante application de votre loi, quel péril n'y aurait-il pas à laisser cette incertitude se propager à la veille même ou presque à la veille des élections municipales. Pourquoi ? Vous imaginez-vous que je prétende que le pays républicain se laissera tromper ? Non, mais il s'irritera, il s'exaspérera, et, quand les républicains, dénoncés, pendant la bataille des élections municipales, comme des hommes qui ne veulent entrer dans des hôtels de ville que pour fermer les églises, quand les républicains arriveront, en effet, à l'hôtel de ville meurtris de ces accusations, irrités de ces calomnies, il leur sera plus difficile de résister aux colères et aux mouvements de représailles provoqués par la bataille récente dans laquelle vous aurez jeté ce problème. *(Très bien ! très bien ! à l'extrême gauche et sur divers bancs à gauche.)*

Voilà pourquoi, pour l'application loyale, pacifique et tolérante, pour l'installation complète et réglée, dans nos mœurs, de la loi et du principe de séparation, je dis à tous les républicains, je dis au gouvernement qu'il y a un intérêt essentiel à ne pas aller nécessairement jusqu'au bout de ce terme légal, d'une légalité fictive, que nous avons discutée tout à l'heure.

Ah ! s'il vous apparaît, M. le président du Conseil et M. le ministre des Cultes, s'il apparaît à tous, dans deux mois, dans trois mois, que vous aurez en vain laissé aux catholiques le moyen de se grouper, le délai nécessaire pour s'organiser, si le pape, après avoir lu les affirmations et les explications de M. le ministre des Cultes, maintient sa négation intransigeante, s'il refuse de laisser constituer des associations cultuelles, si, lorsque le conseil d'État se sera prononcé – s'il se prononce – sur le cas de Culey et de Puymasson, le pape ne saisit pas cette occasion pour affirmer qu'ainsi entendue la loi est tolérable, si, nulle part, un essai sérieux et visible n'est tenté pour user des droits et du délai concédé par vous, pourquoi n'iriez-vous pas, je ne dis pas devant le conseil d'État, mais devant le Parlement tout entier ? M. le ministre des Cultes déclare, en effet, qu'il ne veut pas faire revenir le conseil d'État sur une décision qu'il a prise, et je ne dis pas qu'il ait tort, bien qu'à mon sens ce ne soit pas lui demander un retour sur ce qu'il a fait, car cette assemblée a statué en mars, avant l'encyclique, qui a apporté un fait nouveau dont les conséquences sont même d'ordre juridique.

Pourquoi, M. le ministre, ne diriez-vous pas à tous les partis, à toute la Chambre, à tout le pays : pour les vrais catholiques, pour ceux qui sont préoccupés de leurs intérêts religieux, et non pas de desseins politiques, comme pour tous les républicains, il importe que les temps du provisoire, de l'incertitude, de l'obscurité soient clos, il est temps que la loi reçoive sa forme définitive. Demandez donc alors au Parlement tout entier de vous autoriser, dans l'intérêt de tous, à abréger les délais et proclamez en même temps que, si les catholiques se refusent à eux-mêmes le droit commun sous la forme de la loi de 1905, vous, vous ne le leur refusez pas, vous n'avez jamais eu l'intention de le leur refuser sous la forme de la loi de 1901.

Alors, messieurs, la situation sera claire. La loi de séparation sera pleinement appliquée ; l'État, les départements et les communes auront repris la disposition des édifices religieux, et ils en useront, à coup sûr, dans l'esprit de tolérance et de sagesse dont je parlais ; en même temps, les communes, l'État et les départements, pour la location, pour l'attribution en jouissance des édifices religieux, pourront contracter avec des groupements catholiques organisés, avec des associations catholiques fondées, comme toutes les associations, sur la base du droit commun, sur la base de la loi commune. Nous étions allés au-delà ; les catholiques ne veulent pas de cet au-delà ; tant pis pour eux, mais nous leur accordons la loi commune, la garantie de la liberté égale pour tous. *(Vifs applaudissements à l'extrême gauche et sur divers bancs à gauche.)*

Voix nombreuses. Reposez-vous !

M. Jaurès. Je suis aux ordres de la Chambre.

M. le président. On demande une suspension de séance. Il n'y a pas d'opposition ?... La séance est suspendue.

(La séance, suspendue à quatre heures vingt minutes, est reprise à cinq heures moins un quart.)

M. le président. La séance est reprise. La parole est à M. Jaurès pour continuer son discours.

M. Jaurès. Messieurs, j'ai montré ou j'ai essayé de montrer que la force des choses, l'intérêt de tous, des croyants sincères, des républicains, des communes, de l'État, de la République, conduiraient le gouvernement, dans un délai très bref, non pas à remanier les principes et les bases de la loi, mais à les affermir, au contraire, en abrégeant au besoin, par un acte législatif, les délais d'application et en faisant valoir immédiatement, en toute précision et en toute lumière, tous les droits contenus dans cette loi.

J'indiquais en même temps qu'à l'heure où la loi recevrait ainsi son application complète, les catholiques seraient mis en mesure, et par là même en demeure par nous de pratiquer le droit commun d'association.

Messieurs, je dis que c'est la force des choses, que c'est la logique même de votre loi qui va y conduire, et puisqu'il n'est plus possible, après l'encyclique, de concevoir que les catholiques pratiquent le culte sous la forme de la loi de 1905, puisqu'ils renoncent bon gré mal gré à ce que M. Briand appelait le droit commun privilégié, il n'y a plus pour eux de refuge, s'ils veulent vivre, que dans le droit commun de la loi de 1901, et il vous sera impossible, pratiquement et théoriquement, de le leur refuser. Pourquoi ? Par cette raison décisive qu'il est impossible de définir l'association du culte en la distinguant des associations qui ont un objet proprement philosophique.

Vous pouvez donner des cultes une définition historique précise, vous ne pouvez pas en donner une définition essentielle et théorique. Oui, il y a des religions qui ont un passé, qui ont une histoire ; ces religions, vous les connaissez, vous les avez vues aux prises, vous avez contracté avec elles, et tant que vous restez en rapport avec elles, soit par des concordats, soit par des dévolutions de biens, vous pouvez les définir réellement, historiquement. Mais quand ces liens historiques sont rompus, comment, encore une fois, pourrez-vous caractériser l'association proprement religieuse ? Où finit l'association philosophique ? Où commence l'association pour le culte ?

Je ne suis pas positiviste, mais j'ai professé à l'université de Toulouse une série de leçons sur la philosophie générale et sociale d'Auguste Comte. Si j'avais été séduit par cette pensée, étroite à mon sens, mais forte, si mes disciples en avaient été pénétrés par moi, si nous avions décidé tous ensemble de constituer une association pour propager dans le pays les principes et la méthode du positivisme, c'était une association philosophique comprise naturellement et de droit dans la loi de 1901 ; mais si nous poussons notre propagande jusqu'au bout de la pensée du maître, si nous invitons les hommes périodiquement à se recueillir dans la conscience et la vénération de toute l'humanité morte, et si nous commémorons à des dates déterminées le souvenir des grands hommes qui ont promu l'humanité et préparé la religion humaine d'Auguste Comte, est-ce que nous n'avons pas franchi la limite de l'association philosophique pour entrer dans le domaine du culte ? Et qui pourra, théoriquement, juridiquement, en dehors d'un critérium historique, déterminer cette limite ?

Les saint-simoniens étaient un parti politique ; c'était un parti social, mais en même temps ils rattachaient toute leur action sociale à une conception générale et religieuse du monde éternel et un. De plus, ils considéraient que le devoir de l'homme était de tenir sans cesse sous son regard la synthèse du travail humain considéré comme expression des facultés supérieures de l'homme et ils avaient demandé que de vastes organisations, que de vastes rassemblements systématiques des objets produits par le travail humain fussent formés, commentés et induisissent ainsi l'esprit humain à des émotions religieuses. C'est sous la forme d'un temple que les saint-simoniens avaient prévu d'abord ce qui a été plus tard réalisé de manière beaucoup plus profane par nos expositions universelles.

Eh bien ! le saint-simonisme ainsi constitué, si vous en supposez le réveil, sera-t-il théoriquement, juridiquement une association philosophique et politique, ou une association organisée en vue d'un culte ?

Ces jours-ci, ont été publiés pour la première fois les admirables cahiers de jeunesse écrits par Ernest Renan [20], les notes qu'à vingt-deux ou vingt-trois ans, avant de quitter Saint-Sulpice et au lendemain de la rupture, il écrivait pour lui-même. C'est là qu'est le secret, c'est là qu'est le premier et peut-être le plus haut jaillissement de sa pensée. Plus tard, il a apparu à beaucoup d'esprits superficiels comme un sceptique, comme un dilettante. Ce n'est pas vrai ; c'était un croyant dont les audaces avaient été rabattues, refoulées, ou par les violences de la guerre civile en 1848, ou par la violence du coup d'État, et son ironie n'était que la revanche de son idéal meurtri qui se raillait de lui-même. *(Applaudissements.)*

Eh bien ! messieurs, ces premières audaces, ces premières et sublimes espérances de sa jeunesse, sur lesquelles peu à peu il a jeté

20. Ernest Renan (1823-1892) a fortement influencé Jaurès comme tous ses contemporains. Jaurès l'avait fréquenté dans ses dernières années.

un voile d'ironie qui est allé s'épaississant au point que plusieurs le prenaient pour un linceul, quel caractère avaient-elles ? C'était une espérance religieuse, c'était une affirmation religieuse ; il rêvait la réforme scientifique de l'Église, la rupture de l'orthodoxie, la réintégration du christianisme dans le patrimoine de l'esprit humain, et en même temps la réforme idéaliste de la société tout entière : le peuple appelé à une condition plus haute, non pas pour des joies matérielles plus grandes, mais pour qu'il puisse communiquer de plain-pied avec toutes les noblesses de l'art et de la science ; et il rêvait, lui, l'isolé, le solitaire de 1845 et 1846, toute une organisation qui devait propager ses vues de régénération religieuse et sociale. Ce qui marque bien le caractère de son espérance, c'est la prière qu'il écrivait pour lui-même il y a plus de cinquante ans : « Mon Dieu, mon Dieu, pourrai-je faire ce que je veux, moi si faible, si pauvre, isolé au monde, ne connaissant personne ? Mais Luther a été comme moi. »

M. Eugène Réveillaud. Très bien ! très bien !

M. Jaurès. Ainsi il s'apparaissait à lui-même, à cette heure des espérances les plus hautes, comme le précurseur ignoré, voué aux plus douloureux combats, d'une réforme plus audacieuse et plus profonde que celle du XVIe siècle. S'il n'avait pas été rabattu par les événements, s'il n'avait pas cru nécessaire de voiler, en effet, d'une apparence de demi-désaveu et de superficielle ironie, l'éclat de sa première espérance religieuse ; si dans la République de 1848, sauvée et prolongée, il avait usé des libertés générales pour organiser en effet cette propagande idéale, je vous le demande, aurait-il créé une association philosophique ou aurait-il fondé une association religieuse, s'il avait convoqué en effet des groupes d'hommes à l'étude périodique et à l'affirmation collective de la même pensée ?

Ainsi, messieurs, je le répète, si vous n'avez pas un critérium historique, il vous est impossible de discerner l'association philosophique de l'association religieuse. *(Applaudissements.)*

Or si, demain, non seulement le Concordat est rompu, mais si, par le refus de la papauté, les associations cultuelles ne se constituent pas, si l'Église ne peut plus revendiquer et ne revendique plus en effet la propriété spéciale des biens par lesquels s'affirmait la continuité concrète de son existence par la continuité de son patrimoine, si, au regard de l'État, elle n'est plus une Église, si elle n'est plus, au moindre degré, la survivance légale de l'organisation de jadis, elle n'est plus, quel que soit le nombre de ses croyants, qu'une vaste association de pensée, sur laquelle vous n'avez pas plus le droit et le moyen de mettre une marque particulière que sur toute autre association. *(Applaudissements à l'extrême gauche.)*

Ainsi, je vous le demande, quel critérium aurez-vous ? Et le jour où les catholiques voudront en effet bénéficier de la loi de 1901 et des facultés qu'elle leur offre, quel moyen aurez-vous de les empêcher ? Nous assistons, messieurs, à un spectacle singulier : il y a, d'un côté, un gouvernement qui, par M. le ministre des Cultes, dit : il n'y a de droit d'association et d'exercice possible du culte pour les catholiques que sous la forme particulière de la loi de 1905.

M. le ministre de l'Instruction publique et des Cultes. C'est la loi !

M. Jaurès. Je ne dis pas non. Cette loi implique, rappelle la loi de 1901 ; mais elle lui donne une forme spéciale, et en dehors de cette forme spéciale il n'y a plus aujourd'hui de légalité du culte ; c'est ce qu'a dit la circulaire de M. le ministre, c'est ce qu'a répété son discours, c'est ce qu'il renouvelle de son banc en me disant – et je n'y contredis point : c'est la loi. En même temps, il y a une autre autorité, le pape, qui déclare aux catholiques que toute tentative d'association qu'ils formeront sous les conditions de la légalité actuelle ne sera pas acceptée par lui, que les catholiques ne peuvent pas aujourd'hui, dans les termes de la loi française, constituer une association canonique et légale. Or, il y a en ce moment, sous le soleil, sur tout un diocèse, en plein fonctionnement public, une association catholique constituée. Est-ce que par hasard l'association fondée par le cardinal Lecot[21] serait admise ?

21. Cardinal Victor Lecot (1831-1908), archevêque de Bordeaux depuis 1890.

M. le ministre de l'Instruction publique et des Cultes. Elle a les apparences de la légalité. *(Mouvements divers.)*

M. Jaurès. Ah ! et dans quels termes serait-elle légale ?

M. le ministre de l'Instruction publique et des Cultes. Je vous en parlerai.

M. Jaurès. Ah ! messieurs, nous brûlons. *(Rires à l'extrême gauche et à gauche.)*

M. le ministre de l'Instruction publique et des Cultes. Le cardinal Lecot a fait de la légalité sans s'en douter, comme M. Jourdain faisait de la prose !

M. Jaurès. Voilà donc, avec l'association du cardinal Lecot, une association constituée, sinon en vue d'assurer l'exercice du culte, du moins en vue de réaliser les fonds nécessaires pour assurer les frais du culte, et il me semble qu'entre les deux objets la distinction est mince. Cette association, M. le ministre des Cultes me dit qu'elle est légale.

M. le ministre de l'Instruction publique et des Cultes. Jusqu'à plus ample informé, elle m'a paru telle !

M. Jaurès. C'est possible ! J'imagine pourtant que ce n'est pas une application pure et simple de la loi de 1905 ?

M. le ministre de l'Instruction publique et des Cultes. Oh ! si ! *(Mouvements divers.)*

M. Varenne[22]**.** Alors vous allez lui donner les biens ?

M. Jaurès. Mais voici qui devient tout à fait important : l'association du culte, fondée par le cardinal Lecot est, déclare M. le ministre de l'Instruction publique, légale ; non seulement elle est légale, mais elle légale selon le type de la loi de 1905. Moi, qui ne le croyais pas, vous allez voir pourquoi...

M. le ministre de l'Instruction publique et des Cultes. Vous allez porter atteinte à votre thèse !

M. Jaurès. ...je me disais : il y a là une association qui n'est probablement pas constituée selon le type de la loi de 1905 ; le ministre ne la frappe pas, c'est donc qu'en fait à ses yeux, en

22. Alexandre Varenne (1870-1947), journaliste et avocat, fondateur de *La Montagne* de Clermont-Ferrand, député socialiste du Puy-de-Dôme.

dehors des formes légales, du type légal de la loi de 1905, il y a pour les catholiques d'autres formes légales. Voilà une hypothèse qui croule. Vous me répondez que si l'association du cardinal Lecot est légale, c'est parce que c'est une cultuelle dans les termes précis de la loi de 1905. Mais alors c'est vers ces messieurs *(l'orateur désigne la droite)* que je me retourne *(Applaudissements à l'extrême gauche et à gauche. – mouvements divers)*, et je leur dis : Comment ! Toute la vie morale et politique de ce pays est suspendue au drame de la séparation ; la parole du pape, formulée par l'encyclique, a jeté l'émoi chez les gouvernants, mais l'inquiétude aussi chez beaucoup de catholiques ; elle a annoncé aux prêtres qu'ils auraient à supporter pour vivre, en dehors d'une loi tyrannique et d'une organisation du culte oppressive, toutes les privations, tous les sacrifices ; nous ne parlons plus que de cela, nous ne discutons plus que de cela ; la plupart des familles ne se préoccupent que de cela ; voilà l'effet de l'encyclique souveraine de votre pape, et au lendemain du jour où il a jeté ainsi l'émotion dans tout un grand pays en interdisant le fonctionnement de la loi, j'apprends du ministre des Cultes que depuis des semaines un des cardinaux, le cardinal qui a rédigé et lu l'adresse de soumission au Saint-Père des évêques rassemblés... *(Applaudissements et rires à l'extrême gauche et à gauche.)*

À l'extrême gauche. C'est de la comédie !

M. Jaurès. ...j'apprends que depuis des semaines un cardinal constitue publiquement une association selon le type condamné par l'encyclique. *(Applaudissements à gauche.)*

M. Lasies. Mais non !

M. Jaurès. Je vous vous en prie ! Je reproduis et commente en ce moment l'affirmation de M. le ministre des Cultes.

M. Lasies. Il y a erreur !

M. Jaurès. Permettez-moi de vous dire que, s'il y a erreur, c'est avec lui que doit s'instituer la controverse : j'ai le droit de déduire publiquement, et sous réserve des rectifications que vous apporteriez, les conséquences de l'affirmation du gouvernement.

Eh bien ! je dis que ce cardinal ne s'est point borné, lui qui avait été l'interprète de l'acte de soumission des évêques auprès du pape, à former cette association, cultuelle, dit le ministre, publiquement ; il recueille des fonds, il appelle tous les fidèles du diocèse à s'inscrire, il superpose à ce groupement des fidèles, à ce groupement des laïques, des sections paroissiales où domine le clergé, il combine ainsi l'association laïque et l'association ecclésiastique selon un type assurément fort ingénieux, et pendant qu'il fait cette œuvre aucune parole ne vient de Rome pour le condamner, pour le désavouer ou même pour l'avertir. *(Très bien ! très bien ! à gauche.)*

Il est impossible d'imaginer que le pape, qui suit toutes les affaires intérieures de la France dans l'ordre religieux, ignore la tentative publique et éclatante du cardinal Lecot. Il la connaît ; il la tolère, il permet que les fidèles du diocèse aillent s'inscrire dans l'association ; par là même, il indique aux autres évêques, aux autres archevêques, cardinaux et prêtres, qu'il ne lui déplaît point que des associations du même type soient formées dans toute la France, et alors j'ai le droit de dire aux uns et aux autres : « Qui trompe-t-on ici ? » *(Applaudissements à l'extrême gauche et à gauche.)*

M. Lamendin[23]. C'est un jeu de bascule.

M. Gayraud[24]. Je demande la parole. *(Mouvements divers.)*

M. Lasies. Il y a erreur de date !

M. Gayraud. L'association est antérieure à l'encyclique ; elle est du mois de mars.

M. Jaurès. Je recueille, messieurs, une première rectification de M. l'abbé Gayraud, et je vous demande la permission de vous la soumettre tout de suite, non pas pour le priver du plaisir de l'apporter lui-même à la tribune, mais pour que le débat ne soit point retardé. M. l'abbé Gayraud me dit : « Cette association, elle est antérieure à l'encyclique, elle est du mois de mars ! » *(Exclamations à gauche.)* Mais quand je demande à l'abbé Gayraud : « Cette association antérieure à l'encyclique, a-t-elle continué publiquement après l'encyclique ? » M. l'abbé Gayraud me dit : « Oui, elle a continué ! » *(Très bien ! très bien ! à gauche.)* Et c'est là, messieurs, la vérité. *(Rires.)*

---

23. Arthur Lamendin (1852-1920), ouvrier mineur et député socialiste du Pas-de-Calais.

24. Abbé Hippolyte Gayraud (1856-1911), dominicain et propagandiste catholique, représentant le courant de la « démocratie chrétienne », député du Finistère depuis 1897.

M. Gayraud. En vous indiquant cette date, je n'ai pas eu l'intention de vous donner une réponse. C'est simplement une petite rectification de détail.

M. Jaurès. Ce n'est pas une rectification, c'est une addition et il se trouve que c'est une confirmation. *(Nouveaux rires.)*

Ainsi, messieurs, ou bien M. le ministre des Cultes se trompe...

M. le ministre de l'Instruction publique et des Cultes. Mais non !

M. Jaurès. Voyons ! Vous n'acceptez même pas qu'on puisse supposer que vous vous trompez ? *(Rires.)*

M. le ministre de l'Instruction publique et des Cultes. C'est pour faciliter votre discussion que je dis cela.

M. Jaurès. Je vous en prie, laissez-moi supposer qu'il est possible que vous vous trompiez. *(Nouveaux rires.)*

Je dis donc : ou bien M. le ministre des Cultes se trompe, et l'association de Bordeaux qu'il croit légale et cultuelle n'est point en effet cultuelle, et alors lui-même reconnaît pour les catholiques le droit de constituer en fait des associations légales en dehors du type de la loi de 1905...

À droite. C'est cela !

M. Groussau. La question est bien posée.

M. Gayraud. Pour nous, l'association diocésaine de Bordeaux n'est que légale sous le régime de la loi de 1901 ; elle n'est pas cultuelle...

M. Jaurès. ...ou bien M. le ministre des Cultes a raison, et alors c'est le pape qui, après avoir condamné en principe les associations cultuelles, les tolère en fait. *(Très bien ! très bien ! à gauche.)*

Messieurs, je ne veux pas, à l'heure présente, et il n'est pas en mon pouvoir de choisir entre ces deux hypothèses. Mais, quoi qu'il soit toujours très dangereux de proposer aux hommes des dilemmes, parce qu'ils trouvent presque toujours le moyen de s'en évader, je suis convaincu qu'il y a là une alternative dont les deux branches vous enferment rigoureusement et nécessairement.

M. Groussau. Il faut attendre la réponse du ministre.

M. Jaurès. En tout cas, s'il y avait doute, s'il était difficile ou même impossible de déterminer avec quelle vraisemblance si l'association du cardinal Lecot est oui ou non une cultuelle, ah ! messieurs, quelle double conclusion vous m'offrez ! Conclusion à l'égard du gouvernement, puisque, s'il est vrai que l'on puisse former des associations religieuses de telle sorte que personne ne puisse reconnaître avec certitude si elles sont cultuelles selon le type de 1905, ou si elles sont simplement des associations selon le type de 1901, j'ai bien le droit de dire qu'il vous sera logiquement impossible de ne pas laisser se constituer des associations de catholiques selon le type général de 1901. Et aux catholiques j'ai le droit de dire : si les associations cultuelles formées par vos cardinaux et tolérées par le pape...

À droite. Il n'y en a pas.

M. Jaurès. Je dis « associations » ; je ne dis pas « cultuelles ».

M. Gayraud. Toute la question est là. Voulez-vous me permettre un mot ?

M. Jaurès. Je vous prie de me laisser continuer.

Si les associations formées par le cardinal Lecot et tolérées par le pape sont de telle nature qu'il soit ou impossible ou au moins difficile de définir avec certitude si elles sont cultuelles, c'est-à-dire prohibées, ou simplement légales selon un autre type, eh quoi ? c'est pour cette nuance indiscernable que la papauté... *(Vifs applaudissements à gauche et à l'extrême gauche.)*

M. le ministre de l'Instruction publique et des Cultes. Oui ! oui !

M. Jaurès. Comment ! Le Vatican a lancé la foudre, il a brisé notre loi, il n'en reste que miettes ; tous les prêtres ont reçu l'ordre de résister à l'organisation des cultuelles ; par là, l'émotion a gagné toutes les consciences, et ce que le pape a interdit, oh ! on ne le pratique pas, mais votre haut clergé pratique une forme d'association si voisine que tout le monde s'y trompe et que la foudre pontificale elle-même aurait dû s'y tromper. *(Rires et applaudissements à l'extrême gauche et à gauche.)*

M. Paul Lerolle[25]. Faites donc jouer l'article 8 pour l'association du cardinal Lecot !

---

25. Paul Lerolle (1846-1912), avocat et industriel, député du 7e arrondissement de Paris, libéral populaire.

M. Ballande[26]. Voulez-vous me permettre un mot, M. Jaurès ? Il s'agit d'une précision de fait.

M. Gayraud. En ce moment, M. Jaurès, vous raisonnez contre nous en l'air.

M. Jaurès. Si je croyais qu'un colloque pût éclaircir la question...

M. Gayraud. Certainement, c'est le cas.

M. Jaurès. ...je vous assure que je m'y prêterais le plus gracieusement du monde, mais j'ai malheureusement assez l'habitude de ces sortes de débats dans des questions très complexes...

M. Gayraud. C'est une question de fait.

M. Jaurès. ...pour savoir qu'il vaut mieux, puisque vous êtes inscrit, M. l'abbé Gayraud, que vous veniez me répondre et vous expliquer à cette tribune.

Voici ma conclusion, messieurs, ma conclusion pratique – l'incident qui vient de se développer ici en est l'éclatante justification. J'ai dit que le jour où vous, gouvernement, vous viendriez déclarer que vous demandez au pouvoir législatif, non pas de changer les bases de la loi, mais d'en décider l'application plus prompte, que ce jour-là, par une décision nécessaire et liée à celle-là, vous devriez reconnaître expressément aux catholiques la faculté de s'organiser sur le terrain de la loi de 1901[27]. Je vous montrais la nécessité logique d'y aboutir, l'impossibilité théorique, juridique, de discerner l'association philosophique et l'association religieuse. Et voici qu'apparaît, par surcroît, l'impossibilité de distinguer entre les diverses formes de l'association religieuse elle-même !

C'est donc là la conclusion naturelle et nécessaire, celle qui permettra le fonctionnement du culte et celle qui ne permettra pas aux catholiques de prétendre que nous les excluons du bénéfice du droit commun.

---

26. André Ballande (1857-1936), député catholique, « libéral populaire », de Bordeaux.

27. La loi de 1901 sur les associations excluait explicitement les associations religieuses de son bénéfice, afin de lutter contre les congrégations, jugées néfastes et agissant hors du cadre républicain.

Oh ! je sais ce que vaut cette prétention. Je sais que la plupart de ceux qui se donnent l'apparence de réclamer à cette heure pour les catholiques le bénéfice de la loi de 1901 ne sont pas disposés à en user ! J'ai lu les articles de la *Revue catholique*[28] qui démontrent que la loi de 1901, avec sa déclaration préalable, avec la détermination des ressources, de l'objet pour lequel elle doit être constituée, ne peut pas convenir à l'Église catholique ; et hier M. Piou, par une contradiction singulière, d'un côté nous a demandé le droit commun, nous a reproché de ne pas l'accorder aux catholiques et, d'autre part, nous a demandé de considérer comme légales des formes d'association que lui-même représentait comme contraires à la loi de 1901.

Qu'est-ce donc qui choque M. Piou dans les organisations prévues par votre loi ? Est-ce simplement, comme dans la loi de 1905, le contrôle particulier, spécial, exercé sur les finances de l'association ? Non ! ce n'est pas cela, puisque ce contrôle spécial n'existe pas pour les associations du type de la loi de 1901.

Ce que vous reprochez surtout aux associations cultuelles, ce n'est pas qu'il y ait un contrôle du dehors, un contrôle du gouvernement sur les catholiques : c'est qu'il y ait un contrôle financier des catholiques laïques sur l'organisation ecclésiastique. Ce ne sont pas les profanes, les incroyants, ce ne sont pas les athées que vous voulez exclure, non ! La loi de 1905 vous permet de n'appeler que des croyants authentiques, que des catholiques soumis, organisés sous la discipline de l'Église et sous la règle de son culte. La loi de 1901 vous permet de constituer des associations en mettant comme condition à leur entrée la reconnaissance explicite et la pratique même du culte catholique. Vous serez donc entre catholiques, vous n'aurez que des catholiques devant vous. Mais parce que ces catholiques sont des laïques, c'est-à-dire des hommes qui, tout en étant des fidèles, ne sont pas un échelon de bois dans la hiérarchie de l'Église, parce qu'ils gardent, jusque dans la soumission, jusque

28. Sans doute la *Revue catholique des églises* fondée en 1904 par l'abbé Fernand Portal, ancien normalien, favorable à l'acceptation des associations cultuelles.

dans la foi, jusque que dans la croyance, jusque dans la discipline, un droit élémentaire de liberté et de contrôle, non pas sur les actes religieux, mais sur l'emploi temporel des fonds fournis par eux, vous n'en voulez plus, vous les excommuniez, vous les retranchez de l'Église ! *(Applaudissements à l'extrême gauche et à gauche.)*

M. Varenne. Et ils s'appellent « l'action libérale » !

M. Gayraud. C'est inexact. Vous vous trompez absolument, M. Jaurès.

M. Jaurès. Vous me le démontrerez.

M. Gayraud. Je vous le démontrerai avec le concile de Trente[29]. *(Mouvements divers.)*

M. Jaurès. Je ne savais pas que j'avais été réfuté depuis si longtemps ! *(Rires.)*

Mais peu nous importe et je ne comprends pas ceux de nos amis qu'effrayent précisément ces prétentions de l'Église en matière d'association. Ils me disent : Quoi ! vous voulez leur donner le droit commun ? Mais sous l'apparence d'une association de droit commun, ce sera exclusivement la souveraineté absolue et indiscutée de la hiérarchie d'Église.

Messieurs, je ne redoute point cela.

À l'heure où s'est discutée la loi des associations cultuelles, plusieurs de nos amis représentants des régions ouvrières du Nord craignaient, au contraire, qu'on ne poussât par contrainte des foules soumises dans ces associations et qu'on ne les y englobât. La force de l'Église, elle serait peut-être dans un large appel à la liberté disciplinée des laïques. S'il lui plaît de s'enfermer, de couper ses communications avec la vie, de marquer sa défiance non seulement aux incroyants, mais aux croyants eux-mêmes, s'il lui apparaît qu'appeler des laïques dans des associations pour le seul contrôle des fonds destinés au culte, c'est livrer le culte, l'Église, la foi, la divinité elle-même aux entreprises des laïques.

M. Gayraud. Mais non !

29. Le concile de Trente (1545-1563) a défini la Contre-Réforme catholique et servi de référence fondamentale à l'Église catholique pendant trois à quatre siècles.

M. Jaurès. ...si elle croit cela – et je défie qu'on dégage contre nous une autre objection fondamentale du discours de M. Piou *(Applaudissements à l'extrême gauche)* –, je ne crains pas de le dire, sans manquer au respect que j'ai et pour le caractère et pour le talent de notre collègue, s'il n'a pas voulu dire cela, il n'a rien dit !

M. Jacques Piou. J'ai dit que les associations laïques étaient indirectement maîtresses de ce que M. Morlot[30] a appelé le « service confessionnel », et que cela c'était la négation de l'Église catholique.

M. Jaurès. Elles ne sont pas indirectement maîtresses, à moins que vous n'entendiez que quiconque, même sous les règles de l'Église, même sous la condition de la foi déclarée, participe à la gestion et au contrôle des fonds, est indirectement le maître du culte.

Et si vous voulez raisonner ainsi sous prétexte de pas livrer le culte, vous voilà, comme je l'ai dit, condamné, en effet, à exclure de vos associations, même au point de vue temporel, même au point de vue du contrôle, tous les laïques, tous les fidèles, vous voilà obligé de couper encore une fois toutes vos communications avec la vie. Si cela vous plaît, ce n'est pas pour nous, c'est pour vous qu'il y aurait là un danger.

M. Jules Delafosse[31]. Mais l'Église accepte les fabriques !

M. Gayraud. C'est l'Église qui les a organisées.

M. Jaurès. Ainsi, messieurs, de la liberté d'association de droit commun, de la liberté d'association appliquée aux catholiques comme aux autres citoyens, le parti républicain n'a rien à redouter, et il peut sans crainte aller dans la voie qui lui est tracée par son principe même, je veux dire, d'une part, sans d'inutiles et dangereux délais appliquer les principes mêmes de la loi qu'il a posée, faire les dévolutions de biens qu'il a prévues, remettre aux communes qui en feront l'usage le plus tolérant les édifices religieux que la loi doit leur remettre, et, en même temps, par une

30. Louis Émile Morlot (1859-1907), docteur en droit et député radical de Château-Thierry (Aisne), anticlérical affirmé.

31. Jules Delafosse (1843-1916) député très conservateur du Calvados, auteur de *Théorie de l'ordre.*

organisation correspondante de liberté, reconnaître aux catholiques ce droit commun d'association qui appartient à tous les citoyens et que la logique même des choses, l'inévitable proximité, l'inévitable confusion des types divers d'associations nous obligeront en fait à leur reconnaître.

Et lorsque les choses seront ainsi organisées, messieurs, non seulement la loi de séparation sera appliquée, non seulement toutes les vaines agitations qu'on essaye de susciter contre elle tomberont, mais nous pourrons espérer, entre les diverses croyances religieuses à la fois contenues et respectées dans leur domaine propre et une République de pleine laïcité et de tolérance absolue, un régime de paix définitive *(Très bien ! à droite et sur divers bancs)* où les diverses conceptions se heurteront par la force de l'idée, mais ne se considéreront, ni les unes, ni les autres, comme un péril qu'il faut prévenir par la force.

Messieurs, cet idéal, nous sommes tous prêts, nous, républicains, à le réaliser ; et cette paix, elle peut se faire, elle doit se faire par la puissance des idées. Il n'y a rien, de notre part, qui y répugne. La République n'est pas un dogme. *(Très bien ! très bien ! à droite.)* Je dirais presque qu'elle n'est pas une doctrine ; elle est avant tout une méthode. Elle est une méthode pour obtenir la plus haute efficacité possible de toutes les énergies humaines par la plénitude de la liberté, et la victoire suprême de la liberté ce sera précisément que les hommes mêmes qui invoquent la méthode d'autorité puissent évoluer dans le milieu créé par nous, librement et sans danger pour la liberté des autres. *(Très bien ! très bien ! à droite.)*

Quand nous aurons organisé l'enseignement de telle sorte qu'il soit soustrait à toute étroitesse sectaire en quelque sens qu'elle se puisse exercer, et que, suivant la belle parole de Proudhon[32], sur la tête de l'enfant viennent converger tous les rayons de l'esprit humain, de telle sorte qu'il puisse choisir ensuite entre les diverses directions d'esprit que la sympathie du maître lui aura suggérées ;

32. Cette référence à Proudhon (1809-1865) sera reprise dans « Pour la laïque », cf. *infra*.

quand nous aurons institué une telle force d'assurance sociale contre les risques élémentaires de la vie, que la belle charité religieuse reste comme un luxe de tendresse et ne soit plus un moyen de domination *(Applaudissements à gauche et à l'extrême gauche)*, alors, messieurs, qui d'entre nous, qui d'entre vous pourra redouter la pleine et libre affirmation de quelque croyance religieuse que ce soit ! Alors la tradition elle-même sera obligée de faire valoir ses titres devant la raison ; alors elle ne sera plus que l'appui de l'intelligence humaine constituée par le lent effort du passé, et un magnifique témoignage de la continuité de l'esprit humain.

Que nous importe, dès lors, que des hommes s'y rattachent ! Que nous importe que des oiseaux de passage viennent par milliers bâtir leur nid dans les vieilles tours des cathédrales, pourvu que dans les renouveaux verdissants de la forêt aucun nid ne soit ravagé et qu'aucune aile ne soit captive ! *(Vifs applaudissements à gauche et à l'extrême gauche.)*

Voilà notre idéal, voilà notre pensée. Et alors, me tournant vers les catholiques, je leur dis : « Pourquoi donc n'avez-vous pas saisi, pourquoi ne saisissez-vous pas l'occasion incomparable que la loi de séparation vous offrait de vous délier des puissances politiques et sociales du passé, et de rentrer en communication avec les deux grandes forces du monde moderne, la science et la démocratie ? *(Nouveaux applaudissements à gauche.)* Si vous aviez encore foi en vous-mêmes, en la vertu de vos principes, en l'immortalité divine de votre espérance, vous n'auriez pas redouté ce contact et cette communication ; vous auriez pu dire aux âmes, vous, Église : « Vos savants affirment la loi d'évolution mais, à mesure qu'ils l'analysent plus profondément, ils découvrent que chaque moment d'évolution apporte quelque chose de nouveau, que, sous l'apparente continuité de cette évolution de surface, il y a une force perpétuelle de création, de révélation, de révolution ; votre science, elle appuyait le monde sur la brutalité opaque et compacte de la matière, et voici que cette même science démontre aujourd'hui que la matière va s'évanouissant et s'idéalisant ; que l'antique opposition d'éther impondérable et de la matière pesante se résout dans l'unité de l'universelle énergie, et que cette énergie, par ses condensations prodigieuses, symbolise et annonce la volonté par sa puissance rayonnante, symbolise et annonce la force de la pensée et de l'esprit. » *(Applaudissements à gauche.)*

Et aux prolétaires, aux travailleurs, vous pouviez dire, vous, Église : « Je vous attends au lendemain même de la révolution sociale, même si elle réalise tout votre rêve de justice, surtout si elle le réalise ! Car vous constaterez d'autant mieux l'étroitesse de la vie humaine que vous en aurez rempli toutes les possibilités... »

M. Eugène Réveillaud. Très bien !

M. Gayraud. Parfaitement.

M. Jaurès. « Oui ! Agissez, prolétaires, travaillez, préparez l'avenir ; moi, Église, je vous attends encore au lendemain. Dans le communisme le plus ample et le plus profond subsistera encore l'étroitesse des égoïsmes, la sombre impénétrabilité des âmes closes. Moi, Église, je vous proposerai non pas la coopération, non pas l'harmonie, mais l'ardente fusion des cœurs au centre de vie d'une personnalité incomparable. Il reste malgré tout une grande individualiste, c'est la mort, qui règle le compte de tous, mais qui le règle avec chacun d'eux, et qui sur l'angle dur des tombes brise les solidarités sociales et humaines. Eh bien ! moi, Église, au-delà de cette crise, au-delà de cette ombre, j'ai entrevu pour vous, j'ai annoncé pour vous dans l'ample sein d'un monde renouvelé une sublime reconstitution des solidarités humaines. Et puisque votre science constate que la nature s'élève de forme en forme, de degré en degré, sollicitée par un idéal qui est à mes yeux une force transcendante, moi, Église, j'ai devancé, j'ai anticipé la plus audacieuse espérance que puisse suggérer aux hommes cette loi d'évolution montante, et je vous apporte une promesse de vie que les révolutionnaires de la pensée et de l'action n'ont jamais égalée. Ainsi, revendiquez, agissez, montez, je ne frapperai pas des verges de l'absolutisme délirant les vastes démocraties mouvantes comme la mer, je ne ferai pas peser une immobilité stagnante sur cet océan remué par le vent qui vient du large et qui n'est peut-être que cet esprit de Dieu passant sur les eaux dont parlent mes anciens livres, mais je mettrai une lueur d'espérance surhumaine à la cime de toutes les vagues soulevées. »

Voilà, Église, si vous aviez eu encore foi en votre principe, ce que vous pouviez dire aux hommes ; mais vous n'avez plus la vie en vous. *(Applaudissements à gauche.)*

M. de Gailhard-Bancel[33]. Mais nous avons la foi !

M. Jaurès. Non, vous ne l'avez plus !

M. le comte de Lanjuinais[34]. Si ! nous l'avons.

M. Jaurès. Vous ne l'avez plus et vous frappez tour à tour tout ce qui en vous est vivant, tout ce qui en vous est remuant.

Anathème sur la démocratie chrétienne d'Italie ! Anathème sur la hardiesse de ceux de vos exégètes qui essayent de concilier, avec l'essentiel de vos dogmes, les découvertes impérissables de la science et de la critique ! Anathème sur une loi républicaine de laïcité et de liberté, qui vous mettait en communication avec le peuple vivant ! En vous la vie se retire de partout ! *(Vifs applaudissements à l'extrême gauche et à gauche.)* Vous vous emmurez vous-mêmes. Ah ! vous voulez la paix, vous demandez la paix, et vous préparez la paix du sépulcre bien clos, où il n'y a pas de courants d'air, pas de souffle de liberté, où vos yeux pourront se rouvrir sans être blessés par un seul rayon. *(Nouveaux applaudissements sur les mêmes bancs. – Interruptions à droite.)*

C'est contre cette puissance que nous avons à lutter, non pas par la violence, mais par la communication même de ce qui apparaît comme la force la plus terrible pour elle : la force même de la liberté.

Et voilà pourquoi je dis : la paix sera possible, soit que le catholicisme s'enfermant dans cet isolement intransigeant et mortel y languisse, y périsse comme s'il s'était enseveli lui-même dans ces *in pace* au fond desquels pendant des siècles il a fait disparaître les révoltés de l'esprit. Ou bien il se réveillera, il saluera le soleil qui se lève sur le monde nouveau, il s'y réchauffera, il y apportera aussi la bonté de sa tradition propre ; et alors il comprendra que ce qu'il y a

---

33. Hyacinthe de Gailhard-Bancel (1849-1936), député Action libérale de l'Ardèche et important syndicaliste agricole, disciple de La Tour du Pin.

34. Comte de Lanjuinais (1834-1916), député royaliste du Morbihan depuis 1881.

en lui de vivant, de hardi, de fécond peut se développer, et doit se développer dans la liberté commune. C'est là que sera le secret de la paix, et non pas dans les équivoques, non pas dans les capitulations, non pas dans les à-peu-près, mais dans la pleine et entière affirmation des doctrines de tous sous le droit commun d'une liberté incontestée.

Et maintenant, si les catholiques se refusent à cette politique, s'ils ne veulent pas cette paix par la vie et par la liberté, s'ils veulent contre nous cette guerre où M. Piou, hier, faisait appel à la justice des hommes *(Bruits à droite)* et à la justice de Dieu, eh bien ! avec douleur mais avec résolution, avec la certitude de notre droit nous accepterons la bataille. Mais nous supplions les uns et les autres de ne pas l'engager à la légère, et puisqu'il y a devant nous une loi de liberté commune qu'il suffit d'appliquer, dont il suffirait, du consentement de tous et dans l'intérêt de tous, d'avancer l'heure en la complétant par une déclaration explicite sur le droit commun d'association, je supplie la Chambre d'entrer dans cette voie de la liberté et de la paix.

Je m'adresse au gouvernement et je dis à M. le ministre des Cultes : vous avez déclaré – et vous aviez raison – que pendant tout le débat de la loi, vous aviez tenu les yeux ouverts, l'oreille ouverte, l'esprit ouvert, prêt à accueillir, d'où qu'elles vinssent et des adversaires mêmes – peut-être, par un scrupule honorable de libéralisme, des adversaires surtout – les observations, les objections, les critiques ; vous avez déclaré que ces critiques n'avaient pas glissé à la surface de votre esprit, que vous les aviez, dans la mesure où elles vous paraissaient équitables, inscrites dans la loi. Et, en effet, par là la loi est devenue entre tous les partis, dans la limite de la liberté commune, une loi de collaboration.

Eh bien ! sur les points où il vous apparaît que j'ai traduit, en les atténuant, les appréhensions d'un grand nombre de républicains, je vous demande de considérer qu'il n'est pas plus humiliant pour le pouvoir de faire accueil aux idées qui viennent des amis qu'aux justes objections qui viennent des adversaires.

Et si nous apportons ici un effort de conciliation ; si nous ne vous demandons pas, comme l'a fait Allard, de trancher tout le

12 décembre ; si nous vous laissons un délai, nous vous suppliions du moins de dire qu'à vos yeux ce délai d'un an, expédient forcé, n'est pas une nécessité intangible et bienfaisante. Et s'il vous apparaît, comme je l'ai dit, par des signes prochains, par des attitudes prochaines que les catholiques ne veulent point user de ce délai mais que les politiciens d'agitation en useraient, alors apportez devant ce Parlement, devant le parti républicain tout entier la vérité, toute la vérité et nous réglerons ensemble la question. *(Vifs applaudissements à l'extrême gauche, à gauche et sur divers bancs au centre.)*

DEUXIÈME PARTIE

L'HUMANITÉ LIBRE

L'individu et le milieu

Revue de l'enseignement primaire et primaire supérieur, 20 octobre 1907

Jaurès parle, écrit, agit. Il est à la recherche des meilleurs moyens d'atteindre l'opinion, en bloc ou en détail pourrait-on dire. Ses discours à la Chambre ou en réunion sont repris et commentés. Il écrit dans L'Humanité, *son jounal, dans* La Dépêche *aussi, mais cela ne lui suffit pas. Il n'est certes pas homme de revue*[1]. *Depuis 1905 toutefois, il donne à peu près une fois par mois, en alternance avec Fournière, le directeur de la* Revue socialiste, *puis avec Sembat, un député socialiste habile et cultivé, à la fois disciple de Vaillant et espoir du parti, un article, court, assez distancé de l'actualité, souvent plutôt un commentaire de celle-ci, à la* Revue de l'enseignement primaire et primaire supérieur. *Cette revue appartient sans contexte au camp laïque, elle se définit comme une « revue socialiste », mais elle est lue par un public beaucoup plus large que celui des institutrices et instituteurs socialistes. En effet, c'est la principale publication professionnelle du temps, avec de nombreux renseignements précieux pour la préparation de la classe ou les méthodes pédagogiques. Elle donne donc accès au monde divers de l'enseignement primaire, déterminant dans l'encadrement des campagnes républicaines et la formation des milieux populaires.*

Ce premier article de Jaurès donne bien le ton et la sensibilité générale de ces articles : pas de propagande politique directe, mais une réflexion sur les enjeux des questions sociales, culturelles ou politiques amenées par l'actualité.

1. Cf. Christophe Prochasson, « Jaurès et les revues », *in* Madeleine Rebérioux et Gilles Candar (dir.), *Jaurès et les intellectuels*, Paris, Éditions de l'Atelier, 1994.

Il aide à comprendre les ressorts de l'audience et de la popularité personnelle de Jaurès qui se transformeront souvent en culte pendant l'entre-deux-guerres, avivé par les conditions tragiques de son assassinat juste avant l'entrée en guerre. En lui même, il montre comment peuvent s'harmoniser éducation laïque des individus et action sociale pour un monde plus fraternel.

Un des thèmes favoris des adversaires du socialisme, c'est celui-ci : transformez d'abord les individus, et le milieu se transformera ensuite de lui-même. Faites œuvre d'éducation, et le reste sera donné par surcroît. On espère, par cette glorification de la force éducative, rallier les éducateurs par excellence, ceux qui forment la conscience du prolétariat, et, après les avoir absorbés dans une sorte d'individualisme moral, les détourner du socialisme et de l'action socialiste.

C'est un sophisme et une stérile ou perfide abstraction. Oui, il faut éduquer les individus. Oui, sans l'énergie des consciences individuelles, sans la clairvoyance des intelligences individuelles, il sera impossible de susciter et de faire fonctionner une société nouvelle. La cité de justice sociale sera, en en sens, pour reprendre un beau mot de Leibniz, « la cité des esprits ». Cela, les socialistes le savent. Ils n'ajournent pas au lendemain de la révolution sociale l'œuvre d'éducation. Qui donc a plus de souci qu'eux de l'école populaire ? Ce sont eux qui inscrivent à l'ordre du jour de leurs congrès la lutte contre l'alcoolisme. Plus les ouvriers seront instruits, tempérants, attentifs à leurs devoirs de famille, plus aussi ils auront de fierté et de force, de méthode et de persévérance dans leur revendication et dans leur action. S'ils sont incapables, aujourd'hui, dans les conditions difficiles d'existence que leur fait la société capitaliste, de se gouverner eux-mêmes, de conduire leur propre vie, ils seront moins préparés à la conduite de la vie sociale. Distinguer la réalité de la fiction, la vérité du mensonge, voir clairement le but, et y proportionner l'effort, soumettre à la raison les caprices de la fantaisie ou les emportements de la passion, ce sont des qualités et des vertus que le prolétariat doit acquérir aujourd'hui s'il veut devenir demain la force dirigeante.

Mais où le sophisme commence, c'est lorsqu'on se sert de cette nécessité de l'éducation individuelle, condition du progrès social, pour ajourner le progrès social lui-même. Il y a des hommes, privilégiés ou représentants du privilège, qui estiment que le prolétariat n'est jamais assez éduqué pour recevoir un supplément de bien-être et de puissance sociale. Et on pourrait reprendre le mot fameux en le transformant : aux vertus que la bourgeoisie exige des ouvriers pour participer un peu plus largement au bien-être social, combien y a-t-il de bourgeois qui mériteraient de le rester ? Les réacteurs et conservateurs feignent d'oublier que si l'individu façonne le milieu, le milieu contribue aussi à l'éducation bonne ou mauvaise de l'individu, à son amélioration ou à sa déformation. Il est des libertés dont une classe n'est pleinement digne que quand elle les possède, car c'est la liberté même qui oblige les hommes à la mériter pour la pratiquer.

Il y avait dans le prolétariat, avec une minorité éclairée et consciente, une énorme masse ignorante et impulsive quand le suffrage universel fut donné à la France, et en 1793 et même en 1848. Mais cette masse serait restée sans doute longtemps croupissante ou incohérente, si le droit nouveau dont elle a été saisie n'avait pas créé en elle les facultés d'intelligence et d'action nécessaires à l'exercice de ce droit.

De même il est possible que certains ouvriers soient tentés d'abuser un moment ou des loisirs plus larges que leur créerait la limitation légale de la journée de travail, ou du salaire plus haut conquis par l'effort concerté des meilleurs ou d'une puissance économique plus grande. Mais ces forces sociales nouvelles ne tarderaient pas à se tourner au bien. Tout progrès social est une constatation ; il est aussi une anticipation. Il y a une part de crédit qui doit être faite à l'homme. Si on ne prêtait à un individu que l'équivalent de ce qu'il possède, on ne lui prêterait rien. Ce qu'il a déjà acquis est un gage moral plus encore que matériel qui permet de lui confier plus qu'il ne possède. De même, la première somme de raison, de sagesse, le courage amassée par le prolétariat qui étudie et qui peine, crée à la société le devoir d'ouvrir aux travailleurs un large crédit de puissance sociale. Il faut compter sur le milieu pour éduquer l'homme, comme sur l'homme pour façonner le milieu. Marx, déduisant les conséquences de la philosophie matérialiste du XVIIIe siècle, concluait : puisque Helvétius et ses amis disent que le milieu fait l'homme, il faut humaniser le milieu, il faut organiser la société comme si les hommes étaient sages, si on veut vraiment qu'ils le deviennent. Aussi l'appel à l'éducation, qui est pour les gouvernants et les privilégiés un hypocrite moyen de prolonger l'injustice, doit devenir un appel à la réforme. Réforme morale, réforme sociale, sont liées, mais d'un rapport réciproque : on va du second terme au premier comme du premier au second.

Et sera-t-il interdit aux éducateurs du prolétariat de pressentir que ce double progrès moral et social a pour terme une société où la justice atteindra son maximum dans les institutions comme dans les consciences ! Un ordre social où le travail serait la seule valeur et la seule force susciterait dans les consciences individuelles toute la vertu que contiendrait son principe même, et en retour ces consciences vivifieraient de leur énergie intérieure toujours renouvelée l'organisation sociale de justice.

Ainsi l'idée socialiste est l'âme même de l'éducation. Il n'est pas nécessaire que le maître la formule explicitement et dogmatiquement aux élèves. Il suffit qu'il voie en eux d'un regard prophétique et ami des hommes appelés à une puissance sociale plus grande, à une initiative et à une responsabilité plus étendues que celles des salariés d'aujourd'hui. Il les invitera tout naturellement à se préparer aux devoirs plus difficiles qui résultent d'un pouvoir plus grand, et ainsi une secrète ferveur d'espérance humaine animera sa prédication morale.

La crise de l'Église

Revue de l'enseignement primaire et primaire supérieur, 1er mars 1908

Jaurès reste attentif aux possibilités d'évolution de l'Église. Il suit tout particulièrement les efforts du courant « moderniste » qui veut réconcilier l'Église avec le monde moderne. Le nom de l'abbé Loisy, son principal porte-parole, revient constamment dans ses discours ou ses articles. Jaurès ne se comporte pas en théologien, mais la condamnation catégorique et sévère de l'abbé Loisy par le décret Lamentabili *(17 juillet 1907) puis par l'encyclique* Pascendi *(8 septembre 1907) lui apparaît comme la preuve d'un refus par l'Église de toute évolution. On sait que par la suite les positions catholiques évolueront néanmoins. Sans revenir sur la condamnation du modernisme, qui ramenait la religion à des besoins sociaux et à une création humaine, le renouvellement théologique proclamé au concile de Vatican II (1962-1965) inspiré par les travaux des pères Chenu, de Lubac et autres, permettra d'accepter le caractère relatif de l'expression du dogme (mais non du dogme en lui-même). Le débat n'est pas près de se clore.*

M. l'abbé Loisy, en publiant ses *Réflexions* en réponse au décret du Saint-Office *Lamentabili* et à l'encyclique *Pascendi* qui condamnent toute son œuvre et toutes les tendances du modernisme, est allé délibérément au-devant de l'excommunication, et le livre qu'il publie en même temps sur les *Évangiles synoptiques* interprétés selon les règles de la science et de la critique moderne, n'est pas fait pour détourner de lui le coup [1]. Ce n'est pas probablement sans déchirement que

1. De fait, l'ironique *Simples réflexions sur le décret du Saint-Office* « Lamentabili sane exitu » *et sur l'encyclique* « Pascendi Dominici Gregis » (1908), vaut à l'abbé Loisy d'être

l'abbé Loisy s'est décidé à affronter cette crise suprême. Longtemps il a rêvé de rester dans l'Église tout en l'habituant aux méthodes et aux conclusions de la science. Depuis longtemps, au fond de son esprit, l'abbé Loisy a rejeté ce qu'on appelle « le miracle », ou du moins il ne lui permet pas de prendre place dans la série des faits tels que l'histoire les constate. L'idée traditionnelle que se fait l'Église de l'« inspiration » des Écritures lui paraît puérile. Croire que Dieu est un « auteur » qui a composé ou dicté la Bible comme Milton composait ou dictait le *Paradis perdu*, et que chaque mot de la Bible est l'expression directe de la pensée divine comme chaque mot de *l'Énéide* est l'expression directe de la pensée de Virgile, est enfantin. De même que la pensée peut, en interprétant l'univers, s'élever à Dieu, elle peut s'élever à Dieu en interprétant l'histoire. Mais pas plus que la science naturelle ne rencontre Dieu au bout de ses scalpels ou de ses télescopes, ou au fond de ses creusets, la science historique ne le rencontre dans la suite des événements. L'esprit humain peut chercher Dieu en hauteur ou en profondeur, il ne le trouve pas à la surface des choses ; il ne s'y inscrit pas par des caractères bizarres ou des signes hiéroglyphiques.

Ainsi, pour l'abbé Loisy, la divinité du christianisme ne procède pas de ce qu'une sorte de révélation fantastique ou extérieure à l'homme aurait jeté en lui la vérité du dehors et comme par une fenêtre brusquement ouverte. Elle ne procède pas non plus des conditions physiologiques spéciales de la naissance de Jésus ou de sa prétendue résurrection. Tout cela n'est point un fait, mais une création de la foi. Le christianisme est divin parce que les affirmations essentielles de Jésus sur l'avènement prochain du royaume céleste et sur le devoir des hommes de s'y préparer par la justice et la bonté ont ouvert au plus profond des âmes des sources de vie. Ces sources éternellement jaillissantes forment le grand fleuve de vie et de foi qui coule désormais dans l'histoire. Et l'Église n'est que la continuité visible de cette vie religieuse émanée du Christ.

excommunié dès le 7 mars suivant, donc quelques jours après la publication de cet article. Cf. Pierre Colin, *La Crise du modernisme dans le catholicisme français (1893-1914)*, Paris, Desclée de Brouwer, 1997.

Les mythes, les formules, les dogmes, par où s'est exprimée la foi chrétienne, n'en sont pas la substance permanente ; elles n'en sont que le vêtement changeant ou la figure éphémère. Le christianisme, à travers toutes les révolutions et rénovations, restera vrai tant qu'il restera vivant, tant que la flamme d'espérance religieuse qu'il a allumée continuera à brûler en se dégageant des scories et des cendres.

Il y a dix-huit siècles, le christianisme, sortant du cercle de la tradition hébraïque, est entré en communication avec le vaste monde hellénique. Il a su s'y adapter, et s'élargir sans se dénaturer. Pourquoi aujourd'hui ne se renouvellerait-il pas en entrant en rapport avec le vaste monde de la science, c'est-à-dire de la nature et de l'histoire interprétées selon les lois de l'esprit humain ? Voilà la philosophie religieuse de l'abbé Loisy, et on comprend qu'il ait longtemps désiré rester dans l'Église même pour travailler du dedans à cette évolution et pour rester aussi au centre même et comme dans le large courant de cette vie chrétienne dont il espérait le renouvellement et le progrès indéfini.

Oui ; mais comment attendre, comment faire crédit aux hommes et au temps quand un cercle de fer tous les jours resserre, comprime et meurtrit le front ? La seule chose qui ne soit pas possible à l'être pensant, c'est de renoncer à la pensée. Or, Pie X exige des modernistes, non pas des formules commodes de soumission extérieure, mais l'entière abdication de l'esprit. À ce sacrifice total l'abbé Loisy n'a pu consentir. Il n'a pu livrer sa pensée dans l'espérance, peut-être illusoire, qu'à une date incertaine et lointaine elle serait acceptée par l'Église elle-même. Il a continué à penser tout haut, et il va être foudroyé, excommunié. C'est un grand et double drame : drame pour l'Église qui rompt ainsi décidément avec la science ; drame pour ces milliers de consciences religieuses qui, sans aller peut-être jusqu'au bout des voies où se risquait la pensée intrépide de l'abbé Loisy, rêvaient pourtant de concilier leur foi avec les exigences modernes de la critique. Si la flamme religieuse survit, ce ne sera pas dans le foyer de la vieille Église, sur la pierre dure et nue d'un dogme brut, réfractaire aux transformations.

Les « suffragettes »

La Dépêche (de Toulouse), 10 janvier 1907

*On n'attend guère Jaurès sur le terrain féministe et c'est presque un lieu commun de le présenter sourd et incapable de comprendre ce combat. Après tout, comme Michèle Riot-Sarcey l'a montré dans son article sur les femmes et la gauche (*Histoire des gauches en France*, Paris, La Découverte, 2004), c'est l'ensemble du camp républicain ou socialiste qui au XIXe siècle est hors d'état même de penser l'existence d'un éventuel problème. Les choses changent peu à peu après 1900. Jaurès certes n'était pas le plus préparé à accompagner ou à saisir ces transformations, ni par son milieu, ni par sa formation... Et pourtant, celui qui, homme privé, demandait encore à ses amis universitaires de l'aider à trouver un parti convenable pour sa fille, savait réfléchir aux conséquences de l'évolution sociale et de l'universalité des droits. Son féminisme ne s'est exprimé qu'épisodiquement. Il ne trouve pas son origine dans une fréquentation spécifique de femmes militantes ou « émancipées », mais il se manifeste comme fondé en raison sur l'analyse des transformations de la société et de l'extension des principes démocratiques. Certains de ses compagnons ont pu l'influencer : son ami Viviani, l'ami de Marguerite Durand, voire le jeune Longuet, son collaborateur à* L'Humanité*... Déjà, en 1902, le Parti socialiste français a demandé « l'abrogation de toutes les lois qui établissent l'infériorité civile des femmes et des enfants adultérins, une législation plus libérale du divorce et une loi sur la recherche de la paternité ». Les rivaux guesdistes se préoccupent aussi du sujet, avec* La Question de la femme *(1897) de Charles Bonnier ou le « sexualisme » préconisé par Aline Valette, une proche de Guesde...*

Il n'est sans doute pas anodin que Jaurès choisisse d'intervenir sur le sujet dans le grand quotidien de la démocratie radicale de Toulouse auquel il collabore depuis 1887. La Dépêche *n'a aucune raison d'être un fief du féminisme. Bien au contraire. Mais Jaurès souhaite sans doute précisément contribuer à convaincre le milieu radical de la nécessité d'accepter le droit de vote des femmes. On sait que l'opposition radicale fera échouer jusqu'en 1944 toutes les tentatives en ce sens, qu'elles émanent des socialistes ou de la droite catholique.*

Voilà donc la question du droit des femmes, de leur droit politique et social posée devant l'opinion, beaucoup plus sérieusement il me semble que ne l'imaginent plusieurs de nos collaborateurs [1]. En fait, l'évolution économique a transformé la condition des femmes. Certes, au temps où dominaient la petite industrie et le petit commerce, les femmes travaillaient ; elles ne se bornaient pas aux soins domestiques, mais elles travaillaient à domicile. Elles faisaient aller le métier à tisser ou à broder ; elles servaient, derrière le modeste comptoir, la clientèle ; mais si elles étaient des ouvrières ou des marchandes, elles restaient en même temps des ménagères. Ainsi, même comme ouvrières, même comme marchandes, elles étaient tout près du foyer, elles n'avaient point accès « au Forum ». Tout au plus allaient-elles à la fabrique ou au magasin, tous les huit jours ou tous les quinze jours, « rapporter l'ouvrage ». Depuis que s'est développée la grande industrie et qu'a surgi le grand commerce, depuis que les petits ateliers ont été absorbés par les vastes usines et que les petites boutiques ont été dominées par les grands magasins, les femmes sont devenues des ouvrières, de salariées vivants de la même vie que les hommes, accomplissant dans des conditions identiques les mêmes besognes, obéissant à la même discipline, commandées par les mêmes contremaîtres, contribuant sous la

1. *La Dépêche* est un grand quotidien de tendance radicale auquel collaborent Clemenceau, Pelletan et nombre d'autres responsables radicaux, donc ceux qui sont les plus opposés au droit de vote des femmes. Cf. Gérard Baal, *Histoire du radicalisme*, Paris, La Découverte, « Repères », 1994.

même forme aux profits d'un même capital. Elles ont passé de longues journées loin de la maison, loin du foyer ; elles ont été jetées en pleine vie sociale. Une transformation analogue s'accomplissait dans la condition des femmes de la bourgeoisie. Celles-ci étaient occupées parfois comme caissières, comme comptables, comme surveillantes, dans la fabrique moyenne ou dans le magasin modeste. À mesure que le moyen commerce et la moyenne industrie étaient ravagés par la concurrence du grand capital, toutes ces femmes et ces filles de la bourgeoisie moyenne étaient obligées, pour ne pas réduire leur bien-être, pour ne pas descendre de plusieurs degrés dans l'échelle des habitudes sociales, de chercher comme commises, comme chefs de rayon, un emploi dans les vastes établissements nouveaux. Ou bien, et par une autre application de cette loi générale qui entraînait les femmes à assumer, hors de la maison, lors de la famille, des fonctions rétribuées, les jeunes filles se préparaient aux carrières dites libérales, à la médecine, au barreau, à l'enseignement. La laïcisation progressive de l'enseignement primaire et secondaire leur ouvrait un vaste champ d'action. Tant que les écoles de fillettes ou de jeunes filles étaient dirigées par des religieuses, par des « bonnes sœurs », on remarquait à peine que des femmes remplissent dans notre société, au même titre que les hommes la grande fonction d'éducation, car ces femmes étaient comme mortes à elles-mêmes, mortes à la famille, mortes au monde ; elles avaient renoncé à être épouses et mères ; et toujours entre elles et la vie un voile conventuel était interposé. Mais voici que par dizaines de mille des jeunes filles vivant de la vie mondaine, des femmes mêlées à toute la vie du siècle enseignent dans les écoles, dans les lycées ; une d'elles, hier, succédait à son mari dans une chaire illustre de physique et de chimie [2]. Partout donc, dans toutes les branches du travail humain, la femme assume la même fonction que l'homme. Elle devient de plus en plus, dans l'ordre

2. Marie Curie, née Sklodowska (1867-1934), fut la première femme à accéder à l'enseignement supérieur avec le titre de « chargée de cours » lorsqu'elle prit la succession de son mari Pierre Curie (1859-1906), avec lequel elle avait partagé travaux et succès (prix Nobel, 1904).

économique, une personne identique à l'homme. Comment de cette identité d'existence et de fonction ne résulterait pas l'identité des droits et des revendications ?

Les femmes, dans l'exercice de leur travail, se heurtent comme les hommes, à tout le système politique et social ; elles sont invinciblement amenées à réfléchir aux conditions politiques et sociales qui dominent la vie des individus. De là à s'intéresser aux luttes politiques et sociales, il n'y a qu'un pas, et de là à réclamer des droits qui leur permettent à elles aussi d'agir sur ce milieu politique et social où toute leur destinée se développe, il n'y a qu'un second pas. C'est celui que les femmes franchissent en ce moment et qu'elles ne pouvaient pas ne pas franchir.

Voici, par exemple, des ouvrières, ouvrières des tissages et des platines, ouvrières des manufactures de tabac, ouvrières des maisons de confection. Elles sont des salariées comme les ouvriers. Comme eux, elles aspirent à une condition meilleure, à une journée de travail moins longue et moins épuisante, à une rémunération plus élevée. Plus d'une fois, elles sont mêlées aux mouvements du prolétariat. Ou bien elles-mêmes font grève, ou bien comme femmes, filles, sœurs des ouvriers en grève, elles ont à subir toutes les vicissitudes, toutes les douleurs de la lutte sociale. Dans ces périodes de combat, elles vont comme les hommes, aux grandes réunions publiques. Elles entendent dire aussi bien des fois qu'il ne suffit pas d'arracher quelques concessions précaires à tel ou tel patron, qu'il faut encore et surtout inscrire dans les lois des garanties nouvelles pour les prolétaires et préparer un ordre social où il y aura plus de justice. Or, si elles vivent de la même vie que les hommes, si elles font le même travail, si elles participent dans la grève aux mêmes combats, elles n'ont pas le même moyen politique d'affirmer leur volonté. C'est ce droit qu'elles commencent à revendiquer ; et quand il y aura parmi elles une minorité importante pour revendiquer la communauté des droits politiques, quelle fin de non-recevoir sérieuse les hommes pourront-ils leur opposer ?

Dira-t-on qu'elles livreraient la démocratie et la République à l'Église ? Sans doute, elles sont beaucoup plus que les hommes restées fidèles aux croyances et aux habitudes du passé. Mais la plupart d'entre elles, même chrétiennes, même catholiques, n'accepteraient pas la domination politique du prêtre sur le scrutin, sur la famille, sur le travail. En fait, si les femmes étaient fanatiques, la séparation des Églises et de l'État ne s'accomplirait point dans le calme où elle s'accomplit aujourd'hui. Il se peut que l'avènement des femmes au droit politique obligeât la République à continuer le régime de ménagement, de libéralisme complaisant qu'elle a adopté. Mais où serait le péril ? Ce n'est pas par la violence, ce n'est pas en écrasant brutalement dans les cœurs meurtris la fleur mystique des croyances passées que nous voulons affranchir l'esprit humain, mais par la douce propagande de la raison. La plupart des femmes ne demanderont pas davantage à la République.

Dira-t-on encore que, ne pouvant accomplir le devoir militaire, elles ne peuvent prétendre à l'égalité des droits politiques ? On oublie, en vérité, que le cœur des femmes est sur tous les champs de combat, qu'il est frappé de tous les glaives, traversé de toutes les balles qui blessent ou menacent les êtres aimés. Les femmes sont capables de sacrifier même leur affection à la défense de la patrie menacée. Elles n'accepteraient pas plus pour ceux qu'elles aiment la grande humiliation collective de la patrie qu'elles n'acceptent pour eux les affronts individuels. Mais elles auraient l'horreur des guerres inutiles ou injustes et elles prêteraient à la politique de paix et d'arbitrage international le concours passionné de leur tendresse aussi bien que de leur conscience.

L'ordre social nouveau, l'ordre humain de justice et de paix garantira le droit de tous les êtres humains. Tous les êtres humains doivent donc être appelés à la préparer et à l'organiser. Le temps des railleries est passé. La question ne pourra plus être éludée. En Angleterre, la majorité parlementaire est favorable au suffrage des femmes. En Allemagne, le grand parti socialiste vient d'inscrire dans son programme le suffrage universel de toutes les personnes humaines, en même temps que l'arbitrage international. Et le groupe socialiste français va saisir le Parlement d'un projet de loi.

Le droit des femmes

Revue de l'enseignement primaire et primaire supérieur, 30 décembre 1908

Deuxième article favorable à la cause féministe chez Jaurès. Sans doute est-il ici en terrain plus facile qu'à La Dépêche *? On peut supposer que le monde des instituteurs et des écoles normales est plus prêt à accepter le droit de vote des femmes que le lectorat forcément composite du grand quotidien radical du Midi. En tout cas, ce deuxième article témoigne à la fois de l'engagement personnel de Jaurès, assez déterminé et ancré sur une analyse sociale du rôle des femmes comme sur l'universalité des droits, et de son impuissance puisque les députés socialistes ne purent même pas aller, à défaut du succès forcément incertain, jusqu'au dépôt de la proposition de loi promise. Malgré tout, il semble que les arguments d'opportunité, les sympathies catholiques et conservatrices supposées des femmes, comme la force des représentations culturelles aient paralysé les bonnes volontés affichées.*

Ce n'est pas dans cette *Revue de l'enseignement* qu'il est nécessaire de démontrer le droit des femmes à l'égalité politique et sociale. Les fillettes sont appelées sur les bancs de l'école comme les garçons et quoiqu'elles reçoivent des leçons « professionnelles » de couture, de ménage, c'est une éducation générale qui leur est donnée : c'est leur jugement que l'on s'applique à former, et elles seront aussi aptes que les garçons à discerner les raisons d'agir dans la société où elles vivent, à démêler les rapports toujours plus complexes et plus étendus de leur intérêt à l'intérêt général, de leur droit au droit de tous. Et les institutrices, ne sont-elles pas des éducatrices de la nation elle-même ? N'exercent-elles point, en élevant les femmes de demain, une action indirecte mais certaine et profonde sur tout le mouvement politique social ? Il n'y a donc aucune raison de ne pas leur reconnaître, dans l'exercice de la souveraineté nationale, dans la conduite directe de ces grands intérêts collectifs que résume le mot de politique, la même puissance légale qu'aux instituteurs dont elles sont si souvent les compagnes comme femmes, et toujours les collaboratrices.

Ce n'est certes donc pas du personnel enseignant que viendront des objections à l'égalité politique et sociale de tous les êtres humains. La seule chose que puissent se demander les instituteurs et institutrices, c'est si la question est opportunément posée, si elle a quelque chance, parmi tous les problèmes qui sollicitent en ce moment la démocratie, d'être, sinon résolue tout de suite, au moins sérieusement et utilement débattue. Or, je crois que l'heure est venue, et que la délégation de femmes qui est venue l'autre jour au Palais-Bourbon saisir de ce problème le groupe socialiste et lui demander de saisir le Parlement par des projets de loi n'a pas fait une démarche vaine [1].

D'abord il y a entre tous les peuples une solidarité croissante, une communication toujours plus vaste et plus rapide des idées, des mouvements. Déjà, au dix-huitième siècle, il y avait entre les diverses nations du globe de merveilleux échanges de pensée. Les libertés conquises par l'Angleterre et par les républiques du nord de l'Amérique agissaient sur les esprits en France et y préparaient le mouvement révolutionnaire. La Révolution française, à son tour, proposait au peuple anglais un exemple de démocratie beaucoup plus hardi que le parlementarisme encore oligarchique de l'Angleterre. De même, et par un échange analogue, l'effort d'émancipation laïque intégrale donné en ce moment par la France a sa répercussion dans le peuple anglais : nos formules d'absolue laïcité n'y sont pas encore adoptées, mais elles apparaissent comme le terme

1. En fait, si, puisque la promesse ne sera toujours pas suivie d'effet.

de la lutte entreprise par les radicaux et les dissidents contre la prédomination scolaire de l'orthodoxie ecclésiastique.

En retour, la puissance du mouvement féministe anglais encourage et stimule le féminisme français. Ce qui hier apparaissait comme le paradoxe d'un petit groupe d'esprits devient maintenant ou est à la veille de devenir une question actuelle.

Aussi bien, il ne faut pas se dissimuler qu'aucune solution profonde et définitive des questions religieuses, politiques, sociales, ne sera possible tant que les femmes n'auront pas donné leur adhésion. Ceux qui redoutent qu'elles exercent une influence réactionnaire se méprennent doublement. D'abord, ils oublient que ce n'est pas détruire une résistance que de la dissimuler. Si vraiment les femmes répugnaient invinciblement dans le fond de leur conscience à un régime de liberté qui en assurant le respect de toutes les croyances séparera l'Église de l'État ou à un ordre social nouveau, cet ordre nouveau porterait sur une base croulante. Et puis, l'œuvre d'éducation déjà accomplie, les leçons de l'école et de la vie ont préparé les femmes, non pas certes à un sectarisme de libre pensée, ou à une intégrale acceptation du socialisme, mais à des façons de juger plus indépendantes et plus larges qu'il y a un demi-siècle.

Surtout, les ouvrières ou les femmes d'ouvriers, sont mêlées, directement ou par les maris et les fils, à la vie économique, à toutes les vicissitudes des luttes sociales. Elles sont associées, et au premier rang, aux souffrances, aux espérances, aux exaltations des grèves.

Elles pâtissent des misères sociales dans leur chair et dans la chair de leur chair, dans le cœur de leur cœur. Quelle leçon que l'exode forcée des pauvres enfants de Fougères[2] ! Leçons de colère contre une société mal faite. Leçon de confiance en la solidarité prolétarienne qui élargit la famille et lui épargne la plus cruelle épreuve, celle de voir souffrir les petits. C'est le droit des femmes

2. La grève des ouvriers cordonniers de Fougères avait contraint les ouvriers à placer les enfants dans des familles d'accueil de la région. Le souvenir de ces luttes marqua le jeune Jean Guéhenno (*Changer la vie*, Paris, Grasset, 1961).

de donner une expression politique aux sentiments et aux pensées que la vie sociale fait naître en elles.

Le projet de loi que le groupe socialiste au Parlement va déposer pour instituer le droit de suffrage des femmes ou plutôt pour étendre aux femmes tous les droits politiques et sociaux ne sera pas accueilli par l'indifférence et la raillerie. C'est un moment important de l'évolution sociale.

Bilan social du XIXe siècle

Jean Jaurès avait entrepris de diriger une Histoire socialiste de la France contemporaine (1789-1900) *destinée à un large public et qui devait être à la fois une œuvre indiscutable par les méthodes et le respect des règles scientifiques et une œuvre de formation et d'éducation populaire. L'*Histoire *paraissait depuis 1900 en fascicules, repris en volumes, chez un éditeur populaire, Jules Rouff. Les tomes consacrés à la Révolution française par Jaurès sont devenus un classique de l'historiographie révolutionnaire. D'autres socialistes contribuèrent à l'entreprise : Brousse, Viviani, Georges Renard, Albert Thomas, etc. Jaurès écrivit assez rapidement en 1907 une* Histoire de la guerre de 1870 *qui est surtout une analyse diplomatique et politique. Il devait également donner une conclusion à l'ensemble, après* l'Histoire de la IIIe République (1870-1900) *confiée à John Labusquière.*

Mais il avait moins de disponibilités pour cette tâche qu'en 1900 : non seulement, il était à nouveau député de Carmaux depuis 1902, dirigeait L'Humanité *depuis 1904, mais en outre depuis 1905 il assumait la responsabilité de l'animation du Parti socialiste unifié, section française de l'Internationale ouvrière, au bureau socialiste international de laquelle il siégeait d'ailleurs (c'était son seul titre officiel de « dirigeant » du Parti). En outre, le moment venu (1908), la situation politique était assez complexe, le Parti socialiste divisé, alors que les relations avec les anciens alliés radicaux étaient devenues exécrables (le gouvernement de Clemenceau, le « Tigre », réprimait avec vigueur les mouvements sociaux), sans qu'elles se fussent encore vraiment améliorées avec les syndicalistes révolutionnaires de la CGT. Bref, Jaurès n'eut pas le temps d'écrire le volume prévu et donna à la place ce synthétique article qui exposait ses vues sur le passé récent et l'avenir de la société française.*

Arrivé au terme de notre long et sérieux effort, nous ne nous dissimulons pas, mes collaborateurs et moi, ce que notre œuvre a nécessairement d'insuffisant et d'incomplet ; mais elle marque une direction nouvelle dans les recherches d'histoire. Le souci de démêler la trame économique des faits, l'origine profonde des événements politiques et sociaux, y éclate à chaque ligne. Pour pouvoir atteindre avec quelque certitude le mouvement même de la réalité sociale, pour surprendre dans la continuité, dans la familiarité quotidienne de la vie des hommes le secret des grandes crises qui se produisent par intervalles à la surface, il faudrait, comme Andler l'a indiqué dans sa substantielle introduction à l'étude d'Albert Thomas sur le *Second Empire*[1], un immense effort de recherche collective. Il faudrait notamment, pour comprendre à fond le mouvement, l'action, la vie de la classe ouvrière dans la société issue de la Révolution française, pouvoir suivre à la trace, année par année, presque jour par jour, les événements de tout ordre, surtout d'ordre économique, qui ont retenti dans l'existence des prolétaires et dans leur pensée : découvertes de la science, variations de la technique, transformations de l'outillage industriel, élargissement des marchés, fluctuation des prix, prix des marchandises, prix du travail. Or, cette enquête suppose l'effort concerté de plusieurs générations de chercheurs. Nous n'avons pu que l'amorcer et faire apparaître, par quelques résultats partiels, l'importance de la méthode fondamentale qui soutient tout notre travail. Déjà

1. Charles Andler (1866-1933), normalien, agrégé d'allemand, professeur à la Sorbonne et militant socialiste de longue date, venu du POSR, aurait dû collaborer à l'*Histoire socialiste* pour le Second Empire. Il n'en écrivit finalement que la préface, le jeune Albert Thomas (1878-1932) se chargeant de l'ouvrage. Jaurès aurait sans doute souhaité accueillir d'autres universitaires dans son équipe. Mais l'entreprise était très caractérisée politiquement, peu prestigieuse en outre pour des universitaires renommés, même socialistes (forme et éditeur populaires). L'*Histoire de la Révolution* de Jaurès dut elle-même attendre plusieurs années avant que son importance et le caractère fécond de ses vues soient reconnues par le milieu universitaire.

l'immense recherche collective qui seule désormais peut éclairer l'histoire commence à s'organiser. La Société pour l'étude des documents économiques de la Révolution française a publié quelques volumes considérables, et j'ai constaté avec joie que ces publications confirmaient les vues générales que j'ai émises[2]. Mais que de précisions pourront être apportées ! Que de filons nouveaux seront découverts par ces forages ! Pour la Révolution de 1848, des recherches du même ordre ont été ébauchées[3]. Ce sera une des fonctions des Bourses du travail, quand elles seront devenues vraiment les organes de la conscience ouvrière, de tenir à jour la statistique vraie, réelle, vivante, de l'existence prolétarienne et de provoquer des recherches qui, des faits présents, sérieusement analysés et constatés, remonteront au passé et permettront ensuite, par un mouvement inverse, de redescendre le cours de l'évolution. Alors, vraiment, l'histoire sera bien la conscience des grands groupements humains. Elle ne sera plus une sorte de clarté partielle et partiale concentrée sur quelques personnages privilégiés ; c'est toute l'immense multitude des hommes qui entrera enfin dans la lumière : et le vrai dieu de l'histoire, le travail, sombre forgeron qui a forgé dans sa caverne obscure les destinées humaines, pareil à un Vulcain bafoué et enseveli qui forgeait les armes des dieux d'en haut, montera au jour et manifestera sa force créatrice dans le rayonnement de la science et la gloire de l'esprit. Notre œuvre ne sera pas vaine si elle peut, par un commencement de lumière, donner le goût et le besoin d'une plus vaste clarté.

Il serait contradictoire, après l'aveu que j'ai fait, de prétendre déduire de cette première enquête d'histoire socialiste que nous soumettons au prolétariat, des conclusions trop formelles et trop impérieuses. On peut dire pourtant que c'est une grande leçon

---

2. Communément appelée « commission Jaurès », cette Société a fonctionné jusqu'en 2000. Sur son existence et sa suppression par le ministre Claude Allègre, cf. Christine Peyrard et Michel Vovelle (dir.), *Héritages de la Révolution française à la lumière de Jaurès*, Aix-en-Provence, Publications de l'université de Provence, 2002.

3. La Société d'histoire de la Révolution de 1848 est fondée en 1903-1904 par Henry Michel et Georges Renard. Elle publie toujours une revue, *1848, revue d'histoire du XIX*e *siècle*, qui donnera prochainement les actes de sa journée d'études consacrée à son centenaire.

d'action et d'espérance qui se dégage pour la classe ouvrière des faits que nous venons d'exposer. Oui, d'espérance.

Certes le prolétariat est bien loin du but qu'il se propose. L'injustice essentielle n'est point abolie. Le monopole de fait de la propriété subsiste, et la domination économique de la classe capitaliste a pour effet d'abaisser et d'exploiter l'immense multitude des hommes qui ne possèdent que leur force de travail. La Bruyère disait : « Devant certaines misères on éprouve de la honte à être heureux. » Devant les iniquités, les souffrances qui tourmentent la société d'aujourd'hui et accablent la classe ouvrière, il y aurait une sorte d'impudence à étaler, dans le jugement d'ensemble porté sur l'évolution française depuis la Révolution, une sorte d'optimisme béat et satisfait. Mais il y a un optimisme vaillant et âpre qui ne dissimule rien de l'effort qui reste à accomplir, mais qui trouve dans les premiers résultats péniblement et douloureusement conquis des nouvelles raisons d'agir, de combattre, de porter plus haut et plus loin la bataille.

En fait, la Révolution française a abouti. Ce qu'il y avait en elle de plus hardi et de plus généreux a triomphé. Deux traits caractérisent le mouvement politique social de la France depuis 1789 jusqu'au début du XXe siècle. C'est d'abord l'avènement de la pleine démocratie politique. Tous les compromis monarchiques ont été balayés ; toutes les combinaisons de monarchie traditionnelle et de souveraineté populaire ont été écartées ; toutes les contrefaçons césariennes ont été rejetées. La Constitution mixte de 1791 a sombré dans l'imbécillité et dans la trahison royales. La monarchie restaurée de 1815 s'est perdue par son étroitesse d'esprit. La monarchie censitaire de 1830 a révélé l'incapacité de la bourgeoisie française à gouverner seule, parce qu'elle ne peut se défendre contre les forces subsistantes du passé sans faire appel aux forces de l'avenir. Deux fois la démocratie napoléonienne a été engloutie dans le désastre, et maintenant, sous la forme républicaine, c'est bien le peuple qui gouverne par le suffrage universel. Il dépend de lui de conquérir le pouvoir. Ou plutôt il l'a déjà conquis, puisque aucune force ne peut faire échec à sa volonté légalement exprimée. Mais il ne sait pas l'employer vigoureusement à sa pleine émancipation économique.

Les millions de travailleurs, ouvriers ou paysans, ne sont plus théoriquement des citoyens passifs. Ils le sont restés trop souvent encore par la résignation aux vieilles servitudes, par l'indifférence à l'idée nouvelle qui les affranchira. Mais c'est déjà chose immense qu'il suffise d'un progrès d'éducation du prolétariat pour que sa souveraineté formelle devienne une souveraineté substantielle.

Aussi bien, dans l'ordre de l'enseignement aussi, le progrès est grand depuis un siècle. Tous les enfants de la nation sont appelés à l'école : le plus grand idéal de Condorcet est réalisé ou en voie de réalisation. Et ce n'est plus l'Église, complice des tyrannies sociales, qui domine éducation et façonne le peuple. Elle a été réduite à n'être plus qu'une association privée ; et c'est la science, c'est la raison qui animent l'enseignement public. C'est la grande lumière de l'Encyclopédie, mais plus large et plus ardente, qui emplit l'horizon. La pensée socialiste, héritière des audaces extrêmes du XVIIIe siècle, commence à pénétrer les instituteurs de la nation.

De même, au point de vue social et dans cette portion même de la démocratie française qui n'a pas encore adhéré au socialisme explicite, c'est une conception bourgeoise encore, mais déjà sociale, de la propriété qui a prévalu. Elle n'est pas, comme pour les constituants, la condition de la souveraineté politique : l'homme le plus pauvre, le plus dénué, est politiquement l'égal du plus riche. Elle n'est pas non plus un absolu intangible. En demandant au capital, par un impôt progressif sur les successions, une part croissante des ressources publiques, en proclamant que l'État a le droit et le devoir d'imposer aux possédants des contributions pour assurer les non-possédants contre les risques naturels et sociaux, le radicalisme français subordonne théoriquement le droit de propriété au droit supérieur de la nation ; il reprend à son compte le mot de Robespierre définissant la propriété : la portion de ses biens garantie au citoyen par la loi. Et il se peut que le radicalisme, après avoir accepté cette formule, hésite à l'appliquer hardiment et pleinement. Il se peut qu'il redoute que cette formule, maniée par un prolétariat vigoureux et fort, et appliquée à une société où la puissance économique est concentrée à nouveau dans une oligarchie, ne conduise par degrés à la socialisation générale de la société capitaliste.

Cette défaillance du radicalisme gouvernemental, si elle se produit, n'empêchera point l'effet de l'idée qui s'est développée dans la démocratie française.

C'est le socialisme lui-même qui se substituera alors au radicalisme dans la mise en œuvre de cette idée sociale de la propriété et qui la poussera jusqu'à ses conséquences nécessaires. La brèche est ouverte par où il passera. C'est donc bien la formule la plus extrême, la plus logique, la plus démocratique de la Révolution française qui, après un siècle de tâtonnements, de réactions, de rêves d'abord impuissants, de révolutions à demi manquées, est enfin entrée dans les faits. Ce que le génie révolutionnaire avait entrevu, affirmé, essayé, dans la fièvre et l'exaltation du combat est devenu la réalité normale et solide. On dirait une cime volcanique qui, après une série d'explosions, d'affaissements, de redressements, s'est enfin fixée à son niveau le plus élevé : elle est consolidée maintenant et élargie en un vaste plateau qui peut porter les assises de la grande cité nouvelle. Non, tout ceux qui ont lutté, souffert, espéré depuis un siècle, n'ont pas perdu leur effort ; leur souffrance n'a pas été vaine ; leur espérance n'a pas été décevante, et si le prolétariat peut se réjouir de cette victoire de la démocratie révolutionnaire, ce n'est pas seulement parce qu'elle lui permet d'espérer et de préparer une victoire plus décisive, mais parce que c'est lui, débile encore pourtant et incertain, qui a assuré ce triomphe de la Révolution. C'est par lui qu'elle a été portée d'abord, comme en un jet de flamme, à ce niveau de 1793, d'où elle ne tarda pas à retomber, mais où sans cesse elle tendait à revenir. C'est lui qui a aidé, qui a obligé la bourgeoisie à en finir avec les prétentions renaissantes de l'Ancien Régime. C'est lui qui a arraché à la bourgeoisie son privilège étroit pour créer enfin une vaste démocratie politique qui évoluera en démocratie sociale. Qu'auraient fait durant tout le siècle les républicains sans les ouvriers ? À tous les moments de la lutte qui a préparé ou réalisé la démocratie politique, l'action du prolétariat est visible ; et ce sera, je crois, un des mérites de l'œuvre historique dont j'écris en ce moment les dernières lignes d'avoir éclairé ces traces.

C'est donc avec confiance que la classe ouvrière, qui a déjà fait dans le passé l'épreuve de sa force, peut aborder les luttes nouvelles. Entre l'oligarchie capitaliste et la démocratie socialiste, forme achevée de la démocratie républicaine, le combat à fond est engagé. C'est le privilège de la propriété qui sera vaincu. Mais pour réussir, il faut que le prolétariat comprenne bien les leçons de sa propre vie depuis un siècle. C'est par l'effort continu quotidien, c'est par la propagande incessante, qu'il a eu ses premiers succès. Si quelque chose ressort du récit que nous avons fait, c'est bien cette continuité profonde de la pensée et de l'action prolétariennes. Quand les hautes cimes ardentes et éclatantes s'éteignent, quand la Révolution démocratique et populaire de 1793 et de 1794 pâlit et s'éclipse, quand la généreuse Révolution de 1848 est brutalement supprimée, on peut croire que la nuit est complète ; mais ceux qui regardent au fond des esprits, au fond des âmes, s'aperçoivent que dans la conscience ouvrière l'idéal survit secrètement, et à la moindre ouverture des événements, la lumière jaillit de nouveau. Grande leçon pour tous les gouvernements de répression, quels qu'ils soient, et de quelque nom qu'ils s'appellent. Grande leçon aussi et grand réconfort pour les combattants socialistes, car ils apprennent que l'effort obscur et constant de chacun se retrouve tout entier au jour des grandes crises. La persistance du communisme babouviste à travers toutes les persécutions et toutes les réactions, la persistance de la foi républicaine et de l'espérance ouvrière jusque sous le triomphe insolent du Second Empire, sont parmi les faits les plus remarquables de toute notre histoire. Quand l'énergie passionnée des consciences ouvrières a pu, sans aucun droit légal, sans aucune ressource d'organisation publique, sauver de l'oubli mortel et du désastre définitif la liberté et le socialisme, comment ne serait-elle point assurée de la victoire, disposant maintenant des moyens d'action multiples que le prolétariat a conquis.

Le socialisme a grandi depuis un siècle, il est devenu une puissance par l'emploi simultané ou alternatif de deux méthodes en apparence contradictoires et que le libre génie des ouvriers a conciliées. Tantôt il s'est mêlé, avec le babouvisme, avec le blanquisme, à tous les mouvements de la démocratie, à toutes les agitations du peuple. Tantôt, comme avec Fourier, avec Saint-Simon, avec quelques-uns des premiers ouvriers de l'Internationale, il a voulu isoler ou la pensée ou l'action du socialisme. Tantôt il considère que la conquête des libertés politiques est la condition préalable de l'avènement social des ouvriers ; et il concentre sur cette première tâche tout leur effort. Tantôt il les avertit de ne jamais détourner leurs vues et leur action de leur objet suprême et de leur idéal[4]. À toutes les pages de l'*Histoire socialiste*, se retrouve ce conflit des tendances et des méthodes. Mais en fait, le prolétariat ne sacrifie jamais l'une à l'autre. Jamais il ne se désintéresse des événements confus et vastes où il peut essayer sa force et développer son action. Mais juste dans cette impétuosité de mouvement, qui le jette dans toutes les batailles politiques et intellectuelles, il ne perd pas son intransigeance foncière ; il a le sens très vif que toute action ne vaut que comme un acheminement, comme un entraînement à la révolution de propriété ; que toute réforme ne vaut que comme un degré vers le but suprême. Le grand problème tactique des jours présents, c'est de concilier en effet, non pas seulement d'instinct mais délibérément ces deux méthodes également nécessaires. On peut dire que le marxisme fut à l'origine un essai de synthèse des deux tendances, puisqu'il invitait le prolétariat à participer à tous les mouvements de la démocratie, mais pour les faire tourner immédiatement à la victoire du communisme. Le même problème s'impose aujourd'hui à nous, mais en des circonstances différentes. Au temps du *Manifeste communiste*, la révolution démocratique n'était pas accomplie en France ; elle n'était même pas ébauchée en Europe, et Marx pouvait croire que le prolétariat serait assez fort pour faire servir à ses propres fins les agitations prévues de la révolution démocratique bourgeoise.

4. Approche synthétique récente par Christophe Prochasson, « Les premiers socialismes » *in* Jean-Jacques Becker et Gilles Candar, *Histoire des gauches en France*, Paris, La Découverte, 2004.

Maintenant, c'est dans une démocratie puissamment constituée et qui évolue sous la loi suprême du suffrage universel, que la classe ouvrière se développe et agit. Les conditions de l'action ne sont plus celles que le marxisme avait prévues : mais la méthode essentielle du prolétariat doit bien être celle qu'il avait esquissée : la méthode complexe d'une classe à la fois très vivante et très âpre qui se mêle à tous les mouvements pour les ramener sans cesse à sa propre fin. Comment pourra-t-il se passionner à l'œuvre de réforme, et la rattacher sans cesse à son idéal révolutionnaire ? Comment pourra-t-il contribuer au développement de la production et intervenir comme classe dans le fonctionnement de la vie capitaliste sans s'immobiliser dans ses cadres ? Il n'entre pas dans le dessein de l'*Histoire socialiste* de résoudre ces difficultés qui presseront demain et le Parti socialiste et la Confédération générale du travail. Mais ce que cette histoire démontre, c'est que le socialisme a grandi dans la société née de la Révolution, parce qu'il a su tour à tour ou en même temps se répandre et se concentrer. Il a été tout ensemble dans la démocratie et au-dessus d'elle, et c'est la marque de la puissance vitale du prolétariat français qu'il n'ait pas succombé à la difficulté de cette tâche en apparence contradictoire mais, qu'au contraire, il s'y soit fortifié.

Créer la démocratie en la dépassant a été, durant un grand siècle tourmenté et fécond, l'œuvre de la classe ouvrière. Diriger la démocratie en la dépassant et l'obliger enfin à se hausser au socialisme, ce sera sa grande œuvre de demain.

Civilisation et socialisme

Conférence donnée au théâtre Colisée de Buenos Aires, le jeudi 5 octobre 1911, organisée par le Parti socialiste argentin

Cette conférence a été publiée, partiellement, par la revue communiste Clarté *en 1923 et, intégralement, par* La Nouvelle Revue socialiste *en 1926 dans une traduction due à Bracke et à Tomaso puisque le texte français n'en a pas été conservé. Jaurès s'était rendu en Amérique latine pour une série de conférences en septembre-octobre 1911, à l'invitation du Parti socialiste argentin. Outre les possibilités de contacts et de visites, ce voyage lui permettait d'apporter une contribution non négligeable au soutien à son journal* L'Humanité, *chroniquement dans une situation financière difficile. La plupart des conférences était en effet des conférences mondaines, organisées au théâtre de l'Odéon, pour un public cultivé et aisé, qui goûtait aussi les conférences de Clemenceau ou d'Anatole France, avant d'entendre plus tard Lucien Febvre et bien d'autres... Mais la conférence,* Civilisation et socialisme, *fut particulière, car destinée au public militant et plus populaire des sympathisants du Parti socialiste argentin. Jaurès, qui s'exprimait en français, fut amené par les circonstances à présenter une vue synthétique de son espérance socialiste qui n'en a peut-être que plus de force. Le texte de cette conférence a été retraduit de l'espagnol par Diane Rivaud, professeure, militante et amie de Madeleine Rebérioux.*

Le socialisme et la démocratie

Dès son origine, le socialisme a été une force, un élément actif de la civilisation humaine. Il est mêlé depuis ses débuts à ce grand mouvement de la Révolution française qui a déterminé la démocratie européenne.

Dès le premier jour de la Révolution, quand la bourgeoisie, après avoir proclamé la formule théorique des droits de l'homme et du citoyen, en restreignit le sens en retirant, par l'organisation du système électoral, les droits politiques à des millions d'hommes en les qualifiant de citoyens passifs, à ce moment déjà se produisirent des protestations, dans lesquelles on reconnaît l'accent des revendications socialistes. Des voix s'élevèrent pour protester contre ce privilège de la propriété, proclamant que le droit de l'homme était supérieur aux droits et aux prétentions de la propriété. Dans le bouillonnement des événements et des forces révolutionnaires, toutes les grandes doctrines socialistes qui devaient retenir l'attention du monde commencèrent à s'affirmer. Le saint-simonisme fut esquissé d'abord par Boissel[1] au cours de certaines séances du club des Jacobins où Fourier avait connu Lange[2], qui formulait ce que serait plus tard le « fouriérisme », l'association universelle, la combinaison et la coopération des efforts. Mais c'est surtout avec Babeuf[3], ses disciples et ses compagnons que le socialisme entre vraiment dans la réalité de l'histoire et dans la vie des sociétés nouvelles.

Babeuf avait traversé toute la Révolution française, depuis les premières lueurs resplendissantes du 14 Juillet jusqu'à la chute de Robespierre et la réaction de Thermidor, il avait connu toute sa grandeur et toute sa misère, tous ses espoirs et toutes ses

---

1. Boissel, avocat et juge, proche de Marat, membre de la société des Jacobins, auteur du *Catéchisme du genre humain* (1789). Son rôle est étudié par Jaurès dans l'*Histoire socialiste de la Révolution française*.

2. François-Joseph Lange (dit l'Ange) (1743-1793), jacobin lyonnais souvent présenté comme un précurseur de Fourier, longuement analysé lui aussi par Jaurès dans son *Histoire socialiste de la Révolution française*. Cf. l'édition de ses *Œuvres* par Paul Leutrat en « classiques du peuple » aux Éditions sociales (1968).

3. François « Gracchus » Babeuf (1760-1797) est traditionnellement présenté comme le premier socialiste ou communiste français. Outre le colloque international de Stockholm, *Babeuf et les problèmes du babouvisme* (1963), on peut lire ses *Textes choisis* présentés par Claude Mazauric en « classiques du peuple » aux Éditions sociales (1965).

défaillances, retenant de tout cela que le seul moyen de ranimer dans le cœur du peuple la vie révolutionnaire qui languissait et l'espoir qui se fanait, c'était de lui proposer un idéal social plus audacieux et plus vaste que celui qu'il avait pu entrevoir.

Jusqu'alors c'étaient les possédants qui avaient profité de la distribution des biens nationaux, qu'ils proviennent du clergé ou des nobles émigrés. La vente de ces terres publiques s'était faite au bénéfice de la bourgeoisie urbaine et rurale, et Babeuf proclamait qu'il fallait enfin penser au peuple tout entier en recherchant dans des formes de propriété commune la garantie du bonheur commun.

Mais en même temps qu'il proclamait cet idéal communiste et socialiste, il ne s'isolait pas dans l'utopie. Il unissait sa pensée, sa doctrine et son effort à toute l'œuvre antérieure de la Révolution, et le premier point de son programme était de rétablir la Constitution démocratique de 1793 pour donner au peuple la souveraineté effective. À partir de ce jour, par l'union des « montagnards » qui survivaient et des premiers socialistes groupés autour de Babeuf, fut fondée l'union de la démocratie avec le socialisme. Dès lors, la démocratie ne pourrait plus s'étendre en Europe et dans les autres pays du monde sans entraîner derrière elle la pensée et l'action socialistes. Il ne serait plus possible dans le mouvement des sociétés humaines de séparer la démocratie du socialisme, pas plus qu'il n'est possible de séparer chez le centaure impétueux le buste de l'homme du corps du cheval.

Ah ! Si Babeuf et ses amis avaient attendu pour proclamer les revendications du prolétariat, pour entrer en action au bénéfice de la masse travailleuse, que le développement à peine entrevu alors de la grande industrie et du machinisme aient transformé les conditions techniques, le socialisme ne serait pas né alors ! Mais il a suffi, pour qu'il surgisse, que l'idée de démocratie s'affirme dans sa plénitude et que dès cette époque les esprits prévoyants comprennent que la seule force de l'individualisme bourgeois ne réaliserait pas intégralement l'égalité sociale.

Le socialisme est universel

Et comme depuis plus d'un siècle, dans toutes les grandes nations des deux mondes, quel que soit le degré de leur évolution économique, la démocratie est en marche ; comme le travail supporte partout de lourdes charges et qu'il cherche à s'en libérer, la pensée socialiste y a sa raison d'être, et elle s'affirme, sous des formes différentes, mais qui se dirigent toujours vers le même but. Pour se rendre compte des combinaisons d'actions qu'assume la démocratie sociale, il suffit de regarder comment se meut la démocratie politique. Celle-ci se formule en une idée centrale, ou mieux, en une idée unique : la souveraineté politique du peuple. Mais cette idée unique est malléable, elle se transforme et se réalise par des mécanismes différents, selon les moments, selon les peuples et selon les conditions. Ainsi, en certains endroits, la démocratie politique arrive à sa conséquence extrême, à sa formule pleine et intégrale qui est la République. Ailleurs, elle doit transiger avec le passé et elle se constitue, comme en Angleterre, en une monarchie constitutionnelle où le roi n'est plus qu'un décor somptueux, la force de la majorité populaire finissant par prévaloir.

Et même, parmi les républiques, quelle diversité de mécanismes et de constitutions ! Dans quelques pays, comme en France, c'est la république unitaire. Dans d'autres, comme au Brésil, c'est la république fédérale. Et, entre ces deux types, république pleinement unitaire et république essentiellement fédérale, toutes sortes de types et de combinaisons intermédiaires s'échelonnent.

Il y a aussi des républiques qui gouvernent avec le régime parlementaire, c'est-à-dire avec un régime où les ministres, dans leur action quotidienne et dans leur existence même, dépendent du contrôle et de la volonté du Parlement. Et des républiques représentatives où c'est le pouvoir exécutif qui choisit les gouvernements qui ne sont responsables que devant lui.

Eh bien, cette diversité dans les modes selon lesquels se formule et se réalise la démocratie politique, bien loin d'être une objection contre la démocratie, démontre sa puissance vitale, car la vie est faite de deux forces, une force d'unité et de permanence et une force de souplesse et d'adaptation. De la même manière se meut la démocratie sociale dans le monde entier ; elle aussi prend des formes diverses et multiples. La démocratie politique a pour formule la souveraineté du peuple et cette formule se diversifie dans son application. La démocratie sociale, [c'est] la souveraineté du travail. Mais elle aussi s'adapte, se modifie, devient flexible selon les pays et les milieux. Ainsi on ne suit pas le même procédé pour préparer la souveraineté du travail dans les grandes industries, déjà centralisées, et dans les régions ou les régimes de petites propriétés agricoles.

Là où l'industrie est centralisée, où elle est entre les mains d'une minorité, là où la grande propriété capitaliste a fait mordre la poussière aux moyennes et aux petites industries, là où règnent les grandes usines du Creusot ou de Westphalie, là où les grandes manufactures, les grandes usines des États-Unis ont ruiné les petits producteurs, où les capitalistes se groupent et s'associent en cartels et en trusts qui établissent de fait le monopole de la production et réduisent à un simple mot la liberté bourgeoise d'entreprise, l'idée de la socialisation de ces monopoles apparaît logiquement aux esprits comme le moyen de proclamer la souveraineté du travail. Au contraire, là où il y a des millions de petits producteurs paysans qui ont conservé la propriété de leurs terres, les rendent fertiles à force de travail et d'économie, le socialisme ne parle pas de remplacer ces milliers d'existences indépendantes par un moyen artificiel, par un coup de force arbitraire, par une formule de socialisation, mais il intervient pour les inviter à s'associer, à former, pour la vente de leurs produits, et l'achat de leurs engrais, des coopératives et des fédérations afin d'échapper à l'exploitation du commerce.

C'est ainsi, par des moyens divers, par des solutions distinctes, selon le genre de travail, selon le moment et le milieu, que le socialisme, force vive et active, souple et élastique, poursuit son dessein essentiel : la souveraineté du travail en s'adaptant à tous les accidents du terrain et à toutes les formes de la misère.

Et sans me risquer à des applications particulières, qui supposeraient de ma part une connaissance de votre milieu plus précise que celle que je puis avoir, j'affirme qu'il n'y a pas aujourd'hui sous le soleil, une seule civilisation, un seul peuple, naissant ou déjà formé, jeune ou vieux, dans lequel la force de la pensée et de l'organisation ouvrière, ne puisse s'exercer et se développer avec efficacité pour sa civilisation. Partout l'action socialiste peut s'effectuer au profit d'une civilisation supérieure, dans le sens de ce que l'humanité a rêvé de plus grand et de plus noble.

Le socialisme et la production

Un des premiers devoirs, une des règles essentielles de la civilisation humaine, c'est le développement des forces de production.

L'homme a été durant des siècles et des siècles submergé par la nature, dominé par elle, écrasé par elle. La nécessité et la peur étaient les tyrans, et devant cette double force, l'homme inclinait la tête. Mais, peu à peu, avec une extrême lenteur, il se libère de la nature en l'obligeant à produire, non pas selon sa fantaisie incertaine et capricieuse, mais selon les calculs de sa discipline et de sa direction.

Il ne peut y avoir de grandes civilisations sans richesses et sans un accroissement de production, je le répète et je continuerai à le répéter, parce qu'à ce sujet il ne faut pas qu'il y ait entre la démocratie et le socialisme le moindre malentendu. Plus que n'importe quelle autre doctrine, plus que n'importe quelle autre force humaine, le socialisme a intérêt au développement de la puissance de production.

L'esprit de progrès social s'éteint chez les peuples dont la force de production languit. Lorsque les villes allemandes du Rhin vivaient dans une lourde somnolence à l'ombre de cathédrales, c'eût été une folie, dans cette ambiance de misère et de mendicité, que de vouloir proclamer les revendications humaines. Il faut que le souffle de l'industrie passe largement, balayant les moisissures du passé, pour que les hommes se sentent poussés vers l'avenir. Dans une société paralysée, l'idéal social serait comme une fleur emprisonnée et stérile.

Le socialisme est donc favorable à tout développement de la production, par les buts qu'il se propose et par son essence même il travaille et travaillera à son accroissement. Son idée directrice est de remplacer le régime d'antagonisme et d'anarchie économique, où s'épuisent aujourd'hui tant de forces humaines, par un régime de coopération, d'association de producteurs égaux fraternellement unis. Et lorsque partout le travail aura pris cette vaste forme de coopération sociale, quand tous les individus humains ne seront plus des salariés passifs, mais des associés intéressés directement au progrès de la richesse créée par eux et pour eux, alors toutes les activités et les initiatives, toutes les inventions seront activées par un aiguillon incomparable.

C'est la masse obscure des prolétaires qui a créé et préparé, dans l'anonymat de son travail quotidien, la majeure partie des grandes inventions qui sont aujourd'hui appliquées. Ce sont les combinaisons créées dans les cerveaux ouvriers des tisserands qui ont suggéré l'idée des premiers métiers mécaniques. Monge[4], le grand géomètre français, déclarait et reconnaissait que dans les dessins et la disposition des pierres réalisés spontanément par les maçons, il avait trouvé les éléments d'une géométrie appliquée.

Toutes les inventions ont leur principe dans le travail, dans l'expérience du travail et c'est de cette œuvre quotidienne d'applications et d'expériences que surgissent les idées nouvelles du progrès technique. L'aviation, par exemple, l'invention la plus étonnante des dernières années, n'est pas le fruit de hautes spéculations scientifiques. La science n'a pas encore réussi à surprendre la véritable cause du vol des oiseaux. Comment les oiseaux équilibrent-ils leur vol, comment peuvent-ils planer dans les airs ? Aucune théorie mécanique n'a pu encore l'expliquer avec précision, et de même qu'on ne connaît pas les formules de ce vol, on ne connaît pas non plus celles du vol des grands oiseaux mécaniques construits par l'homme. Ce vol s'est réalisé cependant. C'est par des tâtonnements et des audaces successives, c'est par l'audace du pilote habitué à manœuvrer sa machine et à la lancer sans vertige à toute force, c'est cette audace tranquille qui a permis à l'humanité de

4. Gaspard Monge (1746-1818), mathématicien, un des fondateurs de l'École normale supérieure et de l'École polytechnique, panthéonisé en 1989.

rompre au prix de beaucoup de vies, la chaîne séculaire de la pesanteur et de la servitude terrestres.

Non que je dédaigne la science théorique et ses audaces. Personne plus que moi ne l'admire et personne plus que moi n'apprécie la valeur de ses principes, même s'ils n'ont pas de conséquences pratiques immédiates. Ce que je veux dire, c'est que les ouvriers entrent pour une large part dans le progrès des inventions parce que ce sont eux qui, chaque jour, manœuvrent les appareils et les mécanismes. Et si aujourd'hui, avec la vie incertaine qu'il leur faut vivre, dans l'inertie à laquelle les réduit l'absence de responsabilité et de pouvoir de direction, si aujourd'hui, sous le règne du salariat qui est un état de semi-dépendance et de demi-sommeil, les ouvriers font surgir cependant de leur travail actif les découvertes par lesquelles l'humanité progresse, que sera-ce le jour où tous les hommes seront des individus complets, ayant dans le travail associé leur part égale de responsabilité et de direction proportionnelle à leurs efforts, lorsque de ces cerveaux éclairés, de ces cœurs libérés, de ces mains élevées par la noblesse du travail libre jailliront en abondance les progrès de la production et de la richesse !

Le socialisme et l'individualité

Et de même que le socialisme servira la civilisation en augmentant la force de production et le progrès technique, il la servira aussi en développant chez l'homme l'individualité.

C'est un bien singulier préjugé chez nos adversaires d'imaginer que le socialisme serait la paralysie, la réglementation des initiatives et des libertés. Il faut s'expliquer sur le sens de l'individualité humaine et sur la valeur de l'individualisme. Nombreux sont ceux pour lesquels l'individualisme se réduit à permettre à quelques individus d'usurper une fausse grandeur au préjudice des autres individus. Mais nous autres, nous ne reconnaissons l'individualisme que dans la libre impulsion donnée aux facultés profondes, aux activités de tous les hommes. Et ce qui m'impressionne à travers l'histoire, c'est que les hommes même qui se sont élevés au-dessus des autres grâce à la seule force du privilège social, perdent autant dans cette élévation factice et arbitraire que la masse des individus asservis et exploités par eux.

Il ne peut y avoir d'individualité plus orgueilleuse que celle des anciens rois de Ninive et de Babylone qui confisquaient au profit de leur majesté terrible et presque divine toutes les forces des multitudes soumises et craintives. Seul le roi pouvait, seul il décidait. Il dirigeait ses grandes chasses royales avec ses chiens terribles et lorsqu'il était las de chasser l'animal, il se divertissait par la terrible chasse à l'homme et à son signal la barbarie se déchaînait. Les captifs étaient amenés devant lui, immolés en sa présence et pour son plaisir. Le reflet du sang répandu l'enveloppait dans une espèce de pourpre comme une idole terrible devant laquelle tout pâlissait. Voilà les beautés de l'individualisme ! Ce souverain absolu, isolé dans la folie de son orgueil, incapable de goûter les joies nobles et simples de la vie, les joies de l'amour libre et spontané, les joies de la famille humaine, ne voyant partout qu'esclaves tremblants, ce souverain s'avilit et son cœur n'est plus qu'un vase rempli de cendres.

L'individu qui dirige devient plus grand à mesure que son pouvoir arbitraire sur les autres hommes diminue, il devient plus grand que cet épouvantable roi oriental. Les aristocrates romains qui avaient aussi leurs esclaves et leurs vaincus, traînant des chaînes qui faisaient un bruit sinistre par les rues de la vieille Rome, étaient au même moment obligés de traiter avec des citoyens libres, avec des hommes qui pouvaient dire : comme vous, nous sommes des citoyens de Rome. Et l'aristocrate romain, après avoir éprouvé une secousse dans son orgueil étroitement individuel, s'aperçoit que sa poitrine se gonfle d'orgueil plus noble, d'une joie plus généreuse et plus forte, celle d'être l'égal de tous les hommes qui sont avec lui sur le forum, celle de se sentir citoyen de la libre Rome.

Au Moyen Âge, le seigneur féodal a ses serfs et ses vassaux, son orgueil et ses brutalités. Mais si on va au fond de ces âmes, on s'aperçoit que leur véritable joie est celle de se sentir, à certains moments, liés à d'autres hommes par des liens d'affection et de fidélité réciproques.

Le noble féodal a été remplacé par la grande force, la grande individualité des temps modernes, qu'est le chef d'industrie, le chef de la production. Celui-là aussi a une grande puissance individuelle, il a aussi son orgueil et il exerce quelquefois son caprice sur d'autres hommes, mais il est d'autant plus grand qu'il doit compter avec la force libre des salariés qui s'organisent. Quelle que soit votre condition sociale, demandez-vous ce que serait aujourd'hui la bourgeoisie, intellectuellement et moralement, si elle n'avait dû diriger et gouverner que de masses ouvrières inertes, incapables de toute résistance et de toute revendication !

Ce fut un terrible châtiment qu'exercèrent les esclaves contre leurs maîtres. Les maîtres ont été cruels, ils ont manié le fouet et l'insulte, l'esclave a supporté en silence la violence et l'affront. Mais sa revanche historique, sa revanche poursuivie pendant des siècles, ce fut d'inoculer dans l'esprit de ses maîtres quelques-uns des vices de l'esclavage. L'esclave était l'image du travail et il montrait par son exemple le mépris dans lequel on tenait le travail.

Et si l'esclavage avait duré, s'il n'avait pas disparu au Brésil et dans les États-Unis d'Amérique du Nord, les propriétaires, en s'habituant à diriger cette masse harassée et stérile, auraient peu à peu sombré dans la paresse et l'inertie. Et si les ouvriers de la grande industrie moderne, les ouvriers qui ont été entassés depuis un siècle dans les usines et les ateliers, avaient été une masse soumise et molle, incapable de résistance et de revendications, ils se seraient enfoncés chaque jour plus profondément dans un bourbier de misère. Les dirigeants auraient alors cherché la victoire économique non pas dans le progrès technique de la production, dans l'organisation plus scientifique de leurs usines et dans l'élargissement du marché, mais dans l'exploitation de plus en plus sordide de la main-d'œuvre humaine humiliée. De sorte qu'en réclamant et en s'élevant pour défendre leur vie, les travailleurs ont élevé la bourgeoisie elle-même. Le chef d'industrie s'ennoblit lorsqu'il doit résoudre ce double problème : étendre et fortifier son industrie et tenir compte du désir de justice et des revendications de la classe prolétarienne.

Le jour où, dans la société transformée, tous les hommes seront des propriétaires associés, où par une série de transformations légales, les salariés et les prolétaires d'aujourd'hui coopéreront avec tous, ah ! le jour où les chefs et les organisateurs du travail ne seront plus imposés par le privilège du capital ou celui de la naissance, où ils seront élus et adoptés par leurs associés et recevront un mandat pour être directeurs et administrateurs de la production, que l'individu sera fort ce jour-là ! Car il faudra que ces chefs aient l'esprit de progrès qui développe la production, mais qui développe en même temps chez les milliers d'hommes qui seront leurs associés, l'audace de la pensée et la discipline collective du travail organisé. Jamais l'individualité humaine ne sera plus noble qu'à ce moment-là !

Il y a dans la société d'aujourd'hui une étrange façon de mesurer la valeur des hommes. Pour dire qu'une individualité s'éveille et se développe, il faut voir auprès d'elle, en contraste, d'autres individualités rabaissées, exploitées et humiliées. On ne conçoit la richesse humaine que comme un trésor limité qui appartient à certains et non aux autres. La véritable richesse cependant, c'est celle qui ne se diminue pas si on la partage.

Les facultés, les nécessités et les habitudes inférieures se font obstacle les unes aux autres. La vanité de l'or offusque l'esprit de domination de l'homme et exige la servilité des autres hommes. Et les individus, au lieu de rechercher le luxe substantiel, le luxe de la santé, le luxe de l'élégance sobre et de la beauté virile, sont désespérés par un luxe de vanité, qui leur interdit de jouir de ce que d'autres en même temps qu'eux possèdent.

Bien au contraire, toutes les facultés supérieures de l'individu humain peuvent se manifester dans leur plénitude. Qu'un homme aime d'un noble amour, et l'exemple même de cet amour noble et pur éveille dans le cœur des autres hommes de vastes possibilités d'amour. Qu'un homme pense et développe ses facultés mentales, qu'il étudie, qu'il comprenne, qu'il travaille et qu'il admire, et, bien loin de freiner les facultés des autres hommes, il les ennoblit, et lui-même devient d'autant plus grand qu'il diffuse sur les autres les rayons d'une belle émotion.

Admirer seul, savoir admirer seul, savoir, devant la beauté d'un livre, d'un paysage ou d'un récit historique, admirer seul la beauté est une grande et noble chose. Mais cette admiration s'élargit et s'élève, elle acquiert une valeur plus intense lorsque d'autres cordes, avec leur originalité profonde et toute particulière, vibrent de la même émotion. Montez sur une montagne et du haut du sommet le plus élevé admirez l'horizon infini là où semblent se rejoindre le bleu de la mer et le bleu du ciel. Vous resterez silencieux et émus, dans le recueillement, dans cette communion de l'homme avec la beauté des choses. Mais à votre côté s'élève le murmure d'une admiration égale à la vôtre, un homme comme vous dont les yeux sont remplis de la même beauté et illuminés de la même flamme, vous montre dans ce que vous admirez des détails qu'il a surpris et alors l'échange de l'émotion s'établit et toutes les facultés de l'âme se purifient en s'élevant jusqu'aux plus hauts sommets. C'est pour cela que le philosophe disait : les corps se heurtent, les esprits, non. Les appétits brutaux des hommes sont les corps, les appétits sublimes sont les esprits.

Le socialisme et la propriété

De même que le socialisme sert la civilisation en développant le progrès de la production et le progrès de l'individualité véritable, il la sert lorsqu'il veut renouveler et augmenter parmi les hommes les bénéfices de la propriété.

Mais, de même que l'individualisme ne voit l'exaltation de quelques individus que lorsque la masse se rapetisse, la propriété pour beaucoup ne vaut que dans la mesure où elle est un privilège et n'aurait par conséquent aucune valeur si elle était, pour tous, le fondement de la vie et la garantie de l'indépendance. Cependant, dans l'état actuel du monde, si on veut que chaque homme possède, il faut les appeler à la propriété individuelle sous forme coopérative, car la technique de la production ne permet pas la propriété individuelle, sinon dans certaines branches de la production agricole. Et à mesure que la vieille propriété individuelle est dévorée ou détruite par la propriété monopoliste du grand capital, il deviendra nécessaire, pour appeler tous les citoyens à la propriété, de réaliser la socialisation de ces monopoles capitalistes.

Les hommes se sont trompés à ce sujet lorsqu'ils ont cru que le seul jeu des libertés politiques et de la concurrence économique suffirait pour réaliser une vaste répartition de la propriété. C'est une illusion qu'ont entretenue les révolutionnaires de la vieille Europe en 1789, 1790 et 1793. Tous les grands révolutionnaires français, Mirabeau, Condorcet, Robespierre, ont cru que le jour où le privilège et les entraves de l'Ancien Régime seraient abolis, le jour où il n'y aurait plus ni privilèges féodaux et corporatifs, ni privilèges royaux, la propriété se disperserait et que les premières grandes usines se convertiraient en ateliers indépendants. La société que ces hommes avaient entrevue était une démocratie de petits propriétaires et de petits artisans. Le paysan propriétaire aurait son petit troupeau et la laine de ce troupeau serait tissée dans les environs par un artisan tisserand modeste qui travaillerait chez lui avec deux, quatre ou six apprentis. C'était l'idée que les révolutionnaires se faisaient du développement économique. Ils pensaient que la démocratie politique suffirait, par son seul fonctionnement, à réaliser la démocratie sociale, une démocratie modeste, idyllique, qui ignorerait les grandes fortunes et le prolétariat. On sait ce que ce rêve des révolutionnaires confiants est devenu dans la vieille Europe et même en Amérique.

Peu à peu, au cours même de la crise de la Révolution, comme l'a bien vu Babeuf, les plus habiles et les plus ingénieux ont commencé à accaparer les terres publiques vendues et un véritable monopole du commerce s'est organisé. Avec ces fortunes nées de la spéculation sur les terres et du monopole mercantile, les manufactures se sont développées, où l'on introduisit la division du travail, l'utilisation de la vapeur encore à peine connue. Le puissant machinisme se constitua, la production se fit dans de grands centres, et la concurrence devint difficile pour les plus petits. Et si autrefois l'apprenti pouvait espérer devenir patron à son tour, le jour où la grande industrie commença à écraser les petits ateliers par sa technique prodigieuse et sa puissance admirable, la séparation entre les classes devint définitive.

Car, dans la société d'aujourd'hui, il n'y a pas de puissance totalement évincée. Toute force est ambiguë, tout progrès porte en lui la vie et la mort réunies. Et la puissance même du progrès, les applications mêmes de la science au travail qui transforment le monde et multiplient les richesses, détruisent toute concurrence des petits producteurs et des petits commerçants. Ah, le forgeron d'autrefois qui alimentait sa forge avec le bois de la montagne, il a été dévoré par les fourneaux des grandes usines du Creusot ou de Schneider[5]. Et le rouet que la vieille sur sa porte faisait tourner en cadence, il a été remplacé par les métiers mécaniques comme l'a été le tisserand qui accompagnait avec son pied, avec le mouvement de son corps et sa chanson, la pédale de l'humble métier. Dans les usines de Roubaix, à Lille, à Tourcoing, à Manchester, des milliers et des milliers d'hommes travaillent, manipulent des machines compliquées, au service de sociétés par actions qui possèdent d'énormes capitaux. Dans la vieille Europe donc, s'est créée, au-dessus des masses politiquement souveraines mais économiquement opprimées, une oligarchie du capital qui a trop de pouvoir et de responsabilité pour que celles-ci réussissent à constituer une force.

La même illusion, la même erreur de perspective des révolutionnaires du vieux monde s'est produite dans le nouveau. Il y a quelques jours, je lisais un livre d'Avellaneda[6] sur les terres publiques, écrit en 1885, dans lequel, parlant des États-Unis d'Amérique du Nord, et des immenses espaces de terres qui s'ouvraient là-bas à la culture, il disait : « C'est une nouvelle ère dans l'histoire des hommes, la vieille Europe pléthorique ne peut donner la propriété à chacun, la vieille Europe a des riches surchargés de biens et des prolétaires surchargés de misère, aux États-Unis nous assistons à un grand spectacle, l'accession d'un peuple entier à la propriété de la terre, aux États-Unis les luttes de classes sont terminées, le prolétariat sera une chose inconnue en Amérique. » Voilà ce que disait un homme à l'esprit cultivé.

---

5. Le Creusot est le fief industriel des Schneider. Jaurès devait penser à l'autre grande famille de maîtres de forges, les de Wendel.

6. Nicolas Avellaneda (1836-1885), homme d'État argentin. Professeur d'économie politique, ministre, il développa l'enseignement et fut président de la République argentine (1874-1885).

Les choses ont changé aux États-Unis depuis lors. Et si le nombre des paysans propriétaires, des *« farmers »* a augmenté, ceux-ci se plaignent d'être tyranniquement exploités par la bourgeoisie capitaliste qui fixe les prix de vente selon son bon plaisir, par les trusts qui absorbent leurs produits et qui les obligent à payer très cher ce qu'ils achètent en mettant d'énormes droits à la production. Et au-dessus de ceux de ses *« farmers »* de condition précaire, au-dessus de la foule énorme des ouvriers périodiquement atteinte par le chômage, s'est élevée l'oligarchie capitaliste la plus formidable du monde, une oligarchie sous forme de trusts. Une minorité infime possède aux États-Unis les trois-quarts de la formidable richesse nationale.

En Amérique comme en Europe, l'espoir de ceux qui ont cru que la seule démocratie politique suffirait à assurer la distribution de la propriété et l'équilibre social, a été détruit. Sans aucun doute, les masses ont atteint un niveau de vie plus élevé, mais il y a une disproportion énorme, et qui s'aggrave, entre la condition de ces masses et le privilège des oligarchies dirigeantes. En Europe comme en Amérique, aux États-Unis comme en Angleterre, en France ou en Allemagne, un abîme s'est creusé entre les classes, et pour que le privilège de la propriété ne dresse pas les uns contre les autres, pour que la propriété puisse accomplir son œuvre bienfaitrice, il faut chercher dans le socialisme, dans des formes, des combinaisons et des organisations nouvelles, le moyen de l'étendre socialement.

Et c'est parce que le socialisme a posé ce problème, parce qu'il a formulé des conclusions précises à ce sujet, qu'il est une force de civilisation profonde et essentielle.

Si à l'heure où nous vivons, les masses expropriées et empêchées d'accéder aux formes actuelles de la propriété n'avaient pas entrevu, à la lumière du socialisme, des sentiers nouveaux vers l'avenir, le désespoir germerait dans leurs âmes et elles se débattraient dans le découragement de qui aspire en se couchant à ne pas reprendre le fardeau le lendemain ; ou bien elles vivraient dans un état de révolte convulsive. Et parce que le socialisme a pu faire entrer dans tous les cerveaux une idée, et avec l'idée un espoir, le mouvement ouvrier, malgré ses inévitables sursauts et les excès de violence que toutes les classes de l'histoire ont connus, le mouvement ouvrier s'éduque, se discipline et s'organise et il a la possibilité d'entrevoir l'heure où de grandes transformations se produiront. Pour cette raison, le socialisme est la grande force des temps présents. Avec lui, par la production accrue et organisée, par l'individualité développée en chaque homme, par la propriété universalisée sous des formes sociales corporatives, tous les individus seront vraiment des êtres humains, et pour la première fois dans l'histoire, la culture sera profonde et universelle.

La justice sociale

Jusqu'à ce jour, les civilisations les plus resplendissantes ont été comme des fleurs poussées sur un fond de misère de servitude. La beauté hellénique, le génie de Phidias, l'élégance souveraine du Parthénon, la divine musique des dialogues de Platon, le prodigieux éclat de la pensée d'Aristote resplendissant sur toutes les choses de la nature et de l'homme, la démocratie d'Athènes délibérant sur l'Agora sous le bleu du ciel attique... Quel admirable spectacle ! Qui avait comme assise et comme base obscure la servitude des alliés exploités et la misère muette des esclaves.

Ensuite, c'est le grand Soleil qui passe sur la Terre, c'est un mage d'or qui se reflète sur le lac de Galilée, un sublime espoir qui traverse le cœur des hommes. Mais tandis que les premiers triomphes de la nouvelle doctrine faisaient leur chemin, les misères des travailleurs continuaient. L'Empire romain, qui transmet ses conquêtes à l'Église elle-même, s'appuie sur la servitude des esclaves. Les esclaves s'inclinaient sur la glèbe, au bord des chemins qui conduisaient les fidèles vers l'église fraternelle. Les esclaves assistaient au même office divin où l'on proclamait la beauté et où l'on vénérait un dieu de fraternité et de douceur. Mais les patriciens croyaient que l'égalité suffisait dans l'ordre surnaturel et ils oubliaient de la réaliser dans la vie.

La Révolution est venue et a dit : liberté pour tous les hommes, droits pour tous les hommes, et elle a cru aussi que l'exercice de la liberté suffirait pour réaliser la justice. Mais les forces économiques travaillent, qui accumulent entre les mains de quelques-uns la richesse et la puissance et qui entasse sur les autres la servitude et la misère.

Eh bien, il faut en finir avec ces iniquités de l'histoire, il faut en finir avec ces civilisations d'apparence et de faux brillant. Nous voulons que la masse s'élève, que l'égalité pénètre dans la vie des hommes, qu'ils ne soient pas seulement frères de noms et égaux en vertu d'une formule, mais qu'ils soient vraiment des associés et des coopérateurs dans la vie, dans le travail, dans les habitudes de pensée, dans la joie du cœur, dans la noblesse de l'âme et dans l'agrandissement des horizons de justice, de lumière et d'espérance.

Telle est l'œuvre civilisatrice du socialisme. Et dans le même temps qu'il veut qu'une société d'êtres égaux remplace une société d'antagonismes qui fait se heurter les individus contre les individus et les classes contre les classes, il veut que la barbarie de la guerre et de la paix armée cesse pour les nations et que tous les trésors et toutes les richesses d'or et de pensée gaspillés par l'humanité à ces brutalités servent à enrichir la vie.

C'est cet idéal de paix, de justice, d'humanité et de travail associé, organisé et fécond que le socialisme propose à l'âme des foules. Ce sont elles qui poussent l'histoire, ce sont elles qui réalisent cet idéal. Et les hommes et les peuples réconciliés accéderont pour la première fois à l'humanité. Jusqu'à maintenant, il n'y a eu que des fragments, que des bribes d'humanité. Aujourd'hui, nous portons en nous, en même temps que les beautés de la pensée, les impulsions de l'instinct sauvage, nous ne trouvons une véritable joie que lorsque nous possédons et que nous jouissons de ce que les autres n'ont pas. Il faut se libérer de cet horrible fardeau, de ces restes d'instinct grossier et de bestialité. Il faut établir l'humanité libre et puissante, l'humanité qui aura une conscience, une volonté et un cœur !

TROISIÈME PARTIE

POUR LA LAÏQUE

Pour la laïque

Chambre des députés, séances des 21 et 24 janvier 1910

« Pour la laïque » est un des grands classiques jaurésiens. Ce discours parlementaire a été prononcé lors de deux séances successives à la Chambre des députés, les vendredi 21 et lundi 24 janvier 1910, au moment de la grande inondation de Paris, et très vite publié sous ce titre en brochure par la Librairie de L'Humanité. Son premier objet est de répondre à une offensive engagée depuis plusieurs années par l'Église, dans la logique de la confrontation choisie par le Vatican, contre l'enseignement public, ses programmes et ses manuels. L'Église en appelle à la « neutralité » scolaire contre un enseignement jugé « partial ». Elle a formellement condamné plusieurs ouvrages et appelé les fidèles à en refuser l'achat. L'écrivain Maurice Barrès, député de Paris, s'en est pris à la tribune de la Chambre aux instituteurs, « prêtres manqués », et a mis en avant le droit des familles, et notamment celui des pères, à faire assurer l'enseignement de leur choix à leurs enfants. Jaurès est déjà intervenu lors de ces débats, à la Chambre, dans L'Humanité, La Dépêche *(de Toulouse), ou dans la* Revue de l'enseignement primaire et primaire supérieur.

S'il ne se dérobe pas, il n'est pas non plus sûr que ce soit alors son terrain de prédilection. La laïcité est en effet loin d'être le seul sujet d'affrontement, politique ou social. Depuis le temps du Bloc des gauches, la situation politique s'est compliquée et dégradée. Les questions sociales sont passées au premier plan : révolte du Midi viticole en 1907, multiplication des grèves (1 300 grèves en 1906 représentant 440 000 grévistes), poussée du syndicalisme révolutionnaire qui inspire l'action de la Confédération générale du travail et s'étend aux fonctionnaires et employés de l'État... Les républicains de gouvernement, champions de la laïcité, se montrent favorables à ce qu'on pourrait appeler « une gauche d'ordre ». Clemenceau (1906-1909), comme son successeur Briand (1909-1911), répondent par la fermeté : affrontements, répression parfois sanglante (morts de Draveil et de Villeneuve-Saint-Georges), toujours rigoureuse (révocations en masse de cheminots et de fonctionnaires). En revanche, les réformes annoncées (impôt sur le revenu, retraites ouvrières, etc.) semblent toujours reportées... ou vidées d'une bonne part de leur contenu (les retraites ouvrières et paysannes seront finalement adoptées en 1910, mais dans des conditions plus défavorables que celles prévues initialement, avec notamment l'âge de 65 ans et non de 60 pour le droit à pension...).

Il est utile de ne pas oublier cet arrière-plan quand on lit l'intervention de Jaurès. La cause immédiate du débat parlementaire peut paraître quelque peu anecdotique : une interpellation au sujet des activités d'un universitaire (Jacques Rocafort) particulièrement offensif contre les programmes et les méthodes de l'enseignement public. Le camp laïque s'émeut et profite de la discussion du budget de l'instruction publique pour passer à la contre-offensive. Dans de contexte, Jaurès se montre aussi éloquent qu'habile. Il choisit, comme souvent chez lui, de commencer par un rappel des principes : nécessité de la laïcité et attaque contre une Église fermée à l'esprit de raison et de démocratie, de l'anathème du Syllabus *à la condamnation récente et à l'excommunication de Loisy, chef de file des catholiques « modernistes ». Il ne s'en tient pas là et développe ses vues en faveur d'une laïcité qui sache ne pas s'enfermer dans des cadres administratifs, mais faire valoir le maximum de liberté. C'est le Jaurès qui se souvient de son souhait de « marcher et chanter et délirer même sous les cieux, respirer les larges souffles et cueillir les fleurs du hasard »* (Revue socialiste, *mars 1895). De même, face au droit des pères de famille défendu par Barrès, il oppose un droit supérieur et imprescriptible de l'enfant à recevoir l'enseignement le plus libre qui soit sous la garantie suprême de l'État, outil de la démocratie et non agent de contrainte. Il parvient ainsi à assurer la défense et la promotion des valeurs de la laïcité, tout en montrant que l'Église est condamnée à s'adapter ou à s'étioler, et à montrer, au terme d'une grande fresque historique et planétaire, que les espérances d'aujourd'hui, religieuses ou non, doivent se tourner vers l'émancipation sociale. Bref un texte beaucoup plus ample et profond que le laisse suggérer le seul titre militant choisi en 1910 pour le populariser.*

M. Jaurès. Messieurs, maintenant que la Chambre, à une grosse majorité, a pris son parti, je lui demande respectueusement de vouloir bien s'y tenir.

M. le président du Conseil[1] a circonscrit le problème politique qui s'est posé devant nous.

J'espère ne point vous paraître indiscret ou présomptueux si je reviens au grand problème d'ordre général qui, selon moi, domine le débat.

Par l'ample et noble débat qui s'est développé à cette tribune et qui a attesté une fois de plus que, quelles que puissent être les fautes de tel ou tel Parlement, c'est dans la liberté des débats publics, dans le libre contrôle réciproque des partis qu'est, pour les nations modernes, la seule garantie des droits et des intérêts de tout citoyen, par ce grand débat deux questions sont posées devant vous : comment organiser, distribuer l'enseignement populaire de façon qu'il soit en conformité avec l'esprit de la République et des temps nouveaux et qu'il donne à l'ensemble des familles et à toutes les consciences les garanties nécessaires ?

Et puis, par quelle politique, par quels actes, par quelles lois pourrait être défendue, contre toute menace et contre toute attaque, l'école laïque ?

Quand on discute sur les fondements de l'enseignement populaire public, sur sa nature, sur son caractère, quand on parle de la neutralité scolaire et qu'on essaye de la définir, en sens divers, il me semble que l'on commet un malentendu.

On discute, on raisonne comme si une grande nation pouvait arbitrairement donner tel ou tel enseignement. Messieurs, on n'enseigne pas ce que l'on veut ; je dirai même que l'on n'enseigne pas ce que l'on sait ou ce que l'on croit savoir : on n'enseigne et on ne peut enseigner que ce que l'on est. J'accepte une parole qui a été dite tout à l'heure, c'est que l'éducation est, en un sens, une génération.

1. Il s'agit d'Aristide Briand (1862-1932), en fonctions depuis juillet 1909, chargé aussi de l'Intérieur et des Cultes.

Je n'entends point du tout par là que l'éducateur s'efforcera de transmettre, d'imposer à l'esprit des enfants ou des jeunes gens telle ou telle formule, telle ou telle doctrine précise.

L'éducateur qui prétendrait ainsi façonner celui qu'il élève, ne ferait de lui qu'un esprit serf. Et le jour où les socialistes pourraient fonder des écoles, je considère que le devoir de l'instituteur serait, si je puis ainsi dire, de ne pas prononcer devant les enfants le mot même de socialisme.

S'il est socialiste, s'il l'est vraiment, c'est que la liberté de sa pensée appliquée à une information exacte et étendue l'a conduit au socialisme. Et les seuls chemins par où il y puisse conduire des enfants ou des jeunes gens, ce serait de leur apprendre la même liberté de réflexion et de leur soumettre la même information étendue. *(Applaudissements à l'extrême gauche.)*

Messieurs, il en est de même d'une nation et il serait puéril à un grand peuple d'essayer d'inculquer, aux esprits, à l'esprit de l'enfance, selon l'ombre fuyante des événements ou les vicissitudes d'un gouvernement d'un jour, telle ou telle formule passagère. Mais, il reste vrai que l'éducateur, quand il enseigne, communique nécessairement à ceux qui l'écoutent, non pas telle ou telle formule particulière et passagère, mais les principes essentiels de sa liberté et de sa vie.

Eh bien ! messieurs, il en est des nations comme des individus ; et lorsqu'une nation moderne fonde des écoles populaires, elle n'y peut enseigner que les principes mêmes selon lesquels les grandes sociétés modernes sont constituées. Or, sur quels principes, depuis la Révolution surtout, reposent les sociétés politiques modernes, sur quels principes repose particulièrement la France, dont ce fut le péril, on l'a dit souvent, mais dont c'est la grandeur d'avoir par son esprit logique et intrépide poussé jusqu'aux conséquences extrêmes l'idée même de la Révolution ? L'idée, le principe de vie qui est dans les sociétés modernes, qui se manifeste dans toutes leurs institutions, c'est l'acte de foi dans l'efficacité morale et sociale de la raison, dans la valeur de la personne humaine raisonnable et éducable.

C'est ce principe, qui se confond avec la laïcité elle-même, c'est ce principe, qui se manifeste, qui se traduit dans toutes les institutions du monde moderne. C'est ce principe qui commande la souveraineté politique elle-même. Ah ! messieurs, les catholiques, les chrétiens peuvent continuer à dire que même le pouvoir populaire d'aujourd'hui est une dérivation, une émanation du pouvoir de Dieu. Mais ce n'est pas en vertu de cette délégation que la démocratie moderne prétend exercer sa souveraineté.

Et la preuve c'est que la société moderne, lorsqu'elle constitue les organes de sa souveraineté, lorsqu'elle met sa souveraineté propre en action, en mouvement, quand elle confère, quand elle reconnaît à tous les citoyens le droit de participer à l'exercice du pouvoir, à l'élaboration de la loi, à la conduite de la société, l'État ne demande ni au citoyen qui vote, ni au législateur qui traduit la pensée des citoyens : quelle est votre doctrine religieuse ? quelle est votre pensée philosophique ?

L'exercice de la souveraineté, l'exercice de la puissance politique dans les nations modernes n'est subordonné à aucune formule dogmatique de l'ordre religieux ou métaphysique. Il suffit qu'il y ait des citoyens, il suffit qu'il y ait des êtres majeurs ayant leur liberté, leur personnalité et désireux de mettre en œuvre ce droit pour que la nation moderne dise : voilà la source unique et profonde de la souveraineté. *(Applaudissements à l'extrême gauche.)*

Messieurs, c'est la même laïcité, c'est la même valeur de la raison qui est à la base de la famille. Il a été parlé ces jours-ci des droits des pères de famille[2], et je ne sais pas à quelles conditions, ou plutôt je sais à quelles conditions l'Église subordonne l'exercice du droit, affirmé par elle, des pères de famille ; mais ce que je sais bien, c'est que la société moderne, c'est que la France moderne ne subordonne à aucune condition préalable de foi religieuse, de déclaration confessionnelle, l'exercice du droit et du pouvoir de fonder une famille égale.

2. Allusion notamment à l'intervention récente de Maurice Barrès.

L'autorité du père, elle sera grande, il dirigera les enfants, il gouvernera la famille ; mais cette autorité, l'État ne lui dit pas : tu ne l'exerceras qu'à condition de donner à la société la garantie d'une foi religieuse déterminée.

Ainsi, messieurs, comme à la base de la souveraineté, à la base de la famille est, dans la nation moderne, le principe de laïcité et de raison ; et c'est de la même source que procède aujourd'hui la communauté de la patrie.

Oh ! messieurs, je ne suis pas de ceux qui disent que c'est la Révolution française qui a créé la nation. La France préexistait à la Révolution française...

M. le marquis de Rosambo [3]. Cela me fait très grand plaisir de vous l'entendre dire !

M. Jaurès. ...j'entends qu'elle préexistait comme personnalité consciente – même quand elle n'avait d'autre symbole de son unité, que la famille royale en qui elle résumait mystiquement son origine, son titre, son droit. Même alors elle était une ; mais ce qui est vrai, c'est que cette nation, cette patrie, la Révolution française l'a singulièrement élargie et intensifiée. Et pourquoi la patrie à l'heure de la Révolution est-elle devenue plus une, plus consciente, plus ardente et plus forte ? Est-ce à un renouvellement de foi religieuse, est-ce à l'unité de la foi chrétienne que la patrie de la Révolution a demandé ce surcroît d'ardeur et de flamme ? Non, messieurs ; c'est parce que les citoyens qui n'étaient jusque-là que des sujets, qui n'étaient qu'une sorte de foule passive ont été appelés, tous, à l'exercice d'un droit individuel, d'un droit personnel fondé sur la raison, que tous ces hommes entrant ensemble avec leurs âmes neuves et ardentes, dans la patrie d'hier, l'ont enflammée et l'ont agrandie. *(Applaudissements à l'extrême gauche et à gauche.)*

M. le marquis de Rosambo. Bien avant 1789 les sujets du roi de France étaient des citoyens. *(Bruits à gauche.)*

M. Jaurès. Lorsque dans la fête de la Fédération, au 14 juillet 1790, des délégués de toutes les provinces se sont rencontrés pour

3. Le marquis de Rosambo, ancien officier de cavalerie, agriculteur, maire de Lanvellec, est député des Côtes-du-Nord.

affirmer l'unité nationale et la liberté commune, ce n'est pas la messe constitutionnelle célébrée au Champ-de-Mars par l'évêque boiteux[4] qui a propagé sur tout ce peuple l'émotion et l'enthousiasme, ce n'est pas de cet autel improvisé et équivoque qu'a rayonné la force des temps nouveaux, c'est de la communauté du sentiment humain et de l'espérance humaine.

Je ne veux pas blesser nos collègues catholiques de la droite, mais je constate un fait historique en disant qu'en 1793 et 1794 dans ces jours de l'an II si ardents, si débordants de sacrifices, où la foi chrétienne, pour une heure peut-être était en bas, en fait et sans que je prétende rattacher les deux ordres d'idées, c'est à l'heure où la foi chrétienne était dans les âmes au plus bas et que la patrie était au plus haut.

Et de même, messieurs, ce n'est pas le culte de la foi traditionnelle, ce n'est pas le culte de l'ancienne religion nationale qui a jeté les hommes de l'Empire, incroyants pour la plupart, aux aventures épiques, malgré les oripeaux de catholicisme officiel dont Napoléon drapait son césarisme demi-païen ; ce n'est pas la foi chrétienne qui a suscité alors les énergies et les enthousiasmes ; et comme la Révolution avait laïcisé la patrie, l'Empire a laïcisé la gloire. *(Vifs applaudissements à l'extrême gauche et à gauche.)*

Et de la science, messieurs, qui ne voit que le caractère autonome apparaît dans les nations modernes ? Je veux parler de la science comme d'une institution, non pas seulement parce qu'elle a des laboratoires publics, mais qu'elle agit si profondément sur les esprits auxquels elle fournit des données communes, et sur la marche même de la vie sociale, qu'elle a, en effet, la valeur d'une institution, institution autonome, institution indépendante. Il y a eu des temps où la science elle-même était obligée de subordonner son enquête à des affirmations religieuses extérieures à sa propre méthode et à ses propres résultats. Eh bien, aujourd'hui, lorsque par sa méthode propre, par l'expérience qu'élargit le calcul, par le calcul qui vérifie l'expérience, lorsque la science a constaté des faits,

4. Il s'agit bien sûr de Talleyrand (1754-1838), évêque d'Autun et député à l'Assemblée nationale constituante.

si lointains soient-ils dans l'espace, lorsqu'elle a déterminé des rapports, il n'y a pas de livre, même s'il se déclare révélé en toutes ses parties, qui puisse faire dans aucun esprit, pas plus dans l'esprit des catholiques que dans l'esprit des libres penseurs, équilibre et échec à la vérité scientifique proclamée dans son ordre et dans son domaine. *(Très bien ! très bien ! à l'extrême gauche.)*

Je ne dis pas non plus que la science épuise tous les problèmes ; et l'admirable savant qui a écrit un jour : « Le monde n'a plus de mystère », me paraît avoir dit une naïveté aussi grandiose que son génie.

Mais dans son domaine, dans l'ordre des faits qu'elle atteint, des rapports qu'elle constate, elle est invincible et incontrôlable à toute autre autorité ; et si entre un livre et elle, étudiant, explorant l'univers, il y a conflit, c'est le livre qui a tort et c'est l'univers qui a raison.

Voilà donc le mouvement de laïcité, de raison, de pensée autonome qui pénètre toutes les institutions du monde moderne ; et ce n'est pas là une société médiocre. Depuis que le droit à la raison a été promulgué, depuis que dans le vieux monde a retenti l'appel du monde nouveau, depuis que dans les vieux clochers la Révolution a sonné le tocsin des temps nouveaux, jamais la vie humaine n'a atteint une plus prodigieuse intensité. Ce n'est pas seulement l'intensité de la vie, ce n'est pas seulement l'ardeur de la bataille menée par les principes du monde nouveau contre les principes encore affirmés du monde ancien ; c'est qu'une occasion admirable s'est offerte au monde nouveau soulevé ainsi par la raison.

La démocratie, messieurs, nous en parlons quelquefois avec un dédain qui s'explique par la constatation de certaines misères, de certaines vulgarités ; mais si vous allez au fond des choses, c'est une idée admirable d'avoir proclamé que, dans l'ordre politique et social d'aujourd'hui, il n'y a pas d'excommuniés, il n'y a pas de réprouvés, que toute personne humaine a son droit. *(Applaudissements à l'extrême gauche et à gauche.)*

Et ce ne fut pas seulement une affirmation ; ce ne fut pas seulement une formule ; proclamer que toute personne humaine a un droit, c'est s'engager à la mettre en état d'exercer ce droit par la croissance de la pensée, par la diffusion des lumières, par l'ensemble des garanties réelles, sociales, que vous devez à tout être humain si vous voulez qu'il soit en fait ce qu'il est en vocation, une personne libre.

Et voilà comment, par l'ardeur intérieure du principe de raison, par la revendication des foules éveillées par l'idée du droit à l'espérance, la démocratie politique tend à s'élargir en démocratie sociale, et l'horizon devient tous les jours plus vaste devant l'esprit humain en mouvement.

Ah ! messieurs, nos collègues de droite nous reprochent parfois de n'avoir pas de base métaphysique à notre morale. Ils nous reprochent d'être obligés ou de nous réfugier dans l'ancienne morale dépouillée de ses sanctions, ou de nous humilier dans l'humilité de la morale pratique et domestique.

Ils oublient que, dans la dure nature dont elle subit encore les lois, l'humanité cherche à créer une forme sociale où toutes les personnes humaines seraient vraiment libres et, par la pratique de la justice, seraient harmonisées les unes aux autres, lorsque nous créons ce fait, lorsque nous faisons jaillir dans l'univers aveugle et brutal cette possibilité, cette réalité de liberté et d'harmonie, nous jetons dans l'univers, nous, dans la réalité, le fondement d'une interprétation idéaliste du monde. *(Applaudissements sur divers bancs à gauche et à l'extrême gauche.)*

Leibniz [5] n'opposait pas substantiellement la matière à l'esprit. Pour lui, la matière était la force à l'état de confusion et d'exclusion, l'esprit, la même force à l'état d'organisation, d'harmonie et de lumière.

Mais c'est lui qui, pour distinguer, par leurs qualités, la matière de l'esprit, disait cette parole incomparablement belle : « Les corps s'empêchent, les esprits ne s'empêchent pas. »

Je dis que fabriquer, que produire, que créer une société où toutes les personnes auraient un droit certain et, par la certitude de

5. Gottfried Wilhelm Leibniz (1646-1716), philosophe allemand qui exerça une forte influence sur Jaurès. Cf. notamment *Philosopher à trente ans* (les thèses et autres textes), tome 3 des *Œuvres de Jean Jaurès*, édition établie par Annick Wajngart-Taburet, Paris, Fayard, 2000.

la garantie sociale, seraient harmonisées les unes avec les autres, c'est faire œuvre de spiritualité profonde, non pas de spiritualité abstraite, factice, détachée, mais de spiritualité réelle et concrète qui s'empare de tous les éléments du monde naturel pour les transfigurer. *(Applaudissements à l'extrême gauche et à gauche.)*

Et, en même temps, j'ajoute que la démocratie moderne n'a pas interdit à l'esprit humain les grands élans, les grandes audaces de spéculation. Il est facile de railler la multiplicité, l'apparente contradiction, le prompt effondrement des systèmes ; mais je dis que, de toutes ces synthèses, que ce soient celles de la philosophie allemande, ou anglaise, ou française, il reste toujours, pour l'esprit de l'homme, une habitude des hauteurs. Elles sont comme ces sentiers qui restent frayés vers les sommets, et qui, même s'ils se dégradent pas intervalles et ne peuvent plus porter nos pas, conduisent du moins nos regards jusqu'à la cime. *(Très bien ! très bien ! à l'extrême gauche.)*

Ainsi, ce n'est pas une entreprise médiocre, ce n'est pas une entreprise sans idéal et sans hauteur que celle de la révolution de la raison ; et j'ose dire que, parce que la révolution de la raison n'a été possible que par un long effort, par une longue préparation, par des luttes séculaires, c'est nous, aujourd'hui, qui représentons vraiment la tradition en ce qu'elle a de vivant et d'agissant.

M. Barrès nous invite souvent à revenir vers le passé ; il a, pour ceux qui ne sont plus et qui sont comme sacrés par l'immobilité des attitudes, une sorte de piété et de culte. Eh bien ! nous aussi, messieurs, nous avons le culte du passé. Mais la vraie manière de l'honorer ou de le respecter, ce n'est pas de se tourner vers les siècles éteints pour contempler une longue chaîne de fantômes : le vrai moyen de respecter le passé, c'est de continuer, vers l'avenir, l'œuvre des forces vives qui, dans le passé, travaillèrent. *(Applaudissements à l'extrême gauche et à gauche.)*

Ceux qui ont lutté dans les siècles disparus, à quelque parti, à quelque religion, à quelque doctrine qu'ils aient appartenu, mais par cela seul qu'ils étaient des hommes qui pensaient, qui désiraient, qui souffraient, qui cherchaient une issue, ils ont tous été, même ceux qui dans les batailles d'alors, pouvaient paraître des conservateurs, ils ont tous été, par la puissance invincible de la vie, des forces de mouvement, d'impulsion, de transformation, et c'est nous qui recueillons ces frémissements, ces tressaillements, ces mouvements, c'est nous qui sommes fidèles à toute cette action du passé, comme c'est en allant vers la mer que le fleuve est fidèle à sa source. *(Vifs applaudissements à l'extrême gauche et à gauche.)*

Messieurs, oui, nous avons, nous aussi, le culte du passé. Ce n'est pas en vain que tous les foyers des générations humaines ont flambé, ont rayonné ; mais c'est nous, parce que nous marchons, parce que nous luttons pour un idéal nouveau, c'est nous qui sommes les vrais héritiers du foyer des aïeux ; nous en avons pris la flamme, vous n'en avez gardé que la cendre. *(Vifs applaudissements répétés sur les mêmes bancs. – Interruptions à droite.)*

Voilà, messieurs, quelle est notre doctrine, voilà quel est notre titre, à la fois idéal et vivant, à enseigner. Et je défie que, dans la France moderne, on puisse instituer un enseignement vivant qui ne se conforme pas à ces principes ; je défie même qu'il puisse y avoir un enseignement privé qui s'y dérobe hardiment et qui ne s'y soumette pas, non pas par peur des contraintes extérieures, mais par peur de se sentir en contradiction trop violente avec l'esprit vivant du monde nouveau.

Mais nous nous trouvons en face d'une autre puissance, d'une autre société qui a traversé les siècles avec une autre foi, avec un autre principe et qui, malgré les orages, malgré les coups qu'elle a reçus, reste, dans les sociétés modernes en état d'hostilité, une puissance encore considérable. Or, cette puissance, l'Église, organisatrice de l'ancienne foi, pour beaucoup de consciences se perpétue, elle a, elle, un autre principe, une autre doctrine.

Messieurs, je veux faire un reproche à la plupart des orateurs catholiques qui se sont succédé à cette tribune, et M. le président du Conseil le leur adressait déjà, il y a un instant, à quelque degré. Les évêques, dans le manifeste où ils ont dénoncé l'école, ont eu un beau courage. Ils ont posé nettement le problème ; ils n'ont pas seulement dénoncé les abus, les prétendues grossièretés, les excès de zèle de quelques maîtres ou les polémiques subalternes de quelques manuels. Ils ont dénoncé l'école laïque elle-même comme école neutre, c'est-à-dire qu'ils ont proclamé que toujours, suivant eux, toute école, qui ne serait pas impérieusement confessionnelle, serait une école mauvaise.

Messieurs, c'est un thème hardi, nettement formulé. Que les orateurs catholiques me permettent de leur dire qu'ils n'ont pas eu dans le débat – au moins la plupart d'entre eux – la même netteté et la même audace.

M. Groussau [6] qui sait – et je le lui ai dit souvent – quelle estime j'ai, je puis dire nous avons, pour la loyauté de sa parole *(Très bien ! très bien ! à gauche)*, pour la ferveur de sa conviction, pour la vivacité aussi de son tempérament, M. Groussau nous a parlé des droits des pères de famille, comme si c'était là pour l'Église la règle du droit et le fondement de ses protestations.

Non, messieurs, pour l'Église, l'enfant n'appartient pas au père de famille, l'enfant appartient à Dieu, et comme Dieu ne peut manifester et réaliser sa volonté que par l'Église visible, l'Église proclame que l'enfant lui appartient et le chef de famille n'a des droits pour l'Église que dans la mesure où il est l'interprète et l'agent des droits de Dieu, par l'intermédiaire de l'Église, sur toutes les consciences des enfants. *(Applaudissements à l'extrême gauche et à gauche.)*

De même, la patrie qu'on nous a parfois de ce côté de la Chambre *(la droite)* opposée comme une sorte d'absolu inviolable et intangible, la patrie elle-même n'est pour l'Église et elle ne peut être qu'une réalité subordonnée. Je pourrais apporter le texte récent des déclarations pontificales où Pie X rappelle, à l'occasion d'un pèlerinage français, que la patrie n'a de droits que dans la mesure où elle se soumet à l'Église.

M. Jacques Piou [7]. Il faudrait lire le texte, M. Jaurès.

M. Jaurès. Je vous l'apporterai demain.

M. Félix Chautemps [8]. Cela vous gêne, M. Piou !

---

6. Henri Groussau (1851-1936), député du Nord, membre de l'Action libérale populaire de Jacques Piou.

7. Jacques Piou (1838-1932) député de la Lozère préside le groupe de l'Action libérale populaire et il est le principal orateur de la droite catholique et républicaine.

8. Félix Chautemps (1877-1915), avocat, député radical de la Savoie, d'une illustre famille de parlementaires républicains.

M. Jacques Piou. Mais non ! Je veux savoir si c'est exact, voilà tout.

M. Félix Chautemps. C'est exact.

M. Lasies[9]. C'est une opinion, ce n'est pas un dogme !

M. Jaurès. Messieurs, j'apporterai le texte mais laissez-moi dire que ceux d'entre vous qui connaissent la pensée de l'Église dans sa vérité, dans son audace qui a sa noblesse comme elle peut avoir aujourd'hui, pour bien des esprits, son scandale, ceux-là ne contesteront pas ce que je dis, car il est impossible, lorsqu'on a proclamé que Dieu est si intimement mêlé aux choses humaines, qu'il s'est incarné dans un individu humain et qu'il a transmis à une Église le droit de continuer cette incarnation, il est impossible que Dieu ne reste pas incarné dans cette Église comme la puissance souveraine et exclusive devant laquelle les individus, les sociétés, les patries, toutes les forces de la vie doivent s'incliner. *(Applaudissements à l'extrême gauche et à gauche.)*

Voilà la contradiction des deux mondes, voilà la contradiction des deux principes et voilà par conséquent, quand nous arrivons au problème de l'enseignement, la dualité et le conflit. Si les hommes de la Révolution poussent jusqu'au bout le principe révolutionnaire et si les chrétiens poussent jusqu'au bout le principe de l'Église, c'est dans une société unie en apparence, c'est dans une société où nous avons tous la même figure d'hommes, le plus prodigieux conflit qui se puisse imaginer.

Je lisais, il y a quelques jours, un des sermons prononcés à Oxford par le futur cardinal Newman[10]. Cet homme charmant, cet homme dont M. Morley[11] a pu écrire qu'il avait été le plus grand prosateur anglais du dix-neuvième siècle, cet homme qui a été appelé le magicien d'Oxford et dont la pensée a une souveraine élégance, ah ! il sait mettre aussi en relief, avec une étonnante vigueur, la dureté du dogme. Il dit : « Dans la société humaine, il y

9. Joseph Lasies (1862-1927), député nationaliste du Gers (1898-1910) puis de la Seine (1914-1919), interrupteur fréquent.

10. Cardinal John-Henry Newman (1801-1890), passé de l'anglicanisme au catholicisme, théologien et écrivain renommé et influent.

11. Henry Morley (1822-1894), professeur et historien de la littérature anglaise.

a des individus qui, s'ils mouraient subitement, seraient sauvés ; il y en a d'autres à côté d'eux qui, s'ils mouraient, seraient à jamais perdus. Et tous ces hommes parlent, et tous ces hommes causent entre eux, et tous ces hommes échangent des poignées de mains, des affections, des sourires, ignorent qu'un prodigieux abîme et un gouffre effroyable les séparent. »

Eh bien ! dans l'apparente uniformité de la vie moderne, dans l'apparente familiarité de nos rapports, dans l'estime réciproque que nous avons, que nous affectons, que nous croyons avoir les uns pour les autres, du camp des incroyants au camp des croyants, si chacun pousse ses principes jusqu'au bout, c'est un gouffre terrible qui se creuse. Pour moi, je ne pouvais pas lire les paroles de Newman sans avoir une sorte de cauchemar, sans entrevoir sous les pas de tous les êtres humains misérables et fragiles qui se croient reliés par une communauté de sympathie et d'épreuves, sans entrevoir sous leurs pas, un abîme effroyable prêt à se creuser.

Lorsque tout à l'heure M. Piou disait : nous ne céderons pas, nous ne capitulerons pas, nous ne voulons pas d'une neutralité qui proclamerait que le droit de toutes les croyances est égal, lorsque M. Piou parlait ainsi, lui qui est un modéré, qui se croit un modéré, qui passe pour un modéré, qui sera peut-être excommunié comme un modéré par les extrémités de l'Église, c'est lui qui creusait en effet ce gouffre.

La question se pose : comment ce problème se résoudra-t-il ? Comment se conflit se dénouera-t-il ?

Messieurs, j'ai trop présumé de mes forces ; je demande à la Chambre de renvoyer la suite de ce débat à une autre séance. *(Vifs applaudissements.)*

Sur divers bancs. À lundi !

M. le président[12]. On demande le renvoi de la suite de la discussion à lundi. Il n'y a pas d'opposition ?

Le renvoi est ordonné.

12. Le radical Henri Brisson (1835-1912), champion de la laïcité et franc-maçon éminent, ancien président du Conseil.

M. Jaurès. Messieurs, l'autre soir, lorsque je mettais en présence la conception laïque qui a pénétré toutes les institutions de la société moderne et la doctrine de l'Église, j'ai été surpris que M. Piou esquissât, sinon un geste de protestation, au moins un geste de doute, car lorsque je disais que, pour l'Église catholique, toutes les institutions, la patrie comme la famille, n'avaient pas et ne pouvaient pas avoir une valeur absolue, qu'elles n'avaient de valeur que dans la mesure où elles étaient conformes aux principes de l'Église elle-même, je croyais traduire la pensée commune des catholiques. J'ai dit à M. Piou : je vous apporterai le texte. Messieurs, je l'ai pris dans l'allocution que le pape a prononcée devant les pèlerins français à l'occasion des fêtes de la béatification de Jeanne d'Arc. Il a commencé par affirmer la beauté, la grandeur morale de la patrie. Il a défendu le catholicisme avec véhémence contre les calomniateurs qui prétendent qu'il est l'ennemi de la patrie. Il a montré que la patrie avait un fondement naturel dans la communauté du sol, dans le voisinage des berceaux. Mais poussant plus loin et plus haut le problème, il s'est demandé ce que serait la patrie séparée de l'Église et il a dit textuellement ceci : « Ces sentiments de vénération et d'amour, cette patrie seule peut nous les inspirer, qui, unie en sainte alliance avec l'Église, poursuit le vrai bien de l'humanité. »

J'ai pris le texte dans le *Journal des débats*[13] du 21 avril ; je voulais surtout montrer à M. Piou ma bonne foi.

M. Jacques Piou. Je n'ai jamais douté de votre bonne foi. La phrase que vous citez est exacte ; mais vous en aviez donné une explication qui ne l'est pas.

M. Jaurès. Soit, s'il le faut, nous en discuterons ! Mais je crois pouvoir maintenir – ce n'est pas vous qui me démentirez après le cri de guerre que vous avez poussé à cette tribune –, je crois pouvoir maintenir que ce qui fait la gravité du problème de l'enseignement, c'est le conflit passionné, violent, des principes de la société moderne, manifestés par toutes ses institutions, et des principes, des

13. Le *Journal des débats* est un quotidien renommé, dans la mouvance de la droite modérée.

affirmations essentielles de l'Église catholique elle-même. Comment peut se résoudre ce conflit ou comment, avec un tel antagonisme, un enseignement public est-il possible ?

Résoudrons-nous la difficulté en ramenant l'enseignement, comme parfois on nous le conseille ou on nous le suggère, à un niveau plus que modeste et humilié ? Renoncerons-nous à mettre dans l'enseignement du peuple quelque idéal et le réduirons-nous à une collection de préceptes médiocres d'hygiène ou de morale subalterne, à un recueil de recettes morales et de recettes culinaires ? Ce serait, messieurs, la véritable faillite, la véritable abdication de la société civile, qui proclamerait que l'Église seule est capable de donner à la conscience quelque lumière, à l'enseignement quelque hauteur et à la vie quelque noblesse.

Messieurs, suivrons-nous le conseil que nous donnait M. Piou ? Dirons-nous que désormais, dans ce pays, trop profondément divisé, tout enseignement commun est impossible, qu'il faut prendre notre parti définitif de cet antagonisme, qu'il y aura, d'un côté les écoles de l'État, les écoles laïques, pratiquant, sous le nom menteur de neutralité, un enseignement d'agression et d'intolérance ; qu'il y aura, de l'autre côté, des écoles privées, des écoles catholiques, où seront enseignés, sans correction, sans contrôle et sans contrepoids, les dogmes les plus contraires aux principes mêmes de la société moderne et que les générations françaises seront indéfiniment divisées, non pas entre ces deux écoles, mais entre ces deux camps ?

J'admirais, messieurs, avec quelle facilité, de quel cœur, je ne dirai pas léger mais presque provocant, M. Piou acceptait cette scission définitive.

Messieurs, ce serait la plus grave qui pût se produire dans une société.

Les luttes de classes elles-mêmes, si âpres qu'elles puissent être, supposent un terrain commun. La classe bourgeoise et la classe ouvrière sont les filles d'un même monde moderne, d'un même système de production et de pensée. Elles ont l'une et l'autre besoin que la science développe par la liberté de l'esprit les forces productrices de l'homme, et même en se combattant elles reconnaissent des nécessités communes et des communes pensées. *(Très bien ! très bien ! à l'extrême gauche et à gauche.)*

Au contraire, s'il est entendu qu'entre les fils d'un même pays, d'une même génération, d'un même siècle, d'une même classe, l'antagonisme de doctrine, de pensée et de conscience doit être à jamais si irréductible qu'on ne pourra jamais rassembler ces enfants sous la discipline d'une même école, messieurs, c'est le déchirement intégral de la nation [14]. *(Applaudissements à l'extrême gauche et à gauche.)*

M. Ferdinand Buisson [15]. Très bien !

M. Jaurès. Sommes-nous acculés à cette extrémité ? Sommes-nous voués à cette formidable hypothèse ? En fait, je ne le crois pas. Quelle que puisse être l'opposition logique des principes qui se heurtent, la force de la vie, la force de la réalité sociale en mouvement prépare les solutions qui ont paru d'abord abstraitement impossibles. Et ce que je veux constater aujourd'hui, du haut de cette tribune, c'est que ceux-là mêmes dans l'Église qui dénoncent le plus violemment les vicissitudes, les incertitudes, l'inconsistance de la pauvre raison humaine, sont obligés, beaucoup plus qu'ils ne l'avouent, de marcher à sa suite et de se rallier de siècle en siècle aux idées qu'ils avaient d'abord exclues et abandonnées.

L'absolu chrétien et catholique a été obligé, de génération en génération, à composer, à transiger avec une réalité sociale et intellectuelle qui le débordait. À l'origine, les premières générations chrétiennes ont pu prendre au mot la parole du maître qui annonçait qu'une génération ne se passerait point sans que le fils de l'homme apparût sur les nuées pour juger les hommes.

Il a bien fallu, les jours se succédant, accueillir une interprétation moins littérale ; et c'est pour vivre, et c'est pour durer dans le

14. Tout ce passage reprend l'inspiration hugolienne du discours contre la loi Falloux, et du danger « des deux France » auquel l'opinion modérée laïque est sensible.

15. Ferdinand Buisson (1841-1932), agrégé de philosophie, directeur de l'enseignement primaire et collaborateur de Jules Ferry, auteur du *Dictionnaire de pédagogie*, député radical-socialiste du 13e arrondissement de Paris, futur président de la Ligue des droits de l'homme (1914-1926) et prix Nobel de la paix (1927).

monde naturel d'aujourd'hui que l'Église a dû s'organiser. Elle est donc devenue non plus simplement la messagère d'un royaume nouveau à échéance immédiate, mais une puissance temporelle terrestre, mondaine, à calculs lointains ; et là elle s'est heurtée nécessairement à d'autres puissances terrestres, à d'autres puissances temporelles, à des royaumes, à des empires avec lesquels il a bien fallu qu'elle négociât, qu'elle transigeât, qu'elle définît le partage des attributions et des droits ; et c'est un premier glissement, c'est une première diminution des prétentions absolues de l'origine.

Puis, quand la Réforme est venue, quand l'Europe moderne a voulu dérober les livres sacrés dont elle vivait à l'interprétation exclusive et autoritaire de l'Église traditionnelle, quand les hommes ont été rebutés du régime de l'ancienne Église par les abus qui s'y étaient introduits, lorsqu'ils ont voulu appliquer les libertés naissantes de l'esprit à l'interprétation même des Écritures, quand ils se sont dit que devant toutes les tentations, toutes les sollicitations, tout le développement du monde moderne, la foi chrétienne périrait si elle se réduisait à des œuvres extérieures et superficielles et que la croyance chrétienne devait être rappelée à l'intimité de ses origines, quand de ces causes multiples la Réforme est née, le premier mouvement de l'Église catholique a été d'absolue détestation et d'absolue condamnation, et, au seizième siècle, les réformés étaient dénoncés par l'Église, comme un pire danger, comme un pire scandale, que les matérialistes et les athées. Et aujourd'hui, quand j'ouvre les journaux conservateurs, quand j'ouvre dans la période de lutte de la séparation, les journaux catholiques eux-mêmes, j'y vois un appel des catholiques à l'Église protestante, l'invitant à défendre, avec l'Église catholique, la commune foi chrétienne. *(Applaudissements à gauche et à l'extrême gauche. – Mouvements divers.)*

De même qu'elle a dû s'accommoder au mouvement de la vie, de même qu'elle a dû, en quelque mesure, transiger avec la Réforme, l'Église catholique a été obligée de s'accommoder parfois malgré elle, au progrès, à la science et à la démocratie.

Ah ! messieurs, pardonnez-moi de faire allusion une fois de plus à des faits trop souvent cités. Je sais qu'aujourd'hui auprès de quelques-uns de nos collègues, on risque de passer pour un esprit grossier ou, tout au moins, pour un esprit vulgaire si on se rappelle les épreuves qu'ont dû traverser la pensée libre et la science, et cependant il faut le constater une fois de plus non pas pour triompher des erreurs passées de l'Église – ce serait chose vaine – mais pour chercher dans les concessions qui lui ont été arrachées déjà par la force des choses le gage des concessions nouvelles qui lui seront imposées. *(Applaudissements à l'extrême gauche.)*

Messieurs, le problème de l'infinité du monde ne s'est pas posé d'abord sérieusement à la théologie catholique. La théologie catholique s'est préoccupée du problème de l'éternité du monde, parce que sur ce problème il n'y avait pas accord entre les deux grandes autorités du Moyen Âge, Aristote et l'Église. Aristote avait affirmé et démontré l'éternité du monde ; la foi catholique affirmait que le monde était d'origine récente, contradiction qui obligeait l'Église à s'expliquer. Et voilà pourquoi le grand docteur de l'Église catholique donnait toutes les raisons qui, en raison, nous induisent à affirmer l'éternité du monde et y opposait ensuite la conclusion contraire de la foi. Il y avait visiblement dans sa pensée comme un regret de ne pouvoir adhérer à l'idée de l'éternité du monde si puissamment démontrée par le philosophe ancien.

Au contraire, sur le problème de l'infinité de l'univers, accord complet entre la tradition d'Aristote et la tradition de la Bible et des Écritures. Pour Aristote comme pour l'Église, le monde est un être fini, une sphère, vaste mais limitée, qui tourne autour de la Terre centrale et immobile. Et parce que toutes les autorités allaient dans le même sens, l'Église a d'abord négligé le problème. Saint Thomas n'en traite, en effet, qu'en passant ; et lorsque Copernic commença à ébranler la vielle conception de Ptolémée, l'Église même ne prit pas le péril au sérieux. Les hommes se raillaient, les hommes se moquaient, et l'Église accepta cette première hypothèse comme une sorte de jeu d'esprit.

Les ombrages ne s'éveillèrent même pas lorsque Galilée reprit le problème. Il eut l'adresse de le soumettre d'abord comme une hypothèse ingénieuse, et la papauté s'en amusait. Mais lorsque par les lunettes nouvelles qui permirent de fouiller la profondeur des cieux, Galilée apporta à l'appui de ce qui n'était la veille qu'une hypothèse raillée ou acceptée simplement comme une élégante fiction, lorsqu'il apporta la preuve de l'expérience, la vérité devint odieuse à mesure qu'elle devenait certaine. *(Applaudissements à l'extrême gauche et à gauche.)*

Et alors, point n'est besoin d'imaginer la légende des tortures matérielles infligées à Galilée ; il suffit de constater qu'il a été obligé par l'Église d'abjurer, d'abdiquer à genoux les vérités sublimes qui allaient renouveler la pensée de l'homme et élargir la conscience religieuse elle-même.

Que s'est-il passé ? Quelle révolution s'est opérée ? Est-ce le monde qui a changé depuis Galilée ? Ou est-ce l'Église ? Et c'est l'Église qui, aujourd'hui, commente le *Cœli enarrant gloriam Dei*[16] au moyen des magnifiques découvertes astronomiques qu'elle a d'abord condamnées et flétries. *(Applaudissements à l'extrême gauche et à gauche.)*

C'est Pasteur que nous invoquons ici comme la grande autorité conciliant à la fois la science et la pensée catholique, qui, dans son discours à l'Académie française, formulait une sorte d'hymne à l'infinité du monde, à cette infinité, disait-il, qui tend le ressort de la pensée humaine jusqu'à le faire crier.

M. de Gailhard-Bancel[17]. Et Pasteur terminait le magnifique passage du discours auquel vous faites allusion en disant : Il ne reste plus qu'à se prosterner et à adorer. *(Très bien ! très bien ! à droite.)*

M. Jaurès. J'entends bien, M. de Gailhard-Bancel. Mais voyez comme vous confirmez ma thèse, puisque, aujourd'hui, avec Pasteur, vous, catholique croyant, catholique passionné, vous trouvez un motif nouveau d'adoration dans les découvertes scientifiques

16. *Coeli enarrant gloriam Dei*, les cieux racontent la gloire de Dieu (*Psaumes*, 19 [18 dans les anciennes numérotations]). Pour une approche synthétique et actuelle de ces questions, cf. par exemple Paolo Rossi, *Aux origines de la science moderne,* Paris, Seuil, 2004.

17. Hyacinthe de Gailhard-Bancel (1849-1936), député Action libérale de l'Ardèche et important syndicaliste agricole, disciple de La Tour du Pin.

que vous avez rejetées comme impies. *(Vifs applaudissements à l'extrême gauche et à gauche.)*

Encore une fois, je ne cherche pas à ranimer des controverses éteintes, mais je veux montrer, faire pressentir aux catholiques eux-mêmes que le mouvement qu'ils ont été obligés d'accomplir, entraînés, pour ainsi dire, par la force du monde moderne, ira plus loin et que c'est dans l'accommodation inévitable de l'Église, si elle ne veut pas périr, aux vérités de la science et aux lois de la démocratie, qu'est la solution définitive du problème de l'enseignement. *(Applaudissements à l'extrême gauche et à gauche.)*

Messieurs, même fait, même vérité, même mouvement dans l'interprétation de la durée du monde. Il y a eu un temps où les jours de la création étaient entendus dans la rigueur du lever du Soleil au coucher du Soleil. Et il n'eût pas été prudent à certains hommes d'apporter une interprétation plus large...

M. Lemire[18]. Saint Augustin l'avait déjà donnée.

M. Jaurès. Oui, j'entends bien, M. l'abbé Lemire. Il y a dans tous les pères de l'Église le germe de toutes les hérésies. *(Applaudissements et rires à l'extrême gauche.)*

M. Lemire. Et de toutes les vérités. Ce n'est pas là une hérésie.

M. Jaurès. Je ne conteste pas que saint Augustin eût déjà indiqué cette interprétation selon la méthode allégorique qu'il a si largement appliquée. Ce que j'ai dit, c'est qu'il y a eu de longues générations où il eût été imprudent à bien des laïques de se permettre, à l'égard des Écritures, cette liberté d'interprétation. Et qu'est-ce que je constate aujourd'hui ? Que disait à l'Institut catholique l'illustre professeur de géologie M. de Lapparent[19] ? Que dit-il dans ses cours réunis en volumes ? C'est que, s'il est difficile d'imaginer la durée exacte des phénomènes géologiques, il faut bien reconnaître que la transformation successive des faunes et des flores ne peut s'évaluer qu'en millions d'années.

---

18. L'abbé Jules Lemire (1853-1928) député d'Hazebrouck, catholique républicain, démocrate et social, dialogue fréquemment avec Jaurès.

19. Albert-Auguste Cochon de Lapparent (1839-1908), géologue, secrétaire perpétuel de l'Académie des sciences, auteur de nombreux traités et manuels de géologie.

Et il ajoute, après avoir montré l'apparition de l'homme au sommet de toute la lignée organique des espèces, après avoir montré la noblesse de l'être humain, il ajoute : on ne peut rien concevoir au-delà ou au-dessus, et si on voulait imaginer des besoins nouveaux, il faudrait imaginer une ère où l'âme dominerait, dégagée des liens de la matière.

Et ainsi les habitudes de la science moderne pénètrent si profondément tous les esprits, même des savants catholiques, que M. de Lapparent ne conçoit l'avènement d'une sorte de spiritualisme que comme le prolongement de l'évolution économique de notre planète.

Messieurs, qu'est-ce à dire encore une fois ?

C'est que des vérités que l'Église avait déclarées longtemps mortelles pour sa doctrine, funestes pour le salut des âmes, elle les enregistre aujourd'hui.

M. Lemire. N'exagérons pas !

M. Jaurès. Vous le savez bien, M. Lemire, vous qui m'opposez sinon votre contestation, du moins vos réserves.

Vous savez bien que, dans un autre ordre qui vous touche et vous préoccupe de près, dans l'application aux livres sacrés des règles de l'exégèse, vous savez bien qu'une révolution aussi, silencieuse, partielle, s'accomplit dans l'Église ; vous savez bien que prêtres et laïques étaient obligés autrefois d'accepter sans réserves l'inspiration littérale des Écritures dans tous les ordres de la pensée, vous savez qu'il y a eu péril pour les laïques et pour les prêtres à accepter l'idée que les Écritures pourraient être soumises aux règles communes de la critique historique. Et l'heure est venue pourtant où, dans l'Église même et à l'heure où nous discutons, un travail profond s'accomplit en ce sens.

Messieurs, ceux d'entre vous qui ont siégé à la Chambre de 1893 à 1898 se rappellent sans doute la physionomie originale, aristocratique, subtile, hautaine de Mgr d'Hulst[20]. C'était un prélat

20. Mgr Maurice Le Sage d'Auteroche d'Hulst (1841-1896), ancien recteur de l'Institut catholique, interprète de la doctrine traditionnelle de l'Église, ami d'enfance du duc d'Orléans et successeur de Mgr Freppel dans sa circonscription du Finistère (1892-1896).

diplomate. Il passait pour avoir avec la famille d'Orléans des rapports très étroits. Il avait été irrité au jour de la fusion, de l'intransigeance du comte de Chambord et on raconte – je ne garantis pas le mot – qu'il disait : «Je prie Dieu tous les jours, je demande à Dieu tous les jours qu'il ouvre les yeux de monseigneur... ou qu'il les lui ferme. » *(Rires à gauche.)*

Lorsqu'il paraissait à cette tribune, pour définir les prétentions, les doctrines de l'Église, nous étions tentés de le prendre pour le représentant de l'orthodoxie.

Or, le même homme écrivait dans le *Correspondant* [21], sur les études de Lenormant [22], un article dans lequel il reconnaissait qu'il fallait faire la part, dans les Écritures, des origines diverses, que notamment une partie de la Genèse provenait de légendes chaldéennes. Et l'homme que nous, laïques, nous prenions ici pour le représentant intraitable de l'orthodoxie intransigeante, était obligé, sur la plainte des jésuites, d'aller se défendre à Rome contre l'accusation de modernisme et d'hérésie. Il y est allé ; il s'est défendu ; il n'a pas été frappé. D'autres, les uns avec éclat, d'autres plus prudemment, marchent dans la même trace, suivent le même exemple, et je lisais, l'autre jour, un avertissement discret de mon archevêque *(Sourires)*, de l'archevêque d'Albi au clergé de France.

Ainsi, là aussi, dans ce sens aussi, il y a, à l'intérieur même de l'Église, évolution nécessaire. C'est de même façon qu'elle a été obligée, au cours du dix-neuvième siècle, après avoir longtemps lié sa cause à tous les partis du passé, d'essayer un appel à la démocratie.

C'est la période ardente où s'affirmaient la pensée de Lamennais et la pensée de Lacordaire [23]. Ils disaient à la papauté :

---

21. *Le Correspondant* est la grande revue catholique et libérale de l'époque. L'historienne Odile Rudelle a souvent insisté par exemple sur son rôle dans la formation intellectuelle de Charles de Gaulle.

22. François Lenormant (1837-1883), archéologue et historien de l'Antiquité.

23. Félicité de Lamennais (1782-1854) écrivain et journaliste catholique. En 1830 il fonde *L'Avenir* avec Lacordaire et Montalembert pour défendre un catholicisme libéral qui est condamné par l'encyclique *Mirari vos* (1832) de Grégoire XVI. Il rompt après *Paroles d'un croyant* (1834) avec l'Église catholique (condamnation par l'encyclique *Singulari nos*). Jean Baptiste Henri Lacordaire (1802-1861), dominicain, d'abord lié à Lamennais, mais resté fidèle à l'Église, prédicateur et directeur du collège de Sorèze, membre de l'Académie française.

« Dégage-toi des gouvernants nationaux qui sont pour toi une entrave, et qui sont en même temps pour les peuples une chaîne. Brise tes propres chaînes pour pouvoir travailler à briser les chaînes des peuples et réconcilier la démocratie grandissante avec l'Église qui meurt de ce malentendu et de cet abandon. »

Voilà ce que disaient ces hommes, et ils appelaient en même temps l'attention de la papauté sur le problème social. Ah ! je sais bien que Lamennais a été frappé, je sais bien que la foudre est tombée sur lui, je sais bien que Lacordaire n'a pu risquer un peu de sa pensée qu'en se débattant contre une perpétuelle surveillance et contre un perpétuel soupçon, qu'à peine avait-il paru, en quelques paroles éblouissantes, dans la chaire de Notre-Dame, il était obligé, pour laisser se calmer les rumeurs et les soupçons, de s'enfoncer de nouveau dans le silence et les solitudes de la province. Mais enfin il disait là des paroles dont il empruntait à la démocratie la force, le sens, l'accent, il criait : « La foi et la raison rendent le même son, la foi est la lyre ionienne plus mesurée et plus divine, la raison est la lyre éolienne suspendue aux forêts où passent les souffles gémissants, la lyre éolienne qui s'anime et s'inspire dans les orages. » Et ces orages, il les appelait pour animer et inspirer la lyre chrétienne ; ces orages, c'était le prolongement des orages de la Révolution, c'étaient les orages de la démocratie. (*Applaudissements à l'extrême gauche et à gauche.*)

Et j'entends bien que Lamennais a été frappé, j'entends bien que Lacordaire a été isolé, a été suspect. Mais enfin, lorsqu'a paru cette encyclique pontificale, *Rerum novarum*[24], où M. de Mun saluait l'autre jour ce qu'il appelait le plus grand acte social du dix-neuvième siècle, lorsqu'a paru cette encyclique par laquelle Léon XIII conseillait aux catholiques d'accepter au moins la forme constitutionnelle et de travailler pour leur part à l'allégement des souffrances du prolétariat, lorsqu'a paru cette encyclique, est-ce que ce n'était pas en quelque manière un réveil, une reprise, oh !

24. *Rerum novarum,* encyclique (1891) de Léon XIII, à l'origine du christianisme social (notions de juste salaire, reconnaissance de la légitimité du syndicalisme, appel à l'entente entre les classes).

bien atténuée et bien diplomatique, de la pensée de ce Lamennais qui, il y a trois quarts de siècle, fut frappé par l'Église ? Et là encore, messieurs, c'est la revanche de la raison.

L'Église catholique ne peut plus se mouvoir sans se mouvoir dans le sens du siècle : ou elle est obligée de s'arrêter, de s'immobiliser, de devenir par là une puissance rétrograde ; ou, dès qu'elle essaye de faire un pas, un geste, un mouvement, dès qu'elle essaye de secouer la torpeur, la routine d'une puissance séculaire et endormie, c'est dans le sens de l'esprit du siècle qu'elle est obligée de se mouvoir. Et moi je vous dis : quoi que vous fassiez, ou vous périrez, ou vous ferez à la science, à la démocratie, à la liberté, de nouvelles et si fortes concessions que tous les enfants de la patrie pourront se réunir dans une enceinte commune. *(Vifs applaudissements à gauche et à l'extrême gauche.)*

Messieurs, voulez-vous des signes nouveaux, des symptômes récents de cette inéluctable pénétration de l'esprit du siècle jusque chez ceux qui croient le combattre ?

L'autre jour, M. du Halgouet[25] a protesté avec indignation contre les paroles de l'évêque français, de cet ancien aumônier des Invalides, qui, au cours d'une cérémonie de Wissembourg, avait annoncé que, dans la France sans Dieu, les soldats seraient à l'heure du péril destitués de courage.

M. du Halgouet nous a dit que M. le général Bonnal[26] avait protesté immédiatement et que la protestation aurait été plus véhémente encore si l'incident ne s'était produit dans les pays annexés.

Ce n'est donc pas une inconvenance seulement et une indiscrétion que vous avez relevées dans les paroles de l'aumônier ; elles vous ont paru attentatoires à la France, à la patrie elle-même. Mais qu'est-ce à dire, et de quel droit prétendez-vous, dans ce débat, que, seule, la foi chrétienne peut être le fondement de la morale et de toutes les vertus, si vous-mêmes vous vous croyez obligés, par pudeur envers la France et la patrie, de proclamer que votre Dieu

25. Maurice de Halgouet du Poulpiquet (1847-1919), député de Redon (Ille-et-Vilaine).

26. Général Henri Bonnal (1844-1917), un des héros de Reichshoffen, ancien directeur de l'École supérieure de guerre.

n'est pas le principe nécessaire du courage et du sacrifice ? *(Applaudissements à l'extrême gauche et à gauche.)*

M. Paul Lerolle[27]. M. Jaurès, permettez-moi de vous le dire, je crois que, sans le vouloir, vous exagérez beaucoup le sens des paroles de M. du Halgouet.

M. Jaurès. Je ne le pense pas. Je suis tout prêt, si j'ai commis une erreur d'interprétation, à le reconnaître avec une bonne foi absolue ; mais je ne crois pas qu'il soit possible de comprendre autrement les paroles de notre honorable collègue.

M. Marcel Sembat[28]. Qu'aurait-il voulu dire si ce n'était pas cela ?

M. Jaurès. Et voyez le pape lui-même : l'intransigeant Pie X est, si je puis dire, en passe de glisser à son tour. *(Applaudissements à l'extrême gauche et à gauche.)*

L'autre jour, comme l'évêque de Nancy, Mgr Turinaz[29], avait proposé pour les élections prochaines une association, une entente des catholiques, des libéraux et des honnêtes gens de tous les partis, la papauté a écrit à l'évêque que si Pie X avait été appelé à rédiger lui-même le document, il n'aurait pas fait appel aux libéraux ; et c'est vraiment bien peu gracieux pour l'Action libérale de M. Piou. *(Applaudissements et rires à gauche et à l'extrême gauche.)*

M. Jacques Piou. Voulez-vous me permettre un mot ?

M. Jaurès. Je vous en prie.

M. Jacques Piou. Le mot « libéraux » s'applique à ceux qui font partie de l'école philosophique libérale dont vous êtes vous-même un des représentants, et non à nous qui n'avons rien de commun avec elle, et qui demandons simplement au gouvernement, qui nous les refuse, les libertés dues à des citoyens dans un pays libre.

M. Marcel Sembat. C'est-à-dire que vous repoussez l'épithète.

M. Jaurès. J'entends bien, monsieur Piou ; mais alors comment l'habile homme que vous êtes, et si maître de la langue française,

---

27. Paul Lerolle (1846-1912), avocat et industriel, député Action libérale populaire du 7e arrondissement de Paris.

28. Marcel Sembat (1862-1922), député socialiste du 18e arrondissement de Paris, un des principaux responsables de la SFIO.

29. Mgr Charles-François Turinaz (1838-1918), évêque de Nancy depuis 1882, théologien défenseur de la tradition.

a-t-il pris précisément, comme titre de son association, un mot qui prête à tant de malentendus ? *(Nouveaux rires et applaudissements à l'extrême gauche et à gauche.)*

M. Jacques Piou. Le mot « libéral » a un sens philosophique qui est justement réprouvé par l'Église. Il ne prête à aucun malentendu dans le sens restreint politique et nullement religieux où nous l'avons pris. *(Interruptions à gauche et à l'extrême gauche.)*

M. Jaurès. Ah ! Voici qui est grave, car c'est dans un document politique de Mgr Turinaz qu'était le mot « libéraux ». C'est donc dans un document politique que le pape a condamné ce mot et puisqu'il a un sens politique, c'est sur vous que tombe toute la condamnation. *(Vifs applaudissements et rires à gauche et à l'extrême gauche. – Dénégations à droite.)*

M. Jacques Piou. Vous m'avez prédit l'excommunication ; alors je ne suis pas surpris ! *(Rires à droite.)*

M. Jaurès. Ce que je voulais dire – ce léger incident n'est qu'une parenthèse – c'est qu'en obligeant l'évêque ou en lui conseillant de retirer le mot « libéraux » le pape consentait au maintien de l'appel aux honnêtes gens. Il y a donc maintenant, officiellement, dogmatiquement, comme parole relevée de la papauté elle-même, à côté des catholiques qui sont honnêtes comme catholiques, des gens qui sont, sans être catholiques, d'honnêtes gens. *(Interruptions à droite. – Mouvements divers.)*

MM. Anthime-Ménard et Ollivier[30]. On n'a jamais dit le contraire !

M. Jaurès. Ah ! messieurs, voilà que nous allons avoir des catholiques plus jaloux de l'intransigeance morale du catholicisme que ne l'est Pie X lui-même.

Je constate qu'officiellement, comme pour donner un sens à ce qu'on appelait la morale indépendante, le pape reconnaît et proclame qu'en dehors de l'Église, de la catholicité, de la foi catholique, il y a une honnêteté, une conscience, une probité.

---

30. Anthime-Ménard (1860-1923) avocat, député de Saint-Nazaire, républicain modéré. Louis Ollivier (1853-1931) avocat, député des Côtes-du-Nord, membre de l'Action libérale populaire.

M. Anthime-Ménard. Je le crois bien !

M. Jaurès. C'est quelque chose de vous l'entendre dire ! *(Applaudissements à gauche et à l'extrême gauche.)*

M. Anthime-Ménard. Alors il n'y aurait pas eu d'honnêtes gens avant le christianisme ? Mais c'est la doctrine de l'honnêteté naturelle ! Il n'y a pas un catholique, M. Jaurès, qui prétende qu'il n'y a pas d'honnêtes gens en dehors des catholiques.

Jaurès. Que signifient alors toutes les interrogations indignées et ironiques que vous adressez au parti républicain quand vous lui dites : quelle est donc cette prétention d'enseigner la morale en dehors de la doctrine religieuse ? *(Applaudissements à gauche et à l'extrême gauche. – Interruptions à droite.)*

Je sais bien que vous avez la ressource, comme l'a fait M. Piou l'autre jour, de rappeler le mot de Renan[31]. Nous ne sommes restés honnêtes gens si nous le sommes, que par une sorte de survivance, par la vertu affaiblie, mais continue des croyances d'autrefois.

C'est le mot de Renan aristocrate et désabusé : « Nous ne vivons que de l'ombre d'une ombre et du parfum d'un vase vide. »

Et moi, je crois que dans les sociétés modernes nées de la Révolution, il y a une si prodigieuse effervescence de vie, un si prodigieux éclat de pensée et, à certaines heures, une flamme si ardente d'enthousiasme qu'il n'est pas possible de dire qu'il n'y a là que la survivance fantomatique d'une croyance disparue. Il y a l'attestation magnifique d'une croyance nouvelle. *(Vifs applaudissements à gauche et à l'extrême gauche.)*

Messieurs, veuillez élargir votre regard et le porter sur le reste du monde.

Vous, France catholique, vous n'êtes pas toute l'humanité d'aujourd'hui ; et lorsque nous discutons ici, quels sont les exemples que vous nous opposez ? Qu'opposez-vous à la prétendue décadence de la France républicaine minée par la pensée libre et par l'anarchie ?

31. Nouvelle référence jaurésienne à Renan, voir aussi le tome 16, *Critique littéraire et critique d'art* (éd. Michel Launay, Camille Grousselas, Françoise Laurent-Prigent) des *Œuvres de Jean Jaurès.*

Vous lui opposez la vertu virile des peuples anglo-saxons, la large tolérance, l'activité infatigable, le patriotisme vigilant et robuste du peuple des États-Unis, du peuple d'Angleterre...

M. Louis Ollivier. Ce sont des croyants.

M. Jaurès. ...c'est-à-dire des peuples qui, s'ils ne sont pas des mécréants, s'ils ne sont pas des athées, sont du moins, par le schisme, en dehors de votre Église et au-delà de ce cercle d'une chrétienté que vous ne tenez plus sous votre loi. *(Applaudissements à l'extrême gauche et à gauche.)*

Voici que d'autres peuples s'éveillent et montent ; voici que des peuples musulmans lèvent la tête, et voici surtout que vous nous montrez, depuis des années, comme un exemple, ce peuple du Japon où l'amour passionné de la patrie, où l'esprit de sacrifice, où le mépris de la vie individuelle constamment sacrifiée à la grandeur collective atteint, si je puis dire, les proportions d'un héroïsme commun et universel ; et vous nous l'opposez, et vous nous dites : c'est là qu'est le foyer de la vie, c'est là qu'est l'exemple.

Oui ; mais où donc ce peuple japonais prend-il cette force de courage, cette puissance d'héroïsme, cet esprit de sacrifice ? Direz-vous encore que c'est sous je ne sais quelle répercussion, quelle transformation lointaine de la croyance chrétienne dont un dernier parfum, subtil, évaporé, aurait pénétré là-bas les consciences asiatiques ?

Non, non, c'est un jaillissement autonome, c'est de leur tradition, c'est de leur race, c'est de leur religion à eux [32]...

À droite. – De leur religion !

M. Jaurès. ... Ah ! De leur religion. Il suffit donc que sur leurs croyances, il y ait le mot de religion sans que ce soit la vôtre ! Mais vous êtes condamnés par tous les doctrinaires. *(Applaudissements prolongés à gauche et à l'extrême gauche.)*

Ah ! messieurs, que j'avais raison de dire tout à l'heure que l'évolution se continuait, qu'elle était profonde, irrésistible ! Vous

32. Ce passage illustre ce que Madeleine Rebérioux appelait la découverte du pluralisme culturel par Jaurès et qui devrait fournir la matière d'un tome des *Œuvres de Jean Jaurès* à paraître chez Fayard.

êtes obligés de proclamer à cette heure que ce qui importe, c'est l'esprit religieux...

À droite. D'abord.

M. Jaurès. ...c'est-à-dire l'habitude de subordonner l'individu à un ensemble, quel que soit le contenu de cette religion, quelles qu'en soient les origines, quelles qu'en soient les sanctions, quelles qu'en soient les garanties !

Quand nous parlons, nous, de la religion de l'espérance humaine, de la justice, vous nous dites : « Elle n'a pas de sanction ; il n'y a pas l'autorité de Dieu. » Est-ce que vous dites, vous, catholiques intransigeants, que la religion japonaise a la sanction de votre Dieu ?

Non, messieurs, la vérité est que malgré tout, quoi que vous fassiez, à mesure que le monde s'élargit, vous êtes obligés de reconnaître vous-mêmes que partout jaillissent en abondance des sources que vous n'avez pas fait surgir du sol et que la valeur humaine, la puissance de pensée, de dévouement, de sacrifice, de grandeur qui est dans la nature humaine se manifeste dans toutes les races, sous toutes les formes et que ce qui importe, ce qui vaut, ce n'est pas la forme partielle, locale, temporelle de l'esprit de sacrifice et de pensée, mais c'est la puissance même du sacrifice et de la pensée. *(Applaudissements à gauche et à l'extrême gauche.)*

La preuve, et une preuve nouvelle, que ce mouvement se poursuit et qu'il est irrésistible, c'est que ou l'Église fléchit, comme je l'indiquais tout à l'heure, et cède ou bien, quand elle résiste, elle résiste en s'appuyant sur des forces qui lui sont extérieures.

Messieurs, j'admire comme vous – et ce n'est pas de ma part une habileté oratoire – le discours de M. Barrès et j'y ai trouvé, d'ailleurs, pour les instituteurs, une sorte de haute sympathie qui m'a consolé de quelques paroles d'autrefois. Mais au nom de quelle doctrine M. Barrès a-t-il parlé ? Je vois que les journaux conservateurs s'empressent et de publier et de répandre son discours, non pas seulement pour sa beauté littéraire, mais surtout pour sa puissance de doctrine. Ce matin encore dans l'*Écho de Paris*[33], M. de

33. L'*Écho de Paris*, quotidien influent, dans lequel écrit régulièrement Maurice Barrès.

Mun, catholique, faisait sien ce discours. J'imagine, sans ironie aucune, que M. Barrès doit s'étonner un peu de ce rôle de sauveur et de protecteur de l'Église. Ce qui est bien frappant, c'est que la foi catholique paraisse aujourd'hui obligée de se réfugier dans la philosophie d'un incroyant. Ce n'est pas comme croyant que M. Maurice Barrès a parlé à cette tribune. Il ne nous a pas dit : la parole d'éternelle vérité a été dite ; il n'est plus possible de la remanier et tout ce qu'on fera hors d'elle sera vain ; il s'est tourné vers nous, vers vous, parti républicain et il vous a dit : si vous étiez capable de construire autre chose que ce qui est, je serais peut-être avec vous ; mais l'Église catholique est là comme une construction solide ; c'est un temple peut-être lézardé, mais dont on aurait pu réparer les lézardes et qui est debout. Et vous, vous êtes dans la confusion ; votre édifice n'est pas construit ; tous vos plans d'architecture se croisent et s'effacent les uns les autres.

Ah ! messieurs, s'il suffisait, pour condamner une grande époque en travail d'un monde nouveau, de constater que les constructions nouvelles n'ont pas encore la rigidité, la netteté mathématique des constructions du passé, jamais un progrès n'aurait été réalisé par la race humaine. *(Applaudissements à l'extrême gauche et à gauche.)*

Vous opposez nos flottements, nos incertitudes, notre inconsistance, à la solidité de la vieille armature catholique. Je vous dirai, sans offenser votre esthétique, que le squelette est toujours plus consistant que le germe *(Très bien ! très bien ! à l'extrême gauche)*, et vous-mêmes, vous nous avez fourni, par l'analogie historique que vous avez invoquée, la plus saisissante réponse. Vous nous avez dit que l'instituteur laïque d'aujourd'hui, assailli par toutes les formules contradictoires de la morale laïque : morale déiste, morale indépendante, morale solidariste, vous apparaissait comme ce pauvre solitaire de la Thébaïde, assailli par toutes les visions [34]. Oui ! en effet, dans les premiers siècles où le christianisme s'est élaboré, l'argument des païens était celui-ci contre les chrétiens :

34. Saint Antoine, victime pendant les quinze premières années de vie au désert de *tentations* célèbres qui ont inspiré nombre d'écrivains et de peintres.

Vous êtes des rêveurs, vous êtes des dissolvants, vous n'êtes pas des constructeurs. La vieille construction romaine, elle est là, elle a été cimentée par les siècles ; cet édifice païen, cet édifice impérial, c'est le culte de Jupiter, le culte de Rome. Tant que ce culte a duré, il a fait la victoire du peuple romain, et vous, que voulez-vous maintenant avec vos rêves, avec vos contradictions, avec vos hérésies, avec vos extases contradictoires ? Vous êtes le flottement, l'incertain et l'obscur.

Il n'y a que nous – disait le paganisme – qui soyons une construction solide et massive. Oui ! mais cette construction solide, elle n'était que ruine, elle n'était qu'un bloc de pierres mortes, et dans le bouillonnement, l'effervescence et la contradiction apparente et l'apparent désordre des doctrines nouvelles, il y avait en formation le monde que vous essayez de défendre aujourd'hui parce qu'il est à son déclin. *(Vifs applaudissements à gauche et à l'extrême gauche.)*

M. Jules Delafosse[35]. Le christianisme était une construction.

M. Jaurès. Messieurs, je ne veux citer qu'un dernier trait du désarroi d'esprit auquel sont réduits ceux qui dénoncent nos incertitudes et nos faiblesses.

Quel est l'homme, quel est l'historien, quel est le philosophe sur lequel s'appuient depuis des années les défenseurs de l'Église en France, non seulement M. Barrès qui est un défenseur du dehors *(Sourires)*, mais M. Paul Bourget qui, sans doute parce qu'il avait à racheter de plus graves péchés d'esprit, est entré plus avant dans la basilique ? *(On rit.)*

Messieurs, l'homme qu'ils invoquent, l'autorité sur laquelle ils s'appuient, c'est Taine[36].

Eh bien, je ne veux pas contester la valeur du philosophe, je n'en veux pas dire du mal ; d'abord, j'affligerais mon éminent et

---

35. Jules Delafosse (1843-1916), député conservateur du Calvados.

36. Avec Renan, Taine est l'autre référence majeure du XIXe siècle. On dit « Taine et Renan » comme on dit « Tarn-et-Garonne » plaisantait le critique Albert Thibaudet, cf. l'étude de Daniel Lindenberg sur *Les Origines de la France contemporaine* de Taine dans le *Dictionnaire des œuvres politiques* dirigé par François Chatelet, Olivier Duhamel et Evelyne Pisier, Paris, PUF, 1986.

respecté ami Vaillant[37], qui a, pour une partie de l'œuvre de Taine, pour la partie où la sensation rejoint les mouvements, où le monde de l'esprit rejoint, par l'analyse, le monde de la nature, une vive admiration. Mais d'ailleurs, Taine, c'est la juxtaposition de deux philosophies qu'à mon sens, il n'a jamais réussi à fondre et voilà pourquoi on peut en dire à la fois beaucoup de bien et beaucoup de mal. Mais enfin est-ce que c'est au moins un catholique ? Oh ! je ne veux pas dire par là seulement – ce serait une naïveté – qu'il n'adhère pas aux dogmes et aux formules du catholicisme, je veux dire qu'il est tout à fait en dehors, par toute sa pensée, de cet esprit catholique et national que vous essayez de clarifier.

Vous dites, depuis des années, que, le sachant ou non, nous faisons le jeu du protestantisme qui, sous les aspects hypocrites de la libre pensée, essaye de prendre sa revanche des défaites du seizième siècle. Or, le penseur qui a le plus d'affinité avec le protestantisme du début à la fin de sa carrière, c'est Taine. Il a commencé par l'admiration passionnée de Guizot et il a fini en demandant pour son cercueil les rites et les cérémonies du protestantisme, et quand vous essayez de réveiller le catholicisme en le solidarisant avec la tradition nationale, il n'y a pas d'homme qui ait été plus sévère que Taine pour l'originalité du génie français, il n'y a pas d'homme qui ait été plus dur que Taine pour toute l'histoire de la France. Ah ! vous allez chercher dans les manuels scolaires quelques brutalités, quelques exagérations, mais s'il y a une œuvre qui ait donné le signal des réquisitoires contre l'histoire de la France, c'est l'œuvre de Taine. Vous l'avez oublié, parce qu'il a dit du mal de la Révolution française. *(Applaudissements à gauche et à l'extrême gauche.)*

Vous détestez à ce point la Révolution qu'il suffit que Taine en ait dit du mal pour que vous ayez pardonné le jugement terrible qu'il a porté et sur toute l'ancienne monarchie et sur l'Empire.

---

37. Édouard Vaillant (1840-1915) est à la fois un des principaux dirigeants socialistes, personnage clef des majorités internes à la SFIO et le chef de file du courant « athée » et le plus anticlérical du socialisme français. Cf. Jolyon Howorth, *Édouard Vaillant. La création de l'unité socialiste en France*, Paris, EDI/Syros, 1982.

L'Ancien Régime ? Corruption, famine, détresse, abomination ; le peuple réduit en effet à manger de l'herbe, pendant que les courtisans, les rois, les reines et les princesses s'amusent, ou, affectant de plaindre la pauvre bête de somme, ajoutent encore élégamment à son fardeau. *(Applaudissements à gauche et à l'extrême gauche.)* Voilà comment Taine a résumé l'histoire de la vieille monarchie pendant les deux siècles qui ont précédé la Révolution.

Le Premier Empire ? Massacres, orgueil, boucherie atroce, boucherie abominable. *(Interruptions à droite.)*

M. Fernand Engerand[38]. Cette hostilité n'a rien de surprenant : l'Empire, c'était toujours la Révolution.

M. Jaurès. Ah ! que les manuels scolaires ne sont qu'un pâle reflet des sévérités historiques de celui qui est votre maître ! *(Vifs applaudissements à gauche et à l'extrême gauche.)*

Ainsi, le mouvement est tel que l'Église subit et est obligée de subir le mouvement de l'esprit du siècle, et nous touchons à la période que j'ai résumée ainsi tout à l'heure : ou il faudra qu'elle fasse un pas nouveau, qu'elle rejette les vieilles maximes étroites d'intolérance ou de caprice, et si elle ne le fait pas, elle périra ; ou, si elle le fait, elle ne pourra plus rien trouver dans l'enseignement laïque et rationnel de nos écoles dont elle ait le droit de dire que c'est une offense pour la conscience des croyants. *(Vifs applaudissements à gauche et à l'extrême gauche.)*

Je serais reconnaissant à la Chambre de vouloir bien m'accorder quelques minutes de repos. *(Assentiment.)*

M. le président. L'orateur demande une suspension de séance de quelques minutes.

Il n'y a pas d'opposition ?...

La séance est suspendue.

M. le président. La parole est à M. Jaurès pour continuer son discours.

M. Maurice Barrès. M. Jaurès, me permettez-vous de présenter une observation ?

---

38. Fernand Engerand (1867-1936), avocat, député royaliste du Calvados.

M. Jaurès. Très volontiers.

M. Maurice Barrès. Messieurs, je ne dirai pas que M. Jaurès a trahi ma pensée, mais enfin, avec sa courtoise autorisation, je voudrais la préciser en deux mots.

J'ai combattu à la tribune les excès de l'esprit critique à l'école primaire. M. Jaurès me dit : « Sur quels principes vous appuyez-vous, vous qui ne vous confondez pas avec les croyants catholiques ? »

Vous comprenez qu'une telle question, qui va si avant dans la conscience d'un homme, doit lui importer et le toucher profondément. *(Très bien ! très bien ! À droite.)*

Il y a une vingtaine d'années – j'étais alors secrétaire d'âge à la Chambre ! – j'eus occasion de rencontrer, pour la première fois, Brunetière[39]. Dans la conversation, je lui dis : « Pourquoi n'avez-vous pas la curiosité d'entrer au Parlement ? » Il me répondit : « Une chose m'embarrasserait, c'est que, dans la discussion des questions religieuses, on me poserait telle question directe à laquelle, pour le moment, je ne désire pas répondre. »

Je n'éprouve pas cet embarras, et je diminuerais trop mon autorité, quelle qu'elle soit, si je me dérobais à cette sorte de question... oui, à une question qui se trouve nécessairement dans la voie où s'engageait M. Jaurès. Je répondrai donc nettement.

Je suis de ceux qui se détournent de la recherche des causes. Je suis de ceux qui substituent à cette recherche la recherche plus immédiate des lois. Ma connaissance de l'histoire, si insuffisante qu'elle soit, et mon expérience de la vie me prouvent que les lois de la santé, pour la société comme pour l'individu, sont d'accord avec le décalogue que nous apporte l'Église. *(Applaudissements à droite.)*

Voilà une des raisons pour lesquelles je suis un défenseur du catholicisme.

J'en donnerai une seconde. Je vois dans le catholicisme l'atmosphère où se développent le mieux les plus magnanimes sentiments

39. Ferdinand Brunetière (1849-1906), directeur de la *Revue des Deux Mondes* de 1893 à sa mort, membre de l'Académie française, personnalité très influente dont la critique de la science et le retour au catholicisme ont marqué l'époque. Cf. Antoine Compagnon, *Connaissez-vous Brunetière ? Enquête sur un antidreyfusard et ses amis*, Paris, Le Seuil, 1997.

de notre nation. Et par exemple, il y a quelques semaines, je visitais Rouen et j'y sentais, avec une extrême vivacité, que ce n'est pas à Burgos, ni sur les routes de l'Andalousie que le Cid est né, mais bien à l'ombre des églises catholiques de Normandie. *(Applaudissements à droite.)*

Voici, messieurs, les deux motifs principaux de mon attitude.

Santé sociale, exaltation des plus hautes puissances de l'âme, telle est la double vertu que je constate à travers notre histoire, dans le catholicisme. Voilà de quoi il est générateur. Voilà pourquoi je le défends avec un respect filial. *(Applaudissements à droite.)*

M. Jaurès. Messieurs, j'ai à peine besoin de dire que les déclarations de M. Maurice Barrès confirment exactement ce que j'avais dit à la Chambre. *(Très bien ! très bien ! sur divers bancs.)*

J'en demande bien pardon à M. Barrès, mais je n'avais pas commis l'indiscrétion de lui demander le secret de sa conscience personnelle ; je n'avais pas commis l'indiscrétion de le lui demander parce que je le connais *(Sourires)*, parce qu'il est dans toute son œuvre et parce qu'il me suffit de le lire et, je l'espère, de le comprendre, pour savoir que s'il défend le catholicisme, c'est par des raisons qui n'ont rien de commun avec la foi chrétienne elle-même... *(Sourires à gauche.)*

M. Jacques Piou. Quand on le défend, c'est qu'on y croit.

M. Jaurès. ... Et ce n'est pas à lui, qu'il me permette de le lui dire, que s'adressait ma critique et mon argumentation. Je ne lui reproche pas du tout de soutenir le catholicisme par des raisons d'ordre purement esthétique ou purement social. Au dix-septième siècle, quand il y avait de vrais croyants, il y avait aussi des hommes qui ne soutenaient la religion que par les raisons que donne M. Barrès. La Bruyère en a parlé et il dit : « J'appelle mondains, terrestres et grossiers ceux qui ne défendent la religion que dans l'intérêt de la société. » *(Applaudissements et rires à l'extrême gauche et à gauche.)*

Ce n'est donc pas à lui que je m'adresse et je lui demande seulement de ne pas confisquer pour lui-même les cathédrales, même les cathédrales de Normandie. *(Rires à gauche.)* Nous pouvons les admirer ; nous les avons admirées. Quand je suis passé à Rouen, quand nous y avons tenu notre congrès socialiste, tous mes camarades ont admiré les cathédrales ; mais ils n'ont pas dit que la France avait là ses forteresses définitives et immuables. Aussi n'est-ce pas à lui que je m'adresse, c'est aux croyants, c'est à l'Église elle-même. Et au terme de la longue évolution séculaire par laquelle elle s'est de plus en plus adaptée, non pas spontanément, mais par la force des choses, au mouvement de la réalité moderne, au terme de ce mouvement, comme un symptôme des concessions fondamentales qu'elle était obligée de faire, je notais que son principal appui à l'heure présente était chez les penseurs qui n'ont avec elle qu'une communauté extérieure d'intérêt social.

M. Groussau. C'est une erreur.

M. Jaurès. C'était là ma thèse. Je ne crois pas en avoir forcé le sens et je crois qu'après les paroles de M. Barrès ma démonstration subsiste en son entier.

Ainsi, tandis que l'intransigeance catholique, quand elle se dresse en sa rigueur abstraite, semble rendre impossible dans ce pays une communauté d'existence et d'enseignement, la force assouplissante de la vie oblige l'Église elle-même à s'accommoder. Et, d'autre part, messieurs, est-ce que nous sommes, nous, le parti de la révolution, un parti de sectaires ? Nous sommes, non pas le parti de la tolérance – c'est un mot que Mirabeau avait raison de dénoncer comme insuffisant, comme injurieux pour les doctrines des autres...

M. Lemire. C'est le respect qu'il faut dire.

M. Jaurès. Nous n'avons pas de la tolérance, mais nous avons, à l'égard de toutes les doctrines, le respect de la personnalité humaine et de l'esprit qui s'y développe. *(Applaudissements à l'extrême gauche et à gauche.)*

Cet esprit-là, il est présent à toute la Révolution française. Oh ! vous pouvez montrer cette lutte intérieure, vous pouvez abuser contre elle des combats terribles où elle a été réduite par la nécessité de vivre et de défendre sa pensée ; mais ce qu'il y a d'admirable, sachez-le bien, et de bien caractéristique et qui devrait vous émouvoir, vous, le fervent de la tradition, c'est que c'est depuis la Révolution française que la grande tradition nationale a été le mieux comprise. C'est chose admirable de voir comment la grande force historique qui a soulevé un monde nouveau, a ouvert en même temps l'intelligence des mondes anciens. *(Applaudissements à gauche.)*

Messieurs, ce n'est pas seulement parce que la Révolution française, en infligeant aux hommes les épreuves d'un drame aux péripéties ramassées, a invité toutes les consciences à se recueillir, ce n'est pas seulement parce que la Révolution française a donné une sorte d'attrait mélancolique et romantique au monde qu'elle avait aboli, non ! c'est parce qu'en faisant surgir pour la première fois des profondeurs sociales et jaillir en pleine lumière de l'action et de la raison ces forces populaires qui n'avaient été, dans l'ancienne France, que des forces obscures ou subordonnées, en les faisant jaillir, elle a obligé l'historien du lendemain, quand l'atmosphère se serait de nouveau éclairée, à rechercher dans le passé l'histoire de ces forces populaires profondes.

Le volcan qui éclate et qui projette des profondeurs du sol les roches et les laves enfouies depuis des siècles a invité le géologue à fouiller les couches profondes ; de même la force mécanique de la Révolution, en faisant monter, en faisant jaillir la vie du peuple jusque-là ensevelie, jusque-là enfouie, apport obscur de toute la terre de France, la Révolution a amené les historiens à chercher, à fouiller, et c'est de là que sont venus les Chateaubriand, les Thierry, les Michelet et tous les grands historiens qui ont ressuscité le passé avec une sympathie que les siècles précédents ne connaissaient pas. *(Applaudissements gauche et à l'extrême gauche.)*

Messieurs, c'est l'honneur nouveau de notre siècle et de notre civilisation. L'hellénisme si merveilleux, si intelligent, il n'a compris les civilisations antérieures ou les civilisations différentes que par la curiosité accidentelle de quelques rares esprits comme Hérodote. L'ensemble du peuple grec considérait comme barbare tout ce qui n'était pas hellénique. Et le christianisme ! Qu'il a été souvent injuste pour l'antiquité de la Grèce et de Rome ! Le monde moderne est la première grande formation historique qui ait eu le souci des origines lointaines, le sens de la continuité et de la tradition humaine, et voilà pourquoi nous pouvons nous enseigner nous-mêmes sans abaisser le passé. *(Applaudissements répétés à gauche.)*

M. Lemire. À cause du christianisme.

M. Jaurès. À cause du christianisme ! Mais il est l'un des éléments évidents de notre formation. Et qui donc, parmi les historiens issus de la Révolution française ou parmi ses philosophes, l'a contesté ?

M. Gérard-Varet[40] disait l'autre jour que nous étions les héritiers de la culture hellénique. Pas d'elle seule. J'espère que nous avons hérité d'elle le sens de la loi, du rythme, de l'équilibre, l'admiration de la beauté aisée. Mais je sais bien aussi que la tradition hellénique n'a pas été le seul élément de l'origine de la grande force française ; il y a la tradition de l'Orient, il y a la tradition chrétienne. Et nous perdrions beaucoup s'il ne s'était pas prolongé dans la conscience française le sérieux de ces grands juifs qui ne concevaient pas seulement la justice comme une harmonie de beauté, mais qui la réclamaient passionnément de toute la ferveur de leur conscience, qui en appelaient au Dieu juste contre toutes les puissances de brutalité, qui évoquaient l'âge où tous les hommes seraient réconciliés dans la justice et où le Dieu qu'ils appelaient, suivant l'admirable mot du psalmiste ou du prophète « effacerait, essuierait les larmes de tous les visages ». *(Applaudissements à gauche.)*

C'est cet appel passionné à la justice humaine, c'est ce sérieux de la conscience hébraïque, mêlé à la grâce, à la force, à la raison de la pensée grecque, qui s'est fondu dans le génie de la France. *(Vifs applaudissements à gauche et à l'extrême gauche.)*

Il nous est facile de rendre justice à tout le passé, et il nous serait facile de montrer en effet, dans le mouvement de la nation française, le retentissement de toutes ces forces. Je ne le puis, messieurs, et je passe. M. Piou regrette que dans l'éducation que nous donnons aux enfants nous ne prononcions plus ou que nous prononcions à peine dans nos écoles le mot de Dieu. Quoi ! on avait promis en 1882 d'enseigner Dieu, non pas précisément le Dieu des chrétiens, mais un Dieu qui ne serait ni celui des chrétiens, ni celui des déistes,

40. Louis Antoine Gérard-Varet (1860-1943), agrégé de philosophie, député radical de la Côte-d'Or, puis recteur de l'académie de Rennes (1910-1930).

un Dieu qu'on ne définissait pas, un Dieu emprunté à Cousin, le jour où il faisait ses excuses à la papauté en 1856, ou emprunté à Jules Simon[41] le jour où Mgr Dupanloup lui disait : « Vous serez cardinal avant moi. » *(On rit.)*

Eh bien, je l'avoue, je comprends mal ces regrets de M. Piou. Ah ! comme les paroles et les jugements de nos adversaires changent ! Je vous rappelle le temps où l'Université était dénoncée parce qu'elle enseignait le Dieu de Victor Cousin et de Jules Simon. Ce Dieu-là menait au panthéisme qui lui-même menait au socialisme, lequel aurait été le pire des fléaux, s'il n'avait été destiné à se perdre dans l'athéisme et dans l'anarchie ! Maintenant ce Dieu de Jules Simon, ce Dieu de Cousin que l'on anathématisait, que l'on dénonçait, on le regrette et on fait grief aux instituteurs de n'en plus répéter quotidiennement la formule.

Voulez-vous me permettre de vous dire toute ma pensée ? Je vous la dis sans embarras : je ne suis pas de ceux que le mot « Dieu » effraye. J'ai, il y a vingt ans, écrit sur la nature et Dieu et sur leurs rapports, et sur le sens religieux du monde et de la vie, un livre dont je ne désavoue pas une ligne, qui est resté la substance de ma pensée. Au risque de vous surprendre, je vous dirai que j'en ai fait il y a peu de temps une deuxième édition, et que je n'y ai fait aucun changement[42]. *(Sourires.)* Je ne suis donc pas suspect, et je n'ai pas de ce mot la superstition ni positive ni négative ; j'essaye de chercher avant tout quelle idée on entend lui faire exprimer.

Eh bien, pour ma part, je ne comprends pas que vous ayez regret au changement qui s'est produit dans les écoles. Est-ce que vous avez beaucoup cru, est-ce que vous pouviez croire à la vertu éducative de ce Dieu de transition, de ce Dieu centre-gauche... *(On rit).*

41. Victor Cousin (1792-1867), disciple de Royer-Collard, philosophe spiritualiste et « éclectique », ministre de l'Instruction publique en 1840 et très influent sur l'enseignement de la philosophie au XIXe siècle. Jules Simon (1814-1896), philosophe et président du Conseil en 1876, républicain conservateur, membre de l'Académie française.

42. Allusion à sa thèse de philosophie, *De la Réalité du monde sensible* (1892), rééditée par Alcan en 1902... et, depuis par Fayard en 2000 (tome 3 des *Œuvres de Jean Jaurès*, *op. cit.*).

M. Aynard[43]. C'est de votre côté qu'on fait des miracles ! Ce n'est pas du nôtre. *(Très bien ! très bien ! au centre.)*

M. Jaurès. ...qui avait été introduit, non plus dans les programmes, mais dans les règlements ?

C'était une sorte de compromis politique entre le Dieu des chrétiens qu'on ne voulait pas maintenir et le Dieu plus hardi du panthéisme et du monisme qu'on n'osait pas introduire.

Les instituteurs ont eu le sentiment, ils ont eu l'instinct qu'il y avait là une sorte de transition politique – oh ! pratiquée de très bonne foi ! –, ils se sont bien rendu compte que ni Paul Bert, ni Ferry, qui étaient des positivistes, ne pouvaient introduire Dieu avec beaucoup de ferveur, et ils ont eu assez de respect pour Dieu pour ne pas pratiquer simplement envers lui les devoirs de politesse. *(Rires et applaudissements à gauche et l'extrême gauche.)*

Messieurs, je dis ces choses sans ironie aucune et en homme qui désire que le souci des grands problèmes sur le tout de l'Univers, sur l'idéale destinée du monde et de l'homme ne disparaisse point de l'esprit des générations. Mais si vous voulez mon sentiment, ce n'est pas par des formules, ce n'est pas par des mots balbutiés par complaisance, ce n'est pas par des timidités, c'est, au contraire, par l'enseignement toujours plus hardi, plus large, je dirai plus auguste de la science elle-même que vous éveillerez dans les jeunes esprits, sans qu'ils puissent voir dans votre enseignement un piège ou une routine, le sens des vastes problèmes. Est-ce que vous vous défiez à ce point des leçons de mystère, d'infinité, d'unité qui sortent de la science elle-même ? Leçons d'unité, les forces diverses : électricité, lumière, chaleur. La science enseigne qu'elles sont les équivalentes d'une même force, d'une force qui se manifeste donc par des effets sensibles pour nous, mais qui, précisément parce qu'elle comprend, parce qu'elle domine toutes ces manifestations diverses, échappe à nos prises immédiates et recule vers les profondeurs l'esprit de

43. Édouard Aynard (1837-1913), grand industriel, régent de la Banque de France, collectionneur d'art, député modéré de Lyon.

l'homme, qui découvre toujours une chose à expliquer sous la chose expliquée.

Comme l'onde sous l'onde en une mer sans fond.

(Applaudissements.)

Et puis, c'est la leçon de la vie qui monte des espèces, qui, degré par degré, semble gravir vers une cime, comme si la vie avait pour loi dans la nature même de se dépasser sans cesse elle-même, vous obligeant ainsi à chercher le ressort profond de ce mouvement et de cette ascension. *(Vifs applaudissements à gauche et à l'extrême gauche.)* Et c'est dans cette montée d'élargissement de l'esprit, la croyance, la confiance croissante de l'esprit en lui-même.

Eh bien, je dis que des hommes, des enfants qui auraient reçu en toute liberté, en toute simplicité, par des exemples librement commentés, ces grandes leçons et ces premières initiatives de la science, ils seraient mieux préparés que par la répétition mécanique des formules de Cousin, à comprendre ce qui subsiste dans les systèmes religieux du passé, ou dans les grandes philosophies où l'homme a mis son effort, pour comprendre ce qui y subsiste de réalité concrète et assimilable à la conscience d'aujourd'hui. *(Applaudissements à gauche et à l'extrême gauche.)*

Voilà dans quel esprit, qui n'est ni la routine et la fausse habileté de l'opportunisme politique, ni l'esprit de négation superficielle et ironique, voilà dans quel esprit peut et doit, à mon sens, être conduit l'enseignement de la morale, l'enseignement des sciences et aussi l'enseignement de l'histoire. Il a beaucoup été parlé des manuels scolaires. Messieurs, j'ai essayé de lire non pas seulement par extraits, car ces lectures fragmentaires sont toujours injustes *(très bien ! très bien ! à gauche)*, j'ai essayé de lire et je crois avoir lu presque en entier les manuels qui ont été dénoncés et je vais vous dire en toute sincérité mes impressions.

J'en avais abordé la lecture avec défiance, parce que quelques extraits qui nous avaient été produits et aussi, dans quelques-uns d'entre eux, quelques résumés tout à fait sommaires et secs avaient éveillé en moi l'impression d'un esprit de polémique subalterne qui ne convient nulle part. On a dit beaucoup ces jours-ci qu'il y avait des choses qui ne convenaient pas à l'école. Il y a, je le répète, un esprit de polémique subalterne qui ne convient nulle part. *(Très bien ! très bien ! sur divers bancs.)*

Après avoir lu ces livres, sans doute toutes mes critiques préventives ne se sont pas dissipées, mais elles ont été atténuées. Et, laissez-moi vous le dire, laissez-moi le dire aux catholiques : dans aucun d'eux je n'ai trouvé, sur aucune des époques de l'histoire de France, sur aucune de nos institutions, sur aucun de nos grands hommes, le parti-pris de destruction totale, de dénigrement meurtrier que j'ai trouvé dans quelques-uns des livres que vous *(l'orateur désigne la droite)*, vous mettez aux mains des enfants. *(Applaudissements à gauche et à l'extrême gauche.)*

J'ai lu le livre de M. de la Guillonnière[44] auquel M. de Mun a donné l'autorité de son nom par une forte préface. Eh bien, dans ce livre, il n'y a pas seulement des procès de tendance ; il n'y a pas seulement l'injustice, volontaire ou involontaire, qui consiste à faire plus large, dans la peinture d'un homme, ou d'une époque, ou d'une institution, la part de l'ombre que la part de la lumière. Il y a, pour la Réforme, pour la Révolution, pour tout ce qui n'est pas la pure tradition catholique, un esprit d'absolu dénigrement. Toutes ces œuvres, elles n'ont de sens que par le déchaînement de la sensualité ou du plus bas orgueil ; et vos livres parlent de la Réforme comme jamais Bossuet, se sentant la responsabilité de l'éducation du dauphin, n'a osé en parler. *(Applaudissements à gauche et à l'extrême gauche.)*

Et quel triste écho de vos propres querelles intérieures ! Ah ! que jésuites et jansénistes ne se soient point aimés, on le sait. Qu'ils aient pu avoir de justes griefs les uns contre les autres, je vous l'accorde. Mais, est-ce une raison à M. de la Guillonnière, lorsqu'il parle de la littérature française du grand siècle, d'énumérer les grands prosateurs, les grands poètes, les philosophes hardis, même

44. Gaston-Jean Sarrebourse de la Guillonnière, propriétaire et docteur en droit, conseiller général du Maine-et-Loire, a prononcé 19 octobre 1907 un discours sur les livres scolaires devant l'assemblée des catholiques d'Anjou publié en brochure, mais nous n'avons pas retrouvé à la Bibliothèque nationale le manuel évoqué par Jaurès. Le député Albert de Mun (1841-1914) est un des plus emblématiques chefs de file du parti catholique à la Chambre.

Descartes, même le Molière de *Tartuffe*, mais, pour prouver que l'on hait davantage ceux qui sont plus près, de n'omettre qu'un nom, celui de Pascal ? *(Vifs applaudissements à gauche et à l'extrême gauche.)*

Et puis, est-ce que, arrivant au dix-huitième siècle, vous avez le droit, vous, éducateurs du peuple, même des fils chrétiens du peuple chrétien, est-ce que vous avez le droit, comme le fait M. de la Guillonnière, de dire de Voltaire et de Rousseau : je ne veux point les juger moi-même, je ne serais pas assez impartial ou je serais suspect de partialité, je veux les juger l'un par l'autre ; et alors de ne donner aux enfants d'autre idée de Voltaire qu'une phrase injurieuse de Rousseau sur Voltaire et de ne donner aux enfants d'autre idée de Rousseau qu'une critique et qu'une épigramme de Voltaire sur Jean-Jacques Rousseau ? *(Applaudissements à l'extrême gauche et à gauche.)*

Quoi ! est-ce l'histoire, l'histoire sereine ? Est-ce que ces deux hommes, même à la minute où ils s'outrageaient, si on leur avait dit vraiment : résumez votre pensée sur l'adversaire, est-ce qu'ils l'auraient condensée dans cette phrase ? Même la passion du combat, même les rivalités dans la vie ne les auraient pas rendus injustes à ce point de fixer à jamais leur jugement réciproque dans ces paroles d'outrages. Et vous qui prenez ces morts, réconciliés malgré tout par la grandeur de l'esprit qui se survit et par la grandeur de leur caractère *(Vifs applaudissements à gauche et à l'extrême gauche.)*, vous les heurtez misérablement l'un contre l'autre, par ce que leurs rivalités d'un jour ont pu avoir de plus mesquin ou de plus venimeux ! *(Nouveaux applaudissements sur les mêmes bancs.)* Non, messieurs, lorsqu'on a dans sa collection de manuels scolaires des livres de cet ordre, et recommandés par de telles autorités, il convient d'être indulgent pour les quelques erreurs qui se sont glissées dans nos manuels. *(Applaudissements à gauche.)*

Ces erreurs, je ne les méconnais pas : rien, après tout, n'est plus difficile que de faire l'histoire et que de la résumer. Mais savez-vous – s'il m'est permis de signaler librement, en ami, la tendance d'erreur de quelques-uns de nos manuels –, savez-vous ce qui me frappe ? C'est qu'ils ont pour le présent une sorte d'optimisme excessif.

Oh ! Je ne dis pas du mal du présent ; je trouve médiocres les hommes qui ne savent pas reconnaître dans le présent la force accumulée des grandeurs du passé et le gage des grandeurs de l'avenir. *(Très bien ! très bien !)* Je ne méconnais donc pas le présent. Mais enfin il n'est qu'un moment dans l'humanité en marche. Et il y a dans quelques-uns de nos manuels une sorte d'admiration un peu complaisante et béate pour les choses d'aujourd'hui qui est injurieuse pour le passé et stérilisante pour l'avenir. *(Applaudissements.)* Je vous l'avoue, quand je lis dans nos manuels, à la charge des siècles passés, à la charge de la monarchie, qu'alors les riches vivaient dans des palais splendides et que les pauvres végétaient dans des taudis...

M. Meslier[45]. Et aujourd'hui ?

M. Jaurès. ...j'ai peur précisément qu'un des fils du peuple venu à l'école par le détour de nos riches avenues et sortant de ces pauvres taudis où sont encore accumulées tant de familles ouvrières, j'ai peur que cette petite tête ne se redresse anxieuse et interrogative et que l'enfant ne dise tout haut : « Eh bien ! et aujourd'hui ? » *(Applaudissements à l'extrême gauche et à gauche.)*

J'ai peur que nos écrivains ne soient pas justes, lorsqu'ils condamnent toute une époque par le seul trait des famines qui l'ont désolée, oubliant que ce n'est pas la seule faute de l'organisation politique et sociale d'alors, mais d'une insuffisance des moyens de production *(Très bien ! très bien !)* et je trouve douloureux que nous reprochions ainsi aux siècles passés les famines qui venaient de la pauvreté, de la misère, quand dans l'abondance et dans la puissance des moyens de production d'aujourd'hui, nous ne pouvons pas toujours, nous ne savons pas, ou nous ne voulons pas épargner toujours aux hommes ces dures épreuves ! Famine de l'Inde, famine d'Irlande, en plein dix-neuvième siècle ! Chômages meurtriers dans nos civilisations industrielles ! Oh ! messieurs, glorifions le présent, mais avec mesure, avec sobriété, avec modestie ! *(Applaudissements à gauche.)*

---

45. Adrien Meslier (1868-1915), médecin, militant allemaniste, puis député socialiste de Clichy, anticlérical vigoureux.

Oui, ce qu'il faut, ce n'est pas juger toujours, juger tout le temps. Ah ! je sais bien qu'il est impossible que l'historien, dans le récit des faits, ne s'oriente pas pour ainsi dire vers les clartés d'aujourd'hui ; il est impossible qu'il ne recherche pas, qu'il ne retrouve pas avec émotion tout ce qui annonce, tout ce qui prépare les grandeurs de l'époque moderne ; mais chaque époque doit être jugée en elle-même dans ses moyens d'action et dans son enchaînement naturel. *(Très bien ! très bien !)*

Il faut se demander dès l'origine de notre histoire française et avant Clovis, avant le christianisme, dans cette Gaule qui avait déjà, même avant les Romains, une physionomie saisissable, il faut se demander d'époque en époque, de génération en génération de quels moyens de vie, d'action, de culture disposaient les hommes, à quelles difficultés ils étaient en proie, quel était le péril ou la pesanteur de leur tâche et rendre justice à chacun sous le fardeau. *(Applaudissements.)*

Alors, si vous traduisez ainsi l'histoire, si vous la menez ainsi dans son enchaînement, vous serez justes pour les grandeurs d'aujourd'hui, puisque vous aiderez l'enfant, par acheminement, à les mieux comprendre ; mais en même temps vous verrez à chaque époque surgir d'admirables grandeurs. Et pour moi, le Charlemagne qui, au huitième siècle, quand tout croule, sait, un moment, organiser et maintenir pour ainsi dire à la surface de l'eau un monde qui allait sombrer, celui-là m'apparaît avec une admirable hauteur, et lorsque trois siècles après je vois sortant du chaos féodal où l'empire de Charlemagne avait sombré, sortant du jargon qu'était devenue notre pauvre langue décomposée, incapable de suffire à la clarté et à l'analyse des idées, lorsque je vois au douzième siècle surgir les grands poèmes avec leur admirable langue qui a gardé un peu de la sonorité du latin et a déjà la précision d'analyse de notre belle langue classique, j'admire que de ce chaos aient déjà pu surgir de l'ordre et de la pensée. *(Applaudissements.)*

Je regrette, non pas pour vous, mais pour moi, que mes forces ne me permettent pas de pousser dans le même sens l'analyse et l'indication de ce mouvement de l'histoire, mais c'est ainsi que les enfants apprendront à connaître la France, la France qui n'est pas résumée dans une époque ou dans un jour, ni dans le jour d'il y a des siècles ni dans le jour d'hier, mais la France qui est tout entière dans la succession de ses jours, de ses nuits, de ses aurores, de ses crépuscules, de ses montées, de ses chutes et qui, à travers toutes ces ombres mêlées, toutes ces lumières incomplètes, et toutes ces vicissitudes, s'en va vers une pleine clarté qu'elle n'a pas encore atteinte, mais dont le pressentiment est dans sa pensée. *(Vifs applaudissements sur un grand nombre de bancs.)*

Alors, comme j'ai dit d'une part, et comme je crois avoir démontré, que l'Église, si elle veut vivre, doit continuer jusqu'à l'affirmation de la pleine liberté de conscience et du droit des démocraties la nécessaire évolution qu'elle a été obligée d'accomplir depuis des siècles, et comme je montre d'autre part que vous pouvez enseigner la France nouvelle, la France laïque, la France de la Révolution, l'enseigner tout entière, non pas petitement et humblement, mais hardiment et généreusement, et en l'enseignant tout entière, enseigner cependant le respect du passé, de toutes ses forces, de toutes ses initiatives, de toutes ses grandeurs ; comme je crois avoir démontré cela, j'ai démontré par là même qu'une école vraiment laïque et nationale est possible aujourd'hui où se rencontreraient tous les enfants de la patrie. *(Très bien ! très bien ! à gauche.)*

À vrai dire, je ne crois pas que la campagne entreprise depuis quelques mois par l'Église catholique contre l'école laïque puisse aboutir. Je ne le crois pas ; et je suis d'accord avec M. le président du Conseil pour dire que le premier devoir du parti républicain est, en effet, devant cette campagne, de garder tout son sang-froid. L'Église, qu'on me permette de le dire, ne l'a pas gardé, et elle nous fait payer ou elle essaie de nous faire payer en ce moment les conséquences de la double faute qu'elle a commise.

Oh ! je ne veux pas triompher contre elle des difficultés que lui a créées le régime de la séparation, difficultés qu'elle a le droit de considérer comme passagères, et je ne veux pas triompher de la diminution que subit à cette heure, jusque dans ses sources, dans les séminaires, petits et grands, le recrutement de son clergé. Mais je dis que c'est le spectacle de cette décroissance dans le recrutement du clergé qui a surexcité l'Église, et à la date la plus inopportune pour elle, a réveillé cette bataille contre l'école laïque.

Les difficultés qui résultent pour vous, messieurs de la droite, de la séparation ont été aggravées par vous-mêmes. D'abord, depuis longtemps confiants en ce régime du Concordat, en cette sorte de mécanique administrative qui vous apportait tous les ans un contingent de recrues, vous avez laissé le recrutement de votre clergé s'accomplir presque exclusivement dans ces classes pauvres pour lesquelles la fonction du sacerdoce apparaissait surtout comme un moyen de gagner sa vie dans une fonction rémunérée. *(Applaudissements à gauche.)*

C'est une des grandes infirmités des hautes classes sociales catholiques dans la France du dix-neuvième siècle qu'elles aient voulu tout donner à l'Église, leur protection, leur estime, quelquefois même leur argent *(Rires à gauche)*, jamais ou presque jamais leurs enfants – oh ! quelquefois dans les ordres réguliers *(Très bien ! très bien ! sur les mêmes bancs)*, quelquefois dans les congrégations ; mais le curé, celui qui va dans les hameaux, de maison de paysan en maison de paysan, de lit d'agonie en lit d'agonie, oh ! on voulait bien le recevoir au château le dimanche, mais en faire l'égal des fils !... *(Réclamations à droite. – Mouvements divers.)*

Messieurs, ne récriminez pas ; c'est dans des documents épiscopaux que je pourrais vous produire, que j'ai lu ces choses.

Et alors que s'est-il passé ? C'est que comme votre recrutement n'était pas soutenu depuis des générations par des forces sociales indépendantes, dès que la fonction du sacerdoce n'a plus donné le morceau de pain officiel, le recrutement a été menacé, et vous payez là une des fautes d'égoïsme des classes dirigeantes du monde catholique. *(Vifs applaudissements à l'extrême gauche et à gauche.)*

Et puis, sans que je veuille rouvrir des blessures, vous vous demanderez tout bas si vous n'avez pas aggravé vous-mêmes, bien inutilement pour vous, les conditions matérielles de la séparation. Et sous quelle influence ? Ah ! messieurs, il a été beaucoup question ici, tous ces jours-ci, du cas Rocafort[46]. Eh bien, moi, je ne crois pas

46. Jacques Rocafort, nom de plume de Jacques Forcade, est docteur en lettres avec une thèse sur les doctrines littéraires de l'Encyclopédie et universitaire. Ses campagnes contre les manuels scolaires de l'enseignement public et ses liens avec la papauté sont à l'origine des interpellations parlementaires au cours desquelles intervient Jaurès.

du tout que M. Rocafort soit une sorte d'agent ou de demi-agent. *(M. le ministre de l'Instruction publique[47] fait un signe de dénégation.)* Oh ! M. le ministre de l'Instruction publique, ne me faites pas signe que non. Je suis sûr qu'il ne l'est pas, mais, permettez-moi de vous le dire, c'est un des rares points où votre dénégation ne pourrait rien ajouter à la certitude que j'ai. *(On rit.)*

Je suis convaincu que M. Rocafort n'est pas un agent du Vatican. Seulement, ce qui m'a beaucoup étonné, c'est l'espèce de défaveur et de doute qui, même à droite, semble s'attacher à lui.

M. Ferrette[48], dans une interview récente, exprimait à un journal son indignation des propos de M. Massabuau[49] et son indignation plus grande encore du silence étrange que la droite avait gardé.

Eh bien, messieurs, je ne crois pas du tout et je n'en infère pas que la droite catholique songe à voir en M. Rocafort un instrument suspect, mais elle n'a pas en lui une de ces confiances irrésistibles *(Rires à gauche)* qui dissipent toutes les ombres. Or, messieurs, et c'est ici que cet incident en apparence minuscule et anecdotique prend une valeur d'histoire, cet homme honnête mais discuté, cet homme qu'attaquent les républicains, que dénonce M. Massabuau, que la droite catholique soutient mal, cet homme dont on ne connaît ni les grands services universitaires ni les grands services religieux, cet homme qui, si on classait les catholiques par ordre de services rendus à l'Église, viendrait à un rang tel que je n'ose pas le classer, cet homme-là, tout le monde sait en France, tous les catholiques informés de France savent qu'il a été, depuis plusieurs années, l'homme le plus écouté, le plus autorisé du Vatican, le vrai conseiller de la politique pontificale. *(Dénégations sur divers bancs à droite.)*

M. de Gailhard-Bancel. Nous n'en savons rien.

---

47. Le ministre de l'Instruction publique est le radical Gaston Doumergue (1863-1937), député du Gard.

48. Henry Ferrette (1869-1933), avocat, député républicain et nationaliste de Bar-le-Duc (Meuse).

49. Joseph Massabuau (1862-1939), avocat, député Action libérale populaire de l'Aveyron.

M. Marcel Sembat. Il est mieux écouté que vous, M. de Gailhard-Bancel ! *(Rires à l'extrême gauche.)*

M. Jaurès. Et c'est la rançon de ces puissances prodigieusement centralisées où un homme seul peut tout, mais où il ne dépend pas de lui que les informations qui lui viennent du reste du monde soient toujours exactes et désintéressées.

Je dis qu'il y a eu, dans la conduite de l'Église, une part d'erreur et d'aveuglement, et qu'elle s'apercevra bientôt que sa campagne contre l'école laïque, surtout après la démonstration faite à cette tribune depuis huit jours de l'inanité presque complète des griefs allégués, sa campagne contre l'école laïque n'aboutira pas. Et c'est en ce sens que vous avez le droit de dire que politiquement, pratiquement, la question du monopole n'est pas posée à l'heure actuelle.

Je veux, pour finir, dire un mot de cette question. Je n'ai jamais dit, comme l'a déclaré, en termes, d'ailleurs, extrêmement courtois pour moi, le *Journal des débats*, je n'ai jamais dit que j'étais opposé au monopole. J'ai dit deux choses. La première, c'est qu'il pouvait être du droit de l'État d'organiser un service public national de l'enseignement. *(Très bien ! très bien ! à l'extrême gauche. – Mouvements divers au centre et à droite.)*

M. Aynard. Personne ne le nie.

M. Jaurès. ... J'entends un service national où seraient appelés tous les enfants de France. *(Applaudissements à l'extrême gauche.)*

M. Aynard. C'est la nationalisation de l'enfant !

M. Jaurès. Laissez-moi, M. Aynard, expliquer les deux termes de ma pensée.

Je dis qu'il ne s'agit ni du droit de l'État, ni du droit des familles, mais qu'il y a un droit de l'enfant. *(Très bien ! très bien ! sur divers bancs à l'extrême gauche et à gauche.)*

Proudhon, qui était un grand libéral en même temps qu'un grand socialiste, Proudhon l'a dit avec force : l'enfant a la droit d'être éclairé par tous les rayons qui viennent de tous les côtés de l'horizon, et la fonction de l'État, c'est d'empêcher l'interception d'une partie de ces rayons. *(Applaudissements sur les mêmes bancs.)*

Voilà comment, au point de vue du droit, se définit le problème. J'ajoute qu'il ne me paraît pas que nécessairement, l'État, en exerçant cette faculté enseignante, serait un tyran. Je ne crois pas, comme l'a indiqué mon excellent ami Allard [50], je ne crois pas que le contrôle des citoyens sur l'État demeurerait inefficace. Je crois qu'il pourrait, au contraire, s'exercer et, par conséquent, je ne crois pas qu'il y ait d'objection de doctrine, d'objection de principe à ce que l'enseignement national pour tous soit organisé.

Mais je déclare très volontiers et j'ai toujours dit que c'était, en effet, un droit extrême, qui ne peut et ne doit être revendiqué et exercé que lorsqu'il a été fait contre le droit de l'enfant, sous le nom de liberté, un tel abus, si visible et si scandaleux, qu'il est nécessaire d'y mettre un terme. *(Applaudissements à l'extrême gauche et à gauche.)*

Et j'ajoute qu'avant d'aborder par cet aspect le problème, avant de songer à étendre à d'autres, par la loi, l'enseignement de l'État, vous devez vous-même organiser et améliorer cet enseignement lui-même. Comment aurions-nous le droit de recruter, même par la loi, des écoliers nouveaux, si nous laissons des classes de 60, 70 élèves ? *(Applaudissements à l'extrême gauche et à gauche.)* Comment le pourrions-nous, si nous n'avons pas le courage de pousser jusqu'à quatorze ans la scolarité ? *(Nouveaux applaudissements.)* Comment le pourrions-nous, si nous ne nous mettons pas en état de donner, en effet, à tous nos maîtres de l'enseignement primaire, qui commencent déjà à s'élever, mais de leur donner d'une façon plus générale encore, et, plus haute, cette culture dont Allard disait avec raison, l'autre jour, qu'elle est la condition absolue d'un enseignement à la fois élevé et impartial ? Comment voulez-vous qu'ils aient ou qu'ils maintiennent ou qu'ils développent en eux cette culture quand beaucoup d'entre eux plient sous le fardeau démesuré de classes énormes ? *(Applaudissements.)*

C'est à tous ces problèmes que vous devez songer...

M. Le président du conseil, ministre de l'Intérieur et des Cultes. C'est cela.

---

50. Maurice Allard (1860-1942), député socialiste de Draguignan (1898-1910), anticlérical intransigeant comme Vaillant et nombre d'anciens « blanquistes ». Cf. Rémi Fabre, « Maurice Allard », *Cahiers Jaurès,* n° 175-176, janvier-juin 2005.

M. Jaurès. ... Comme à tous les problèmes d'ordre social, en limitant un peu la journée de travail, en donnant à la famille ouvrière, comme en Angleterre, les dernières heures du samedi, pour permettre à la sortie de l'école, de convoquer hebdomadairement les enfants pour entretenir en eux le goût de la haute culture. C'est là, c'est cet ensemble de problèmes que vous devez aborder. Et, ici encore, la question scolaire rejoint la question sociale ; elle n'est pas pour nous une diversion. Ces deux questions se tiennent. Laïcité de l'enseignement, progrès social, ce sont deux formules indivisibles. Nous n'oublierons ni l'une ni l'autre, et, en républicains socialistes, nous lutterons pour toutes les deux. *(Applaudissements vifs et répétés à l'extrême gauche et à gauche.)*

Pour en savoir plus sur Jaurès

Ouvrages disponibles

Œuvres et textes de Jaurès

Œuvres de Jean Jaurès, en 18 vol., sous la direction de Madeleine Rebérioux et Gilles Candar, 4 vol. parus, Paris, Fayard.

Vol. 3 : *Philosopher à trente ans* (les thèses et autres textes), édition établie par Annick Taburet-Wajngart, Paris, Fayard, 2000.

Vol. 6 et 7 : *L'Affaire Dreyfus*, édition établie par Eric Cahm, Paris, Fayard, 2001.

Vol. 16 : *Critique littéraire et critique d'art*, édition établie par Michel Launay, Camille Grousselas et Françoise Laurent-Prigent, Paris, Fayard, 2000.

Études socialistes, présentation de Madeleine Rebérioux, Genève, Slatkine, 1979.

Préface aux discours parlementaires. Le socialisme et le radicalisme en 1885, présentation de Madeleine Rebérioux, Genève, Slatkine, 1980.

L'Intolérable. Anthologie, édition établie par Gilles Candar, Paris, Les Éditions ouvrières, 1984.

Les Preuves. Affaire Dreyfus, préface de Jean-Denis Bredin, introduction de Madeleine Rebérioux et notes de Vincent Duclert, Paris, La Découverte, 1998.

Textes choisis (*Socialisme et liberté*, 1898 et *Discours à la jeunesse*, 1903), édition établie par Gilles Candar, Paris, Bruno Leprince, 2003.

Jaurès. Œuvres philosophiques. 1. Cours de philosophie, édition établie par Jòrdi Blanc, Valence-d'Albigeois, Vent Terral, 2005.

De l'éducation, édition établie par Christian Laval, Guy Dreux et Catherine Moulin, Paris, Syllepse, 2005.

Sur Jaurès

Biographies :

Max Gallo, *Le Grand Jaurès*, Paris, Robert Laffont, 1984.

Madeleine Rebérioux, *Jaurès. La parole et l'acte*, Paris, Gallimard « Découvertes », 1994.

Jean-Pierre Rioux, *Jean Jaurès*, Paris, Perrin, 2005.

Colloques :

Madeleine Rebérioux (dir.), *Jaurès et la classe ouvrière*, Paris, Les Éditions ouvrières, 1981.

Madeleine Rebérioux et Gilles Candar (dir.), *Jaurès et les intellectuels*, Paris, Éditions de l'Atelier, 1994.

Alain Boscus et Rémy Cazals, *Sur les pas de Jaurès. La France 1900*, Toulouse, Privat, 2004.

Études et thèses :

Jean Rabaut, *Jaurès assassiné*, Bruxelles, Complexe, 1984, rééd. 2005.

Madeleine Rebérioux, *Parcours engagés dans la France contemporaine*, Paris, Belin, 1999.

Michel Launay, *Jaurès orateur ou l'oiseau rare*, Paris, Jean-Paul Rocher, 2000.

Vincent Peillon, *Jean Jaurès et la religion du socialisme*, Paris, Grasset, 2000.

Bruno Antonini, *État et socialisme chez Jean Jaurès*, Paris, L'Harmattan, 2004.

Photographies et iconographie :

Jean Jaurès. L'époque et l'histoire, Castres, Centre national et musée Jean-Jaurès, 1994.

Jean-Noël Jeanneney, *Jean Jaurès*, Paris, Nathan, « Photo poche », 2001.

Pédagogie :

Jaurès, Textes et documents pour la classe, n° 867, 1er janvier 2004, coordonné par Madeleine Rebérioux, Catherine Moulin et Gilles Candar.

Bulletin et cahiers :

La Société d'études jaurésiennes, présidée par Ernest Labrousse (1959-1982) puis Madeleine Rebérioux (1982-2005), édite depuis 1960 le *Bulletin Jean Jaurès*, devenu en 1995, sous la direction de Vincent Duclert, *Jean Jaurès. Cahiers trimestriels*, aujourd'hui *Cahiers Jaurès* (au total 174 numéros parus à l'été 2005), qui publient articles, études, actes de colloques, comptes rendus, notes et glanes. 9 € le numéro, 23 € l'abonnement annuel (4 numéros), c/o Irène Lafaye, 29, rue Danton, 92240 Malakoff.

Musées

Centre national et musée Jean Jaurès
2, place Pélisson
81100 Castres
05 63 72 01 01
www.jaures.fr.fm

Musée de l'histoire vivante
31, boulevard Théophile-Sueur
93100 Montreuil-sous-Bois
01 48 70 61 62
www.museehistoirevivante.com

Index

G

H

J

K

L

M

N

O

P

R

S

T

V

W

Table

TROISIÈME PARTIE
Pour la laïque

DANS LA COLLECTION « DOCUMENTS »
au cherche midi

CHRISTINE ABDELKRIM-DELANNE
Guerre du Golfe
La Sale Guerre propre

ANDRÉ BENDJEBBAR
Histoire secrète de la bombe atomique française

LAURENCE BENEUX–SERGE GARDE
Le Livre de la honte
Les réseaux pédophiles

MARIE-GEORGE BUFFET
Un peu de courage !

VIRGINIE BUISSON
Lettres retenues
Correspondance confisquée des déportés de la Commune en Nouvelle-Calédonie

ALEXANDRE DOROZYNSKI
Moi, Vladimir Oulianov, dit Lénine
Le roman du bolchevisme

JEAN-LUC EINAUDI
Un Algérien, Maurice Laban

Viêt-nam
La guerre d'Indochine (1945-1954)

PHILIPPE EVEN
Les Scandales des hôpitaux de Paris et de l'hôpital Pompidou

SERGE GARDE, RÉMI GARDEBLED et VALÉRIE MAURO
Guide du Paris des faits divers
du Moyen Âge à nos jours

TRISTAN GASTON-BRETON
Sauvez l'or de la Banque de France !
L'incroyable périple (1940-1945)

PHILIPPE LAMARQUE
Le Débarquement en Provence
15 août 1944

SOUS LA DIRECTION DE
ROLAND LEROY
Un siècle d'Humanité
1904-2004

DOMINIQUE LORMIER
Les Combats victorieux de la Résistance française dans la Libération, 1944-1945

Rommel, la fin d'un mythe

PHILIPPE MAURICE
De la haine à la vie

FAWZI MELLAH
Clandestin en Méditerranée

MARTIN MONESTIER
Peines de mort
Histoire et techniques des exécutions capitales des origines à nos jours

Les Animaux-soldats
Histoire militaire des animaux des origines à nos jours

THÉODORE MONOD
Le Chercheur d'absolu

KEIJI NAKAZAWA
J'avais six ans à Hiroshima, le 6 août 1945, 8 h 15

JEAN-LUC PORQUET
Jacques Ellul,
l'homme qui avait presque tout prévu

MAURICE RAJSFUS,
La Police de Vichy,
les forces de l'Ordre françaises
au service de la Gestapo, 1940-1944

Les Français de la débâcle
Juin-septembre 1940, un si bel été

Mai 68. Sous les pavés, la répression
juin 1968-mars 1974

Opération étoile jaune
suivi de
Jeudi noir

La Rafle du Vel' d'Hiv

La Libération inconnue

MOHAMED SIFAOUI
La France, malade de l'islamisme

Mes « frères » assassins
Comment j'ai infiltré une cellule d'Al-Qaida

Sur les traces de Ben Laden

Lettre aux islamistes
de France et de Navarre

PAUL ET MARCELLA WEBSTER
Voyages sur la ligne de démarcation

VÉRONIQUE VASSEUR
Médecin-chef
à la prison de la Santé

STANISLAV ZÁMECNÍK
C'était ça, Dachau
1933-1945

DANIEL ZIMMERMANN
Jules Vallès, l'Irrégulier

Mis en pages par DV Arts Graphiques à Chartres.
Imprimé en France par Normandie Roto Impression s.a.s., 61250 Lonrai
Dépôt légal : août 2005
N° d'édition : 431 – N° d'impression : 052282
ISBN 2-74910-431-9